Anonymus

Pfälzisches Museum

Erster Band - vom Jahr 1783 bis 1784

Anonymus

Pfälzisches Museum
Erster Band - vom Jahr 1783 bis 1784

ISBN/EAN: 9783742897848

Hergestellt in Europa, USA, Kanada, Australien, Japan

Cover: Foto ©ninafisch / pixelio.de

Manufactured and distributed by brebook publishing software (www.brebook.com)

Anonymus

Pfälzisches Museum

Pfälzisches Museum.

Erster Band.

Vom Jahr 1783 bis 1784.

❈❈❈❈❈❈❈❈❈❈:❈❈❈❈❈❈❈❈❈

Mannheim.
Im Verlage der Herausgeber der ausländischen schönen Geister.

Inhalt.

Seite.

Empfindungen des Doktor Franklin bey einn Blicke in die Natur.   1

Wegen einer Nachricht von Berlinischen Künstlern und Kunstsachen im T. M.   19

Briefe eines Reisenden über das Wirzburger Universitätsjubileum.   25

Der Spieler, ein Gedicht, von Beil.   30

Genf, nach dem 4ten Novemb. 1782.   33

Frühlingsgesang.   35

Kurzer Lebensbegrif des Herrn Christian Mayers.   37

Religionssachen   50

An den Herausgeber des Pfälzischen Museums: Replick auf eine pasquillantische Recension der Berliner allg. Bibl.   54

Anekdoten und Nachrichten.   62

Inhalt

	Seite
Wasserfälle auf feuerspeyenden Bergen.	65
Neue gelehrte Gesellsch. in Holland.	69
Ausgesetzter Preiß.	71
Abschiedsrede auf dem gesellsch. Theater in Fuld gehalten.	72
Nachricht wegen den Preisaussetzungen für das Werk: Leben und Bildnisse der grossen Deutschen.	75
Sammlung der vortreflichsten Werke der a. sch. G., in deutschen Uebersetzungen.	85
Auf Herrn Eschenburgs Vorrede zum 13. Band seiner äusserst fehlerhaften Uebersetzung der Werke Shakspears.	87
Recensionen.	102
Ankündigungen.	112
Der Goldfasan.	113
Das Chamäleon.	114
Die Kolonie.	116
Leibnitzens Urtheile und Meynungen über berühmte Menschen.	117
Monument Herrn Philipp Friedrich von Riegers	143
Gedanken bey Ruinen.	145
Ueber das Gedicht: Gedanken bey Ruinen.	147
Ein Gold- und ein Kothkäfer.	151
An einen Waldtauber von Kobell.	152

Inhalt.

	Seite
Urtheile über die Musiksetzer jetziger Zeit aus Paris.	154
Das Opfer.	156
Lied	160
An den Kayser.	161
Für Haschka über die Ostermonds-Ode an Joseph den Zweyten.	165
Die Zwiebelsuppe.	169
Bella oder der grosse Afrikan.	170
Anekdoten, von Benedikt XIV.	172
Gedächtnißfeyer des Astronomen Mayers	179
Pfalzbayern an Italien.	182
Genius Bavaro-Palatinus ad Italiam.	183
Ausgesezte Preisfrage der Kurpfälzischen deutschen Gesellschaft.	184
Kirmißlied.	187
Etwas von Hr. Lavater an seinen Sohn.	189
Anzeige einer merkwürdigen Druckschrift.	190
Bericht den Vampyrismus betreffend.	210
Lieder für die Kolmarische Kriegsschule.	217
Mannheimer Schaubühne.	224
Ueber das Schauspiel: die Räuber.	225
Erinnerung an mein achtzehntes Jahr.	291
Frühlingslied.	296
Sinngedicht, nach dem englischen des Priors.	298

Inhalt.

	Seite
Auf ein Stück der heutigen Bergstraße.	299
Die Sonne und ein Mädchen.	300
An die Mamsel C. K. von J. G. Jacobi	301
Geschichte der Teutschen für alle Stände.	305
Lateinische Uebersetzung des Ged. Gedächtnißfeyer des Astronomen Mayers samt Vorbericht	322
Beurtheilung eines lat. Gedichtes, des teutschen Merkurs.	327
Vorerinnerung zu dem Entwurf des Hrn. Prof. Kübel in Heidelberg wegen Vorlesung aus den gemeinnützigsten Theilen der Mathematik.	331
Anzeigen.	333
Ueber Epictets Charakter und Denkungsart.	337
Die Tugend. Ode an Göckingk.	357
Die Degenscheiden der Gelehrten.	361
Amors und des Todes Pfeile.	362
Ein Gedicht von Herrn Hofgerichtsexpeditor Kobell.	364
Der Löw und der Bär. Eine Fabel.	365
F—l, den 5ten Nov. 1783.	366
An Herrn L. bey seiner Abreise aus L.	369
Einladung aufs Land	373
Der Herbstabend.	375

Inhalt.

Seite.

Der Fuchs und die Drescher. Eine Fabel. 377
Apoll und die sogenannten Genien. . 379
Antwort auf einige Briefe mit Einsendung lateinischer Gedichte. . 385
Audacis & improvidi Hylæ Casus. - 386
Räthsel. . . . 387
Urtheil der Gesellschaft der Wissenschaften zu Mannheim über die eingelaufenen Preisschriften von Erfindung eines vergleichbaren Feuchtigkeitsmessers , 388
Tentamen IV. publicum ex Metaphysica &c. 411
Universitätswesen zu Mainz. . 413
Sinngedicht. . . . 416
Ueber das Sonderbare der deutschen Höflichkeitssprache, im Gebrauche der Fürwörter. . . . 417
Fragment. Die Natur. . 446
Der Hagestolze. Ein Estheisches Lied. 452
Wer das vierte Gebot hält, führt die Braut nach Hause. . . 454
Der gnädige Herr und der Kutscher in der Hölle. . . . 455
Der grosse Phibias, tief in Gedanken sitzend, vor ihm ein grosser Marmorblock, bestimmt zu einer Statue Jupiters. 457
Kurzer Lebensbegriff des Hrn Ignaz Holzbauer, kurpfälzischen Kapellmeisters. 460

Inhalt.

	Seite
Die strenge Mutter.	478
Die neue Physiognomik.	479
Der Edelmann und die reiche Bürgerin.	481
An meinen Freund Holzbauer, als verschiedene ungereimte Kritiken über seinen Günther von Schwarzburg gemacht wurden.	482
Intoleranzgeschichte aus der Pfalz.	483
Skizirter Entwurf von einem grossen und nicht kostspieligen botanischen Garten.	497
De Globis Aerostaticis, Carmen.	500
Der Spion in Wien.	511

―――――――――――

Von den ausländischen schönen Geistern sind wirklich 69 Bände erschienen:

Shakespear 22 Bände mit Bildniß. Pope 13 Bände mit Bildniß. Young 5 Bände mit Bildniß. Yorick 4 Theile in zween Bänden mit Bildniß. Milton 3 Bände mit Bildniß. Fielding, Dryden, Rowe, auser esene theatralische Werke unter dem Titel: Mannheimer Schaubühne, 5 Bände. Ossian 3 Bände. Lucian 8 Bände. Lady Montague 2 Bände. Jeder Band obiger Werke kostet 36 kr. Tasso 4 Bände mit dem italienischen Texte und 5 Kupfern 4 fl. 16 kr. Ohne das italienische 2 Bände, 5 Kupfer 2 fl. 16 kr. Ganz italienisch 2 Bände 5 Kupfer 2 fl. 16 kr.

Auch sind bey den Herausgebern zu haben:

Leben und Bildniße der grossen Deutschen in Folio, erster Band mit Kupfern 11 fl. Dasselbe ohne Kupfer auf schönem Druckpapier gr. 8. 1 fl. 48 kr. In gemein 8. 1 fl. 12 kr.

Der Sturm von Boxberg von dem Verfasser des Fausts von Stromberg 24 kr. Die Römer in Deutschland, ein dramatisches Heldengedicht von Hrn. Pr. Babo 24 kr. Günther von Schwarzburg, ein heroisches Singspiel mit dem Bildniße des Kaisers Günther, broschirt 30 kr. Günther von Schwarzburg mit der Musik 11 fl.

Merkwürdige Briefe des Pabstes Clemens des XIV. Ganganelli 1777. 3 fl. 40 kr.

Die Werke der ausländischen schönen Geister auf holländisch Postpapier, der Band zu 48 kr.

Leben des guten Jünglings Engelhof, 2 Bände 4 fl.

Rheinische Beiträge zur Gelehrsamkeit, 5 Jahrgänge, jeder 5 fl.

Zuschauer (der) in Baiern für das Jahr 1782. München 1 fl.

Beschreibung der Haupt= und Residenzstadt München im gegenwärtigen Zustande vom Pr. Westenrieder 1782. 1 fl.

Traum (der) in dreien Nächten vom Pr. Westenrieder. München 1. fl.

Pfälzisches Museum.

Erstes Heft.

An Herrn P. W. i. M.

Nicht die Stunde, da Sie den Geschäften entfliehen, und in einem angenehmen Büchlein dem Schlummer entgegen lesen, weihen Sie dem Gedichte, das ich Ihnen hier sende, mein edler Freund! Aber die Morgenstunde der hohen Betrachtung, da Ihr Herz nur den erhabensten Gefühlen sich öffnet, die Welt vor Ihrem Geiste daliegt, und dem Auge Ihrer Philosophie vom Pulsschlage der Milbe bis zu den Kreisen der Sonnensysteme sich enthüllet, wählen Sie, um mit einem der Unsterblichsten unter den Menschen an die Grösse des Schöpfers hinzuschauen. Den Ueberseßer sollen Sie mit der Zeit kennen. Die Anmerkungen sind nicht für Sie. Erklärungen sind hölzerne Wegweiser für Reisende in einem fremden Lande.

Empfindungen des Doktor Fränklin bey
einem Blicke in die Natur. Aus dem
Englischen. (1)

(2) Vom Schlund der Meere steigen Stürme
Zum Mond hinauf:
Am Hälmchen sonnen sich Gewürme,
Er wankt im Lauf.

---

(1) Empfindungen bey einem Blicke in die Natur können freilich kein Gedicht seyn, von dem das regelmäßige System in einer Poetick sich findet. Es könnte kleiner oder unendlich grösser seyn, als es ist. Es sind Millionen Gegenstände übrig, die der Dichter nicht berührt, und der Strom seiner Empfindung hätte noch auf weniger sich ergiessen können. Er giebt, was er in einer glücklichen Stund' empfand. Die Darstellung ist dichterisch, die Art Odenschwung. Auf den Flügeln der Begeisterung ergreift der Dichter unsere Einbildungskraft, hebt sie in Höhen, senkt sie in Tiefen, deren Abstand das Unendliche ist, zeigt ihr das Heiligste, Mächtigste, und Unermessenste im kleinen Unsichtbaren, und Unübersehbaren der Natur. Mit wenigen Versen sind oft die erhabensten Gegenstände erschöpft. Neuheit der Darstellung, und die kräftigste und treffenste unter Millionen möglichen ist der Dichtkunst und jeder Kunst höchstes Ziel. Schreibt tausend Werke über den erhabenen Schmerz: es ist alles in Laokoon; über die erhabene Schönheit: es ist alles im vatikanischen Apoll; über Reize und Anmuth, es ist alles in dem Ausdruck: Die Grazien begleiten die Göttin der Schönheit. In der Neuheit, und alles erschöpfenden Kraft der Darstellung hat der Verfas-

(3) Der Donner spricht zum Böswicht: Bete!
Schweis ist sein Wort;
Der Weise saget: ich betrete
Die Blitzbahn dort. (4)

ser dieses Gedichtes sein Verdienst. Diese wenigen Strophen verbreiten sich über eine Menge Gegenstände, ohne Zusammenhang, wie es scheint; aber wer Folge der Begriffe und der Empfindungen Gang kennt, und wer wie Fränklin in die Natur schaut, und fühlt, der wird Zusammenhang finden.

(2) Gleich Anfangs erblickt der Dichter die Welt im herrlichsten Kontraste: hier vom Abgrund der Meere bis zu den Gestirnen im Sturme; dort in sanfter seliger Ruhe, daß auf dem unbewehrten Hälmchen sich der Wurm im Strale der Sonne wärmt, indem jenseits in seinem Laufe der Mond wanket. Das Zeitwort steigen mahlt sehr das Bild aus.

(3) Bey Gewittern mag wohl das Merkwürdigste in der Schöpfung der Zustand oder das Betragen des Menschen seyn. Welch ein erhabenes Bild des guten und bösen Gewissens ist dies! wie kurz und erschöpfend ist der Ausdruck! wie wahr und gros! Der Donner spricht! Welcher Ton, welche Worte! Es ist die Sprache der ganzen erzürnten Natur. Bete! ist das Donnerwort in dem Ohre des Bösewichts. Er will beten, und kann nicht; er will sprechen, und kann nicht; und doch hat er eine Sprache, die alles, was in ihm vorgeht, erklärt. Es ist der Angstschweis, der aus ihm bricht. Wie verschieden ist diese Sprache von jener der donnernden Natur.

(4) Der Abstich ist äusserst gros. Welche Heiter-

5) Stichſt Mükchen? Nimm dein goldnes
Leben:
Ich bin ein Gott!
Der Seraph wandelt: Welten beben,
Er bebt vor Gott.

(6) Wer gibt dir ſtolzen Abendſterne
Dies funkelnd Kleid?
(7) Einſt nehm' ich dich und tauſend Sterne
Mir zum Geſchmeid!

---

keit, welche Ruhe und Gelaſſenheit! Der Weiſe
oder Gerechte ſpricht; aber das Höchſte, was Ru=
he des Geiſtes anzeigen kann: Ich betrete die
Blitzbahn dort.

(5) Mitten in dieſem ſchrecklichen Gewühl der Na=
tur bemächtigt ſich ein ſanfter aber erhabener Ge=
danke der Seele des Dichters. Er erblickt auf ſei=
ner Hand ein kleines Inſekt. Er ſchenkt ihm ſein
goldenes Leben, und begeht hiermit eine gottähn=
liche That; denn Gott allein iſt Herr über Leben
und Tod. Dies führt ihn auf einen Begriff von
der Gröſſe Gottes durch die Stuffenhöhe der Ge=
ſchöpfe. Ich bin gegen dies Inſekt ein Gott, was
gegen die unermeſſenen Welten? Was ſind dieſe
gegen den Seraph, unter deſſen Fuß ſie beben?
Und was iſt der Seraph vor Gott? die Größe ei=
ner geiſtigen Kraft füllt nun die ganze Seele des
Dichters, und folgende Strophe gibt von dieſer
einen erſtaunungswürdigen Begriff.

(6) Die Anrede an den Abendſtern iſt kühn und er=
haben. Dieſe und alle folgenden Anreden geben

(8) Ein Schritt: zehntausend Sonnenreisen
  Schleichst unter mir! . .

(9) Die Hülle fällt: Ich schau aus Kreisen
  Von Gott zu dir!

(10) Das Sandkorn wälzt sich: Würmchen
  sterben:
  Ihr Weltbau kreist.
  Die Sonne kann einst eine Kraft verderben,
  Jezt Würmchen Geist.

dem Gedichte Leben, und feurigen Schwung. Sie sind unfehlbare Merkzeichen des heissesten Gefühls und entflammter Einbildungskraft.

(7) Welch ein herrlicher Schmuck, der tausend Morgensterne überschimmert. Aber die Grösse der künftigen Erhöhung, und der schon jezt in ihm liegenden Kraft, zeigt sich vorzüglich dadurch, daß er einst über diese glänzenden Meisterstücke der Schöpfung, wie über sein Eigenthum schalten wird.

(8) Ein Schritt vom Leben zum Tode; dann sieht er, den Abendstern zehntausend Sonnenreisen tief unter sich.

Schleichst zeigt den langsam scheinenden Lauf wegen der ungeheuren Entfernung.

(9) Dies schildert die Geschwindigkeit des Flugs aus des Körpers Hülle noch sinnlicher als das vorige, und zeigt zugleich die selige und erhabene Gegend, wo der Geist schweben wird.

(10) Nicht nur des Menschen, sondern auch des kleinsten Thierchens Geist ist eine anzustaunende

(11) Nimm deinen Himmel in die Rechte,
Biet Menschen ihn!
Und säe Höllen in die Nächte
Zur Linken hin!

Und mach im Knab' am Sturz des Felsen
Die Liebe reg:
Die Himmel und die Höllen schmelzen
Beim Lächeln weg.

Kraft. Vielleicht zertrümmert einst die Sonne eine Kraft, die jezt ein unsichtbares Würmchen beseelt, dessen Welt ein Sandkorn ist; dieser philosophische Satz ist eben so kühn und neu, als es die dichterische Darstellung ist. Das Sandkorn wälzt sich ꝛc. ist eben so, als wenn der Erdkreis irgendwo angeschmettert würde, und unzählige Menschen zerquetschte.

(11) Wer sah je ein schreklicheres, wahreres Bild der fürchterlichsten Leidenschaft der Liebe, als das, so der Dichter gibt?

Nimm deinen Himmel in die Rechte, sagt er zu Gott; säe Höllen zur Linken in die Nächte; so schwebe vor dem Knaben in dem Augenblicke, da der stürzende Fels den Tod droht. Welche Kühnheit des Ausdrucks! Welche schauerliche Scene! Aber der Knabe liebt: Tod und Himmel und Höllen schwinden vor seinem Auge beim Lächeln, schmelzen gleichsam, wie beim sanften Lächeln der Sonne leichter Schnee. Ist dies nicht der Inhalt alles dessen, was je Geschichte und Dichtkunst von der Macht der Liebe erzählten und sangen?

(12) Kennst, Adler du! des Donners Hütte?
  Sturm ist sein Hauch;
 Der Löw am Thierkreis fürchtet seine
  Tritte,
Sein Flammenaug.

---

(12) Von der mächtigsten Wirkung der geistigen Kraft geht der Dichter zum schönsten zugleich herrlichsten und schreklichsten Schauspiel der Natur, oder vielmehr zur unbeschränktesten Kraft in der Körperwelt über. Den Donner beschreibt er nicht blos, wie es bisher die Dichter thaten, als eine Erscheinung auf unserem Erdenrunde, sondern als ein Wesen, das seine Macht in der ganzen Schöpfung, in allen Sphären ausübt. Die Personifizirung des Donners erhöht den Begriff unendlich. Die Auffoderung des Adlers, der wie die Dichter erzählen, vor die Sonne auffliegt, erhebt die Beschreibung gleich Anfangs, und läßt grosse Dinge erwarten. Die Beschreibung des Dichters geht nach dem Gange der Natur. Zuerst Wind und Sturm.

"Sturm ist sein Hauch." Dann Blitzen in der Ferne, Zittern und Verschwinden der Gestirne.

Der Löw am Thierkreis fürchtet seine Tritte. Das Löwengestirn ist hier sehr glücklich vor andern gewählt. Es spielt auf die gewöhnliche Unerschreckbarkeit des Thieres an, von dem es den Namen führt.

(13) Sein Wort tönt in den Orionen,
　　Und wühlt im Meer;
　　Und nimmer ist seit Jahräonen
　　Sein Köcher leer.
(14) Er geht mit tausendfachen Speeren
　　Von Pol zu Pol;
(15) Und kämpft im Scherze mit den Sphä=
　　　ren
　　Von Pol zu Pol.
Die Räder seines Wagens zürnen
　　Der schwülen Bahn,
Und sprühn zu Ost= und Westgestirnen
　　Die Flamm hinan (16)

---

(13) Nun hört man den Donner. Welche Stimme, die in den Welten des Orions und im Abgrund des Meeres zugleich ertönt!

Wühlt mahlt das Aufwallen der Meere.

(14) Die durcheinander kreuzenden Blitze haben eine Gleichheit mit feurigen Speeren, die durch die Lüfte fahren.

(15) Es ist ein feierlicher Anblick, ein Wesen zu sehen, das in scherzender Ruhe die mächtigen unzählbaren Welten erschüttert. Es ist das Pendant des Zevs, der mit den Augenbraunen den Olimp und die Erde regt. Eine der erhabensten Schönheiten Homers.

(16) Homer hat ein ähnliches Bild, aber hier ist

(17) Er nimmt in Sonnen seine Pfeile:
   Die Köcher glühn;
   Und bersten wüthend mit Geheule
   Auf Welten hin (18.)

Stürzt eure tausend Urnen schmetternd,
   Hyaden, um!
Ich heiße Donner! kehre wetternd
   Die Sternkreis' um! (19)

───────────────────────

es neu wegen der Wirkung. Die empörten Räder sprühn Flammen von einer Gränze der Welt zur anderen. Ein unerreichbares Gemählde der blitzenden Gewölke.

(17) Gros und neu ist dieses Bild, und — wahr; denn durch die Sonnen entstehen die Blitze, und darum leeren Millionen Jahre die Köcher des Donners nicht.

(18) Man sieht die schwarzen gerötheten Gewölke sich aufthun, und der feurigen Pfeile unter schrecklichem Getöse sich entschütten.

(19) Immer stärkere Bilder, höhere Begeisterung. Der Dichter läßt jezt den Donner selbst sprechen. Er winkt den Regengestirnen (Hyaden) daß sie ihre tausend Urnen zusammen stossen und gähling umstürzen. Wer gab je so ein Gemählde vom Platzregen und dessen Getäusche? aber es folgt noch ein schöneres, und schrecklicheres Bild vom Getöse in Ungewittern.

A 5

(20) Wer hebt, die Sonnen zu verhüllen,
  Den erznen Schild?
(21) Wer läßt die Ungeheuer brüllen
  Im Sterngefild?
(22) Wer schwängert mit dem Tod die Lüfte?
  Wer sengt den Nord?
(23) Ha! Geier, flieh in Alpenklüfte,
  Vergiß den Mord!

---

(20) Daher entsteht die Finsterniß über den Erden. Der Donner hebt seinen erznen Schild empor, und hüllt die Sonnen ein.

(21.) Das schreckliche heulende Getöse bei starken Gewittern ist nicht allein die Stimme des Donners. Es scheint mit Ungestümm aus allen Sphären zu ertönen. Wie schön benutzt hier der Dichter die Fabel oder Gewohnheit, die den Gestirnen Namen der Thiere giebt. Er läßt diese Ungeheuer die Felder des Himmels durchirren, und auf das Geheiß des Donners mit ihrem Gebrülle erfüllen.

(22) Millionen Insekten sterben durch den leichtesten kältesten Blitz; Millionen ersticken durch die gedehnte Luft. Der Donner schwängert sie mit dem Tode, und da, wo Berg und Meer und Feld vom Eise starren, da sengt der Strahl des Donners.

(23) Der kühne Raubvogel schießt auf seine Beute; es donnert, er verläßt sie, und verbirgt sich in die tiefsten Klüfte. Die lebendige Stimme, die hier der Donner empfängt, die den Geier gähling von seiner Beute wegschreckt, die ihn bis zur Ver=

(24) He Rosse! schüttelt Flammen, wirret
Die Welt! es kracht
Die Achse! Himmelsangeln klirret!
Die Veste zagt!

(25) Ich winke, Donner! deinem Grimme,
Schmied Fesseln dir!
Hohnlache deiner Götterstimme,
Und spiel mit dir!

---

gessenheit seiner Natur, des Hanges zum Morden entstimmt, ist die treffendste Darstellung der Macht des Donners.

(24) Wenn mehrere Gewitter zusammen treten, Donner und Sturm das ganze Gewölbe des Himmels ergreifen: dann fallen oft die Flammen schuttweise von den wolkigten Bahnen. Der Dichter sieht die Rosse des Donners Flammen von ihren Mähnen schüttern. Er hört das Rufen ihres Gebieters: Wirret die Welt! hierauf kracht die Achse des Weltgebäudes, die Himmel wanken hin und her, daß die Angeln erklirren und die Veste zagt. Dies ist der Donner! Ein Gemählde, dergleichen kein Dichter noch gab. Und jezt der Wetterableiter, die Erfindung des D. Fränklins. Zielt nicht auch dies alles auf die hohe Kraft des menschlichen Geistes, und ist hierinn nicht der Zusammenhang des Gedichte.

(25) Der Erfinder des Ableiters spricht selbst. Welcher Abstich mit dem vorigen! hier ist keine Erklärung nöthig, aber Empfindung, so mächtig, wie sie in der Seele des erhabenen Erfinders ist.

Das Füllhorn deines Zorns verschlinget
 Mein Stäbchen hier;
Die Schöpfung wankt: ein Kettchen, bringet
 Dich machtlos mir.

(26) Die Menschheit winselt; Tod! du ärndtest;
 Die Hölle stieg
 Zur Erd'; ihr Fahnen flammt! wo lerntest,
 Mensch! du! den Krieg?

(27) Sie wurden Väter, ziehn, am Rücken
 Greift Feu'r ihr Bett;
 Sie sehn der Mütter Todeszücken,
 Ihr Schwert wird fett!

―――――――――――

(26) Eros, grauenvoll und einzig ist die Schilderung des Kriegs. Er nennt den Krieg die Aerndte des Todes. Wer sieht nicht tausend Schlachten in diesem Worte? Des Todes Werkzeuge sind Menschen selbst, Menschen von weichgeschaffner Seele. Darum fragt der Dichter tiefgerührt bey dem Hinblicke über die unermeßnen Leichenfelder: Wo lerntest, Mensch! du den Krig?

(27) Gab je der Krieg einen schreckenvolleren traurigern Auftritt, als da Menschen, die eben jetzt noch in einer Stadt die Freuden des Lebens genossen, aufbrechen, dieselbe hinter sich anzünden, und Gräuel anrichten, die dem Wesen der Menschheit zuwider sind? Wie Seelerschütternd ist die

Der Hunger heult: der Liebe Pfänder
Sind ihm ein Fest;
Die Leichen dampfen, ferne Länder
Ergreift die Pest.
Mit hundert tausend Donnern stürmet
Im Feld der Tod;
Dem Er erschlagener Brüder Leichen thürmet,
Den nennen Menschen Gott;
Und feyern mit der Hölle Furienthaten
In freudger Wuth:
Sieg! Sieg! der Söhne Kniee waten
Im Väterblut!
(28) Die Mähne braußt: der Roßhuf eitert
Vom Männerhirn!
(29) Fürst! schwarz ist Völkermord; dich hei=
tert
Die nakte Dirn!

―――――――――――――

Darstellung des Dichters! Sie wurden Väter —
Sie sehn das Todeszucken derer, die sie zu Müt=
tern machten; aber gefühllos würgen sie; Sie
mästen ihr Schwert mit dem Blute ihrer unge=
borenen Kinder. Das Bild des Schauers ver=
mehrt sehr der Ort, wo der Dichter die Flamme
zeigt. Sie waren noch im Lager ihrer Vergnü=
gungen, als der Befehl kam, Feind zu seyn.
Hier fangen sie das Mordbrennen an. Beim
Fortziehen, sieht man noch die Flamme an ihrem
Rücken erglänzen.
(28) Welche Bewegungen, welche Schnelligkeit,

(30) Sieh! deinen Sünden=Purpur spreitet
Dein Volk zu ihm!
Gott rettet Höllen: dich erbeutet
Sein lecher Grimm!
(31) Das Weltmeer kämpft: die Pole hallen!
Mein Wort erklang!
Tyrannenruthen: Zepter fallen!
Ha! Freiheit klang!

welches Toben der Rosse mahlt der Ausdruck:
Die Mähne brauft! Welches Gewühl der Reiterei, welche Verwüstungen, wie viel tausend zertretene Hirnschädel sehen wir in dem einzigen Bilde:
Der Roßhuf eitert vom Männerhirn.
Dies lezte Wort macht mit dem was folgt, einen herrlichen Abstich.
(29) Die grauenvolle Scene führt die Gedanken des Dichters auf die Ursache dieses Elends, den einzigen Menschen, der zu Hause in den Armen der Wollust die Schrecken des Gewissens, oder die lange Weile zu verbannen sucht.
(30) Das Volk, das sonst für seine Regenten betet, nimmt hier den in Sünden getauchten Purpur seines Fürsten, hält ihn zu Gott in die Höhe, spreitet ihn aus, daß kein Fleckchen ungesehen bleibe, gleichsam ängstig, als könnte dem Allsehenden etwas entgehen. Welches Gefühl des Unrechts, der Unterdrückung! Welche Sehnsucht nach Rache! Aber GOtt ist Rächer; in dem Augenblicke, da er verdammte Welten aus den Höllen rettet, nimmt er diesen Fürsten wie eine Beute, sein Grimm ergreift ihn, wie der verbrannte, leche Wanderer einen kühlen Trunk.
Könige der Erde! dies ist der Krieg!
(31) Fränklin ist als Philosoph der Erfinder des

(32) Nacht! Erdemutter! wie im Schoße
  Dein sieches Kind!
  Streu Sterneblümchen, Duft der Rose
  Im Abendwind!
  Dein Gürtel, — Mondgeschmückte Pran-
      ge! —
  Ist Perlenfluß.
  Hold ist dein Lied, lind deine Wange,
  Und Ruh dein Kuß!

Wetterableiters; aber als Mensch der Stifter der Freyheit von Amerika. Wie kurz und prächtig schildert er die That. Sein Wort erklang: Da kämpften die Meere, da hallten die Pole, die Menschheit siegt, misbrauchte Zepter entsinken der eisernen Hand. Eripuit cœlo fulmen sceptrumque tyrannis.

(32) Der Gedanke von Beglückung der Menschen leitet die Empfindung des Dichters auf ruhigere Gegenstände. Er sieht in der Schöpfung umher. Ueberall kämpfende Leidenschaften und Elemente. Das einzige Bild der Ruhe des grösseren Theils der Sterblichen giebt ihm eine sanfte Nacht. Er nennt sie die Mutter der Erde; sie nimmt diese in ihren Schoos, wie ein krankes Kind, und wiegt sie in den Schlaf. Ueber ihrem Haupte streut sie Sterne, wie Blümchen, streut in den Abendwind süsse Gerüche. Dies sind eben jene ungeheueren Sterne, die der Dichter vorher aus einem anderen Gesichtspunkte sah. Hier sind sie ihm die sanftesten, reitzendsten Gegenstände zur Ruhe. Und auch in diesem Ausdrucke ist Warheit und Natur. Die Nacht hat ihre Stirne mit dem Monde geschmückt, ihr Gürtel — wie herrlich! — ist

(33) Bist du Gott, der gleich deinen Kindern
Den Lästrer labst?
Aus deinem Busen Heil'gen, Sündern
Den Frühling gabst? (34)
Und bethend morden Religionssultane
Die Bethenden zu dir!
Mit Blut geschrieben sehet an der heilgen Fahne
Den Gott der Liebe hier!
(35) Zu deinen Sonnenhimmeln schwinget
Der Käfer sich;
Die Sphärenwelt, die Schwalbe singet,
Und kennet dich.

(36) Die

---

weiß und glänzend wie ein Fluß von Perlen. Ihre Stille ist ein süsser, milder Gesang; ihre Wange ist lind, und die Erde schläft an ihren küssenden Lippen.

(33) Alles folgende sind Gegenstände, die unmittelbarer die Güte und Grösse Gottes schildern.

(34) Der Frühling ist ein Busengeschenk des Schöpfers —— ein neues Bild, das nur unbegränzte Empfindung der Reize dieser schönen Zeit hervorbringen konnte. Gott nahm den Frühling aus seinem Busen, und gab ihn seinem Freunde und Beleidiger.

(35) Der philosophische Dichter giebt dem Thiere Kenntniß des Schöpfers. Ein neuer unermeßlicher Kreis der Herrlichkeit!

(36) Die Fliege ſumſt Gebet: Gott ſtehet,
Nimts vom Altar
Mit Seraphopfern; Zorn erglühet:
Die Schöpfung war.
(37) Ha! donnre Wallfiſch, in den Meeren,
Jauchz, Tod umher!
Ha! deiner Naſ' mit ſeinen Heeren
Enthüpft das Meer!
(39) Brüll Löwe, daß Gebirge ſinken,
Und ſchon' des Lamms!
Sollſt einſt in Gottes Himmel blincken,
Sohn ſeines Stamms!

---

(36) Das Sumſen der Fliege iſt ihr Gebet. Es ſteigt mit dem Gebet des Seraphs zu Gott. Auf dem Altare ſieht Gott beides, nimmt mit gleichem Wohlgefallen die Opfer. Dies iſt der Unterſchied der Geſchöpfe, wenn ſie vor Gott erſcheinen; dies die Allgüte deſſen, vor dem das Größte nichts iſt. Aber ein erzürnter Blick dieſes Weſens vernichtet die Schöpfung. Mit welcher Schnelligkeit! Zorn erglühet: die Schöpfung war!

(37) Ein feierliches Schauſpiel der Macht, Fürſicht und Güte des Schöpfers. Der Wallfiſch iſt durch ſein ungeſtümmes ſchreckliches Bewegen der Donnrer des Meeres. Er jauchzet: in ſeinen geöffneten Schlund, wie in ein ewiges Grab, verſenken ſich Ströme und Millionen Einwohner der Waſſerwelt. Aber die Fürſicht hat ihnen den Ausgang gewieſen. Das Meer enthüpft mit ihnen ſeiner Naſe. Ein ſehr mahleriſches Bild. Der Gebrauch des Wortes Meer ſtatt eines ſehr kleinen Theiles deſſelben macht mit dem leichten Enthüpfen einen ſehr ſchönen Abſtich.

(39) Unter allen göttlichen Dingen iſt das göttlich-

(40) Ich fieng den Specht im Mord; ihm
    starben
  Die Waisen, blühn
  Aus Aas zu Welten, die auch darben
    In Blümchen hin.
(41) Ich schwöre dreimal: — Höllen! glühet
    Dem Abgrund los!
  Die Schöpfung feire! Welten kniet!
    Gott, Gott ist gros!

---

ste: verschonen. Dies ist der stärkste Ausdruck, der gegeben ward, um die Grösse der Schonung zu schildern. Das Bild des Dichters ist weit erhabener. Der Löwe hat etwas Gottähnliches, ist vom Stamme des Unermessenen, wenn er schonen kann.

(40) Der ewige Kreis des Auflebens und Hinsterbens. In dem Augenblicke, da der Raubvogel mordete, wird er gefangen; seine verlassenen Jungen sterben, in ihren Aesern bilden sich Welten kleinerer Geschöpfe; eine schädliche Witterung tödet diese, und vermengt sie mit der Erde. Nun wachsen sie in Blümchen auf; aber auch diese darben wieder hin. Wie kurz giebt der Dichter das Unendliche!

(41) Wer wie dieser Dichter in die Schöpfung hinblickt, so die glühende Einbildungskraft an jeden Gegenstand heftet, die Spuren der Unermeßlichkeit in dem Fußsteige der Milbe entdecket: aus dessen Herzen dränget alles übrige der Gedanke: Gott. Dies sollen alle Geschöpfe wissen. Aber es ist ein feierliches furchtbar heiliges Wort. Wenn er es spricht, so sollen die Leiden der Höllen aufhören. Vom glühenden Abgrund sollen sich diese auflösen; feierliche Stille sey die Schöpfung; kniend hören es die Welten: Gott, Gott ist gros!

Wegen der Nachricht von Berlinischen Künstlern und Kunstsachen T. M. Monath Juny. 76. s. 264.

An Herrn Hofrath Wieland!

Schmitt war nicht ein Mann von besondern Talenten — nein — Er war einer der größten Künstler, die je gelebt haben. Als Kupferstecher ist er für uns Deutsche das, was den Franzosen die Drevets — Nanteuils — Edelinks — Chereaus — Masons und andere gewesen. Und als Maler, denn auch mit dem Grabstichel und der Radiernadel kann man Maler seyn, ist er gewiß weit über die größten der meisten französischen Kupferstecher. Ich bin nicht der einzige (selbst grosse Kupferstecher sind so gerecht) der ihn in dem, was man Darstellung der Malerei nennt, über alle seine Mitarbeiter hinaussetzet, und als den ersten dieser Kunst betrachtet. Man sehe nur mit Augen der Kenntniß ohne Vorurtheil seine herrlichen Arbeiten an. Doch das ist ein Satz, den man Niemanden aufdringen kann, und Einiger Gefühl ist noch nicht das allgemeine. Warum ist sein Meisterstück — vielleicht das der Kupferstecherkunst — das Bildniß der rußischen Kaiserinn, nicht benamset? und mit diesem noch so viele andere herrliche Kupfer, die er ohne Aufsicht des französischen Mahlers Rigaud verfertigt hat. Verdiente so ein Mann nicht eben so wohl ein richtiges Verzeichniß seiner verfertigten göttlichen Werke, als Herr Reclam selig? Die Bemerkung, daß seine geäzten Blätter, drei Viertheile, mit dem Grabstichel gemacht sind, ist irrig. Wer in der rembrandschen Art je etwas gearbeitet hat, weiß, daß der Schmelz des Schattens und Lichtes, und das Sammetschwarze des Abdrucks, nicht mit dem Grabstichel, sondern nur mit der sogenannten kalten Nadel, oder mit einigen andern schneidenden Werkzeugen hervorgebracht werden kann. Die Nachricht von der aufgearbeiteten Blatt des Rembrands ist interessant für Künstler und Kunstsammler; aber der Anhang von dem eigennützigen Verkauf derselben, war der nöthig? Macht er dem Gedächtniß des Künstlers und seinem Herzen Ehre? Trägt er etwas zu seiner Geschicklichkeit bey? Unser Vaterland ist noch sehr ungerecht gegen seine Künstler: der Name ist noch zu vermischt, zu allgemein; denn jeder, der Farben auf ein Tuch streichen, oder Striche mit schwarzer Kreide, oder Röthel aufs Papier machen kann, ziert sich damit, und gilt dafür in Deutschland. Ohne dieses Niederschlagende, das den Mann von wahrem Genie drücken muß, würden wir wohl unter fremden verstorbenen Malern keinen Kneller; Ferg unter den Kupferstechern keine Edelink und Frey — und unter den jeztlebenden erstern keine Mengs, keine Angelika, und unter den leztern keine Wille zählen. Diese würden gewiß noch unsre und unserer Kunstschule Zierde seyn: aber man verkannte sie bey uns, und Verkennen verscheucht noch mehr das Talent, als Mangel. Wie viele von uns kennen den deutschen Raphael in Thiergemälden den Heinrich Roos von Frankfurt? Weit über hundert Jahre ist seine Asche fast gänzlich unbekannt gewesen! Wer denkt noch an den grossen Kupferstecher Kilian in Augspurg? Und wer kann an dem erbärmlichen Wust, den dumme Verleger an diesem Orte jezt hecken, erkennen, daß so ein grosser Mann da gelebt, und Schüler gezogen habe? — Welcher Lermen, welches Geschrein von Poussi und Claude, zween der größten Landschaftmaler, die je die Natur gezogen hat? — — Welche Stille von ihrem Lieblinge, dem eben so grossen, und in der allgemeinen Kenntniß der Malerei weit grösseren Künstler, dem kürzlich verstorbenen Dieterich? — Verdienten Roos — Kilian — Dieterich und Schmitt, die Epochen in der Kunst unseres Vaterlandes machten, kein öffentliches, kein allgemeineres Denkmal? Wer ist Gellert in seinem Fache gegen diese Männer? und der Marmor, das Metall, und der Thon verewigt schon sein Bild! War Dieterich nicht auch in Sachsen, ist ihm die Kunst weniger, als die Wissenschaften Gellerten, schuldig? Herrn von Heinecken muß man Dieterichs und Schmitts Lebensbeschreibung; Herrn Schubart einige warme, kenntnißvolle, Schmitt betreffende Anzeigen, und die Nachricht, und den edlen Willen, gern mehreres zu thun, verdanken; aber dabey wird es leider wohl bleiben müssen. Ihr aus vaterländischem Herzen gethaner Wunsch, ähnliche Nachrichten aus andern Städten Deutschlands, wo die Künste blühen, zu empfangen, wird nie zu stillen seyn, weil daran entweder Leidenschaften einen vorsetzlichen, oder Unwissenheit und Dummheit einen eingebildeten Antheil haben werden. F — L.

Briefe eines Reisenden über das Wirzburger Universitäts-Jubileum 1782.

F. den 2ten Sept.

Gestern kam ich von Brückenau zurücke, und heute, bester Freund! sollen Sie schon wissen, was ich auf meiner Reise für Beobachtungen gemacht habe. Der Kurbronnen erhält auch dieses Jahr seinen Ruf durch gute Einrichtung, Bedienung, Gesellschaft, und hauptsächlich durch freyen und ungezwungenen Ton. Ich reißte über Wirzburg, wo die Universität ihr zweyhundertiges Jubelfest feyerte; welches der Fürst-Bischof, gebornèr Freyherr von Erthal und ehemaliger Kaiserlicher Konkomissarius zu Regensburg, mit einem Aufwand von mehr als 15000 Gulden veranstaltet hat. — Wirzburg ist eine hübsche Stadt: sie hat Gebäude, welche man in mancher großen Stadt nicht findet; doch soll der Ort, wie man mir sagt, aus Abgang öffentlicher Vergnügungen sonst sehr langweilig seyn: weßwegen er auch von Fremden wenig besucht wird, und Mangel an Geld hat. Dermal war der Zulauf von Fremden ziemlich stark: die Deputirten auswärtiger Universitäten wurden im ehemaligen Jesuiten-Kollegium bewirthet; ich war aber ganz ungekannt und ein stiller Beobachter. — Der erste Tag war festlich: frühe fuhr der Fürst mit seinem ganzen Hofstaate, welcher prächtig und zahlreich ist, in die Universitätskirche, wo er mit einer lateinischen Anrede empfangen wurde und mit vielem Anstand antwortete. In der Kirche war Predigt und Hochamt; wovon ich aber nichts sah, weil ich noch selbigen Morgen einen Brief nach B.. schreiben mußte. Mittag war Tafel bey Hofe für alle einheimische und auswärtige Professoren; Nachmittag Konzert. Der Fürst war sehr herablassend; der Adel gegen die Gelehrten höflich. Dieß machte mir eine ganz gute Idee von diesem Hofe; und ich war mit dem ersten Tage zufrieden: sind Sie es auch mit mir, Freund! Nächstens sollen Sie von gelehrten Sachen hören, leben Sie wohl.

D. den 8ten Sept.

Acht Tage nach einander wurden gelehrte Handlungen fortgesetzt. Disputationen, Promotionen, physische und anatomische Demonstrationen, Reden und Uebungen junger Leute waren die Auftritte, denen ich beywohnte.

Man konnte hier die Universität nach ihrem ganzen innern Werthe kennen lernen; denn man hat gewiß lange Vorbereitungen dazu gemacht, und die besten Männer gewählet, die figuriren mußten. — Dies muß ich Ihnen vor allem sagen: der Fürst war die größte Zierde der Feyerlichkeit. Es war über meine und aller Erwartung, daß der Regent einer jeden Handlung vom Anfange bis zu Ende mit größter Aufmerksamkeit beywohnte. Ich beobachtete ihn genau: er verrieth einen Blick, der bis in das Innerste drang. Ich las auf seiner Stirne, daß er seine Universität kennen lernen wollte. Ich kann Sie versichern, Freund, der Fürst ist wirklich Kenner. Er war zwar gegen alle freundlich; aber ich merkte es nur allzudeutlich, daß er kälter gegen jene war, die unbedeutendes Zeug schwatzten; außerordentlich einnehmend gegen jene, die sich auszeichneten und Geschmack verriethen. Ueberhaupt findet man eine wunderbare Mischung von Gutem und Schlechtem, von Altem und Neuem auf dieser Universität: viel zurückgebliebener Schlendrian von dem erloschenen, aber noch herrschenden Orden: aber auch viele aufgeklärte, muthige, und mit Kräften da-

gegen arbeitende Köpfe (*); dabey unentschie=
den, ob die gute Sache siegen werde. — So
waren die Auftritte selbst voll Widersprüche.
Die erste Handlung, der ich beywohnte, war
eine theologische Disputation: die Sätze, die
Art zu disputiren rochen ganz nach der Bar=
barey des mittlern Zeitalters: es war aber
auch ein Auftritt von E... und M... Ich
konnte das Ding nicht aushalten, gieng fort,
und las beym Hinausgehen auf der meisten
Anwesenden Stirne Züge der Schaam und Un=
zufriedenheit. — Einige Tage darauf war
theologischer Doktorschlag. Ein noch junger
aber mit vielen Kenntnissen ausgerüsteter
Mann sammt vier muthigen Kandidaten kün=
digten den obigen Herren eine entscheidende
Fehde an. Der Gegenstand der Promotion
war eine ganze Reformation in dem theologi=
schen Fache dem Geschmack unsrer Zeiten an=
gemessen. Ueber Vorbereitung zur Theologie,
über Dogmatik, Moral und Bibelstudium wur=
den herrliche Dinge gesagt: sollen aber vorge=
predigte Projekte ausgeführt werden, wie es

(*) Keine vom erloschnen Orden? In Mainz und
Heidelberg herrscht dieser Orden lange nicht
mehr: sollte darum Wirzburg tief unter diesen
beyden stehn? d. H.

jeder unbefangene Franke wünschen wird, so schicken sich gewiß die Männer nicht dazu, die zuerst aufgetreten sind. — Die juridische Disputation war zum Ekel pedantisch: die Promotion war, einige Scharlatanerien abgerechnet, besser. Ein junger Mann (Wagner) zeichnete sich besonders aus, und zeigte viel Belesenheit, Geschmack, Philosophie und Freymüthigkeit. Die medicinische Promotion gefiel mir sehr wohl. Es wurde von guten medicinischen Polizey = Anstalten gesprochen. H. Promotor sprach sehr heftig, war voll guter Anschläge; aber ich sah es ihm auch an, daß ihm schon manche Hindernisse mußten in den Weg gelegt worden seyn. Professor Egell stellte elektrische Versuche in einem hiezu niedlich eingerichteten Kabinet an: H. Siebold zeigte seinen Vorrath von chirurgischen Instrumenten, der vortreflich ist: aber über alles waren die Experimente, welche der neuangestellte Doktor Pikel über die fixe und dephlogistisirte Luft anstellte. Wirzburg darf auf diesen Mann stolz seyn, und wird ihn nie genug ehren und belohnen können. In einem jeden Fache einen solchen Mann: diese wenige gut bezahlt und ihnen freye Hand gelassen, dieß

würde der Universität bald einen Schwung
über alle ihre Schwestern geben. — Nun wollen Sie auch was von den schönen Wissenschaften, Ihrem Lieblingsfache, hören: auch
hierinn ist Widerspruch, Krieg und Fehde. Einige Nachmittagsstunden wären den Musen gewidmet: am ersten Tage zog man gegen die
Franzosen zu Felde. Ein Mann behauptete
in einer Rede, in welcher ich nichts als Namen hörte, daß die Deutschen aufgeklärter als
jene wären, und ein Schüler las sogar eine
Satyre auf die französische Nation ab. Dieß
war nun gewiß dröllicht, wie ein Mann, dem
man es anmerkte, daß er nicht einmal die
Sprache verstand, noch viel weniger diese
herrliche Nation selbst kennen gelernt oder ihre Schriftsteller gelesen hat, so was unternneh-
men mochte. Sie, Anbeter der französischen
schönen Geister, hätten gewiß laut widerspro-
chen, wenn Sie zugegen gewesen wären. — Einige Tage darauf trat ein Mann mit herrlichen, engelschönen jungen Leuten auf: es war
mir, als wäre ich unvermerkt in eine atheni-
sche Schule versetzt. Der Lehrer Prf. Andres,
der sich um sein Vaterland durch Einführung
der klassischen Litteratur, wovon man vorher

gar nichts wußte, verdient gemacht, hielt eine Rede über die Dichtkunst, wie sie auf die Sitten des Staates wirksam gemacht werden könnte, und hätte auf jeder Akademie abgelesen werden können; so gründlich, so geschmackvoll war sie. Die Kandidaten lasen eigne Ausarbeitungen mit vielem Anstand und Grazie ab: ein junger Mensch hatte Stellen aus dem Virgil in deutsche Hexameter übertragen: ich sage es Ihnen, Freund, wir beyde hätten es nicht zu Stande gebracht. Das ganze Auditorium war vollkommen zufrieden: ich habe den Fürsten noch niemals so munter gesehen: er unterhielt sich fast eine Stunde mit dem Lehrer und seinen guten Jünglingen, und es war ein rührendes Schauspiel für mich, so ich noch an keinem katholischen Orte gesehen habe. Lassen Sie sich hiemit begnügen, Freund! von den zween letzten Tagen kann ich Ihnen nichts sagen, denn ich mußte meine Reise beschleunigen. Zu Wirzburg kann viel geschehen, wenn die alten Pedanten weggeschaft, die guten Köpfe benuzt und aufgemuntert werden. Von dem besten Fürsten, der so guten Willen hat und Einsichten zeigt, verspreche ich der Sache viel Gutes.

Der Spieler.

Ein Spieler — der sich, Kind und Weib
    Zum Jammerstande spielte,
Doch in dem fruchtbarn Zeitvertreib
    Sein Elend nie ausfühlte —
Den packt auf seiner Gräuelbahn
Einst Höllenwuth, Verzweiflung an,
    Und riß ihn auf vom Lager.

Horcht auf — die ihr mit flüchtgem Sinn
    Der Höllenlust ergeben!
Der racheschreyende Gewinn
    Nagt euch an Seel und Leben.
Horcht auf! — und stehet ab der Wuth!
Horcht auf mit heißem, heißem Blut!
    Thut Buß — und ändert's Leben.

Von ihrem Säugling angelacht,
    Von Sorg und Hunger müde,
Von Gottes Engel sanft bewacht —
    Schlief itzt sein Weib im Friede.
Ihn triebs hinaus zum Kirchhofthor;
Blutathmend rastet er davor,
    Und lästert — Gott und Christum!

" Ich, der ich mir Verdammniß schwur,
" Kann ich denn seelig werden?
" Vernimms du schauernde Natur:
" Ich will nicht seelig werden.
" Mein Weib und Kind? — sey heimgestellt
" Dem, der all Kreatur erhält;
" Und mich — mag Gott verdammen.

So stürzt er in den Kirchhof ein,
Zersprengt des Kirchleins Thüre,
Nimt vom Altar des Nachtmahls Wein
   Und thut — (das Mark friert!) Schwüre,
Daß ihm des Gottessohnes Blut
Gereichen mög zur ew'gen Glut —
   Nein, nicht zum ew'gen Leben.

" Nah' dich mir Fürst der Finsterniß!
" Mein Seel und Blut sey deine!
" Zerkrach beym letzten Todesbiß
" Mir mein verdammt Gebeine.
" Dafür sey du auf dieser Erd
" Mein Schirm; so lang ich wallen werd
" Hilf mir mein Thun vollenden.

Gelehnt am Altar keucht er aus.
 Bang stöhnts, — es hallt Gewimmer —
Da stieg aus seinem Knochenhaus
 Ein frommer Geistesschimmer:
Es orgelt — singt im Wehaccord: —
„O Ewigkeit, du Donnerwort,
 „Du Anfang sonder Ende!

„Ach! Vater unser, der du bist
 „Im Himmel, amen — amen —
„Hilf mir doch beten Jesus Christ!
 „Ich bet in deinen Nahmen!!!
Die Ahndung, daß es Satan sey,
Und des Entsetzens Melodey
 Entrücken ihm die Sinne.

Er schäumt, er lacht, er betet — brüllt,
 Zerwühlt des Grabmaals Erde —
Springt wieder auf, nimmt Gottes Bild
 Starrts an!! — die Angstgebehrde
Erdrückt sein Herz — die Seele wich,
Sein Aas blieb schaurig liegen.

David Beil, Schauspieler zu Mannheim.

Genf,

Genf, nach dem 4ten November 1782.

Die stolze Geneva, die von den Schwestern
   allen
Sonst glänzte, in der Freiheit hohem
   Schmuck;
Ist tief, erschrecklich tief von ihrer Höh' ge-
   fallen,
Und seufzt nun unter Oligarchendruck!
Und dies, Helvetia, kannst du gelassen sehen?
   Ja beutst zum Theile selbst noch deine
   Hand
Den Schwachen zu erdrücken, statt ihm bey-
   zustehen?
O Schmach und Schande für ein freies
   Land!
So schrecklich lastet selbst nicht auf dem Mor-
   genlande
Mit allem ihrem Fluch die Tyrannei
Der Sklav am Indus kennt nicht fürchterlich're
   Bande,
Noch der am Ganges härtre Sklaverei,
Als, Geneva! jezt deine armen Söhne tragen,
Die sonst der Freiheit himmlisch Licht er-
   quickt!

Jezt dürfen sie nur seufzen, dürfen nichts mehr
 sagen,
  Wenn sie der Oligarchen Hand erdrückt.
Kannst du dies sehen, thun und leiden, — o
 so poche,
  Helvetia, nicht auf der Menschheit Recht!
Sprich länger nicht mit Unverstand von Teutsch-
 lands Joche,
  Nenn lästernd nicht den Teutschen Fürsten-
 knecht;
Weil er mehr Sicherheit bey väterlichen
 Fürsten
  Als bey den stolzen Oligarchen findt;
Die Unersättlicher nach Geld und Ehre dürsten,
  Tirannischer als keine Fürsten sind!
Wie jetzt noch manche Stadt Germaniens em-
 pfindet,
  Wo dieses Ungeheuer (*) noch regiert;
Bis Cäsar Joseph es mit ewgen Ketten bindet,
  Und Retter unterdrückter Bürger wird!

  Affprung.

(*) Die Oligarchie, oder wie mans fälschlich nennt,
 die Aristokratie.

Frühlingsgesang.

Komm her ans Gestade
Du kleine Najade,
Was zögerst so lang?
Schon jauchzen die Felder
Und büschigte Wälder,
Hell riseln die Quellen
Vom mosigten Hang;
Sanft säuselt vom Hügel
Mit goldenem Flügel
Der lockere Lenz;
Schon springt aus dem Nestchen
Halbflicke das Westchen,
Und necket dein Veilchen, [du lockerer Lenz!
Hör Nimpfe die Töne,
Wie flötet so schöne
Im Thale der Hirt,
Er flötet dem Lenze,
Wie fliegen die Kränze
Am strohernen Hüttchen vom ländlichen Wirth!
Es bleckt auf der Haide
Der Widder vor Freude,
Dumpf brüllet der Stier;
Es rennen und blecken
Durch keimende Hecken
Die Heerden und Blecken, o Frühling, zu dir!

Dich küsset die Erde
Mit froher Geberde,
Dich göttlicher Gast;
Lang keuchte die Erde
Ins Winters Beschwerde;
Nun kömmst du und hebst ihr vom Nacken
        die Last.
Dir schlagen die Fische
Im Wellengezische;
Die Fluten strömen — dir Muschelchen aus;
Dir plätschern die Quellen
Dir hüpfen die Wellen
Bald silbern bald golden zum Felsen heraus —
Kaum kamst du im Winke,
Da schlug schon die Finke,
Ihr Häuschen dir auf,
Schon zwitzern die Jungen
Die länglichten Zungen
Zum heiligen Throne dir singend hinauf!
Hoch schwebt dir in Lüften
Um brennende Hüften
Der Adler einher —
Die Wogen gebogen,
Gern mit ihm gezogen;
Die Wogen von Flüssen, die Wogen vom
        Meer.

Du reizest die Triebe,
Du zündest die Liebe,
Du thürmest die Brust
Der Nimpfen, bezwingest
Die Helden, und bringest
Hinein in die Seele die feurige Lust.
Auch ich sing, o Lenze!
Schmück Vater der Kränze,
Mein Liebchen! zu dir.
Sind gleich meine Töne
Nicht lieblich, nicht schöne,
Ich weis du bist gut, und zufrieden mit mir.

Kobell.

Kurzer Lebensbegriff des Herrn Christian Mayers. (*)

Der berühmte Professor und Kurpfälzische Hofastronom Mayer war zu Mederiz in Mähren geboren im Jahr 1719. den 20. Erndemonat. In Mähren, Wien und Rom lernte er

---

(*) Man hoffet mit der Zeit mehrere Nachrichten von den vorzüglichen Verdiensten dieses vortreflichen Mannes zu erhalten. Man zeigt hier nur überhaupt und kurz die noch nicht jedermann bekannten Umstände seines Lebens an.

die erften Gründe der Wiſſenſchaften, und gab ſchon damals Beweiſe von ſeinen herrlichen Geiſtesgaben. Zu Würzburg in Franken ſtudierte er die Theologie. Seine Vertheidigung theologiſcher Sätze ward als etwas auſſerordentliches angeſehen. Was bey andern oft nicht als eine Gewohnheit, oder Gepräng, oder wohlzubereitete Feierlichkeit iſt, das war ihm eine Gelegenheit, ſich durch gründliche Kenntniß der Sache und durch ſeinen Scharfſinn auszuzeichnen. Aus Verlangen in die Geſellſchaft Jeſu aufgenommen zu werden, reiſete er nach Rom; er trat in dieſelbe zu Mainz im Jahre 1745 den 13ten Heumonat. Hier legte er den Grund zu jenen Tugenden, die ſein künftiges Leben zierten.

Ueber dreißig Jahre widmete er ſich der Philoſophie und vorzüglich der Sternkunde. Sogar in den wenigen Jahren, die er als Lehrer in den ſogenannten niedern Schulen zubrachte, bereitete er ſich zu dem groſſen Zwecke, den er nachher durch ſeine neuen Entdeckungen und vortreflichen Stiftungen erreichte. Er durchwachte die Nächte, und ließ ſeinen forſchenden Geiſt die unermeſſenen Sonnenſyſteme durchwandern, indem er am Tage in dem Staube einer engen Schule die lateinische Sprache lehrte. Oft mußten ihn seine Obern zur Ruhe zwingen, und die beschwerliche Art zu leben, mag schon damals den Grund zu dem Uebel gelegt haben, das seinen Tod verursachte. Die Pfalz genoß vorzüglich die Früchte seiner Bemühungen, sie ist den Dank ursprünglich dem bekannten P. Seedorf schuldig. Es gereicht dem edeldenkenden Fürsten zum Ruhme, diesen würdigen Gelehrten aufgenomen, ermuntert und unterstützt zum haben. Ihm dankt die hohe Schule zu Heidelberg, wo er lange Jahre die Philosophie und Mathematik lehrte, die Einführung der Experimental Physik, die Anschaffung der nöthigen Instrumente, und das physikalische Kabinet. Auch das Kabinet der Naturgeschichte im Kurfürstlichen Schlosse zu Mannheim erhielt durch ihn seinen Anfang. Die Sternkunde war seine Lieblingswissenschaft. Er reisete nach Paris, um die grossen Männer dieses Gefaches und die Einrichtung der merkwürdigsten Sternwarten kennen zu lernen. Der berühmte Cassini wählte ihn auf seiner astronomischen Reise durch einen grossen Theil Deutschlandes zum Gesellschafter und Gehülfen. Es ist bekannt, wie nützlich Herr Mayer dem Pariser Astronomen bey dieser Gelegenheit war. In Betreff der Basis palatina verbesserte er sogar denselben mit dem Beyfalle der königlichen Akademie. In Schwetzingen legte er die erste Sternwarte an. Es war ein Schatten von jener berühmten, die er nachher in Mannheim errichtete. Zu diesem merkwürdigen Gebäude gab er selbst den Plan: er war nun Astronom und Baumeister zugleich. Er gewann die Schätzung und Gnade seines erhabenen Mecäns immer mehr, und er hatte nun freie Hand, das angefangene Werk nach der Grösse seines Gedankens auszuführen. Es ward in einigen Jahren unter seinem Auge vollendet. Man sah es durch die Thätigkeit seines Geistes aufsteigen. Er zeigte fast jedem Handwerker und Künstler seine Arbeit vor. Der acht Schuhe grosse Mauerquadrant von dem unsterblichen Bird, Sissons Scheitelmesser, Dollonds Sehröhre, Arnolds und Nortons Penduluhren, und eine Menge andere astronomische Werkzeuge wurden durch ihn angeschaft. Nur durch die königliche Freigebigkeit Karl Theodors konnte der grosse Plan dieses Gelehrten ausgeführt werden. Nachdem die

Haupteinrichtung gemacht ward, bestimmte ihm kurz vor seiner Krankheit der grosmüthige Fürst noch 10000 fl. zu fernern Verwendungen für sein Gefach. Den Entwurf zu dieser Sternwarte machte er auf seiner Reise nach Petersburg, wohin er von der grossen Kaiserinn Katharina berufen ward, den Zug der Venus vor der Sonnenscheibe zu beobachten. Damals hatte das ganze gelehrte Europa seine Augen auf ihn und den Professor Hell, der sich aus gleichen Ursachen an den äussersten Grenzen des nordischen Laplands befand, gerichtet. Diese Erscheinung war eine Epoche in der Sternkunde. Es war seit den uns bekannten Zeiten der Schöpfung das drittemal, daß sie beobachtet wurde, das erstemal seit Erfindung der besseren vortreflichern Sehröhre. Mayer machte seine Beobachtungen mit grosser Genauigkeit, theilte sie der Welt mit, erhielt den Beyfall der Kunstverständigen, und sogar des Neides, und kam mit Ruhm, mit neuen Kenntnißen, und mit Zeichen der Zufriedenheit, und mit würdigen seinen Verdiensten angemessenen Belohnungen von der erhabenen Monarchinn zurük. Er durchreisete bey dieser Gelegenheit die nordischen Königreiche, sah ihre Sitten und Gebräuche, ihre Akademien, die Denkmäler ihrer Künste und Wissenschaften, und kam in neue Verbindungen mit berühmten Gelehrten. Ein Beweis seines Forschgeistes waren die philosophischen Bemerkungen, die er über die Völker, bey denen er sich einige Zeit aufhielt, machte, und die schleunigen und richtigen Beobachtungen des Sonderbaren und Eigenen eines jeden Landes. Die Pyramide von den kostbarsten rußischen Steinen in dem Kurfürstlichen Naturalienkabinete, die er von Petersburg mitbrachte, ist ein Zeugniß des Geistes mit dem er reisete. Von nun an gab er verschiedene astronomische Schriften heraus, die ihm die Hochschätzung der vornehmsten Mathematiker, und Sternseher in Frankreich, England, Rußland, Italien, Polen, Ungarn, und Deutschland erwarben. Maskelyn, Hell, de la Lande, Thoaldo, Euler, Lexel, Bode, Kästner, Weiß, Steinmayer ꝛc. sind die Männer, mit denen er im Briefwechsel stand, und durch wechselweise Mittheilung der gemachten Beobachtungen gleichsam gemeinschaftlich das Feld seiner Wissenschaft durchwanderte. Er hatte das Schicksal so vieler anderen verdienstvollen Männer nicht, die auswärts geehrt, und in dem Kreise ihres Aufenthalts verfolgt oder gehaßt sind. May=erft liebte und schäzte jedermann. Sein Fürst ehrte ihn, gestattete ihm freyen Zutritt, und besuchte oft selbst seine Kunstsäle. Eine Hauptepoche seines Ruhms ist seine Entdeckung der Firsterntrabanten. Diese war so neu, so ausserordentlich, daß Herr Professor Hell in Wien sich öffentlich, und mit grosser Lebhaftigkeit dagegen sezte. Der Streit dauerte mehrere Jahre. Mayer gab hierbey nicht nur Beweise seiner gründlichen Wissenschaft, sondern auch seiner Mäßigung. Es ward zu seiner Ehre entschieden. Nicht nur erhielt er das Zeugniß der Richtigkeit seiner Entdeckung von der Pariser Akademie; nicht nur wurde sein System von verschiedenen der vorzüglichsten Astronomen angenommen; Hell selbst erkannte endlich die Warheit der Sache, und gab ihm öffentliches Lob. Gähling hemmte diesen verdienstvollen Mann in seiner ruhmvollen Laufbahn eine sehr schmerzliche Krankheit, die sich Anfangs durch ein Nasengewächs (Polyp) äusserte. Die vortreflichsten Aerzte in Strasburg und Mannheim erschöpften vergebens ihre Kunſt, ihn zu retten, und er ſtarb den 16ten des Oſtermonds 1783.

- Mayers vorzüglichſte Werke ſind: I. Baſis palatina. Dieſes Werk iſt wegen ſeiner Richtigkeit und Genauigkeit der Beſtimmungen für Mathematiker, Aſtronomen, und Geographen ſehr brauchbar. . II. De tranſitu Veneris ante Solis diſcum. Auf Befehl der Monarchinn wurde dieſe Schrift ins Ruſſiſche überſetzt. III. De novis in cœlo ſidereo phœnomenis. Dies iſt das Werk ſeiner Entdeckungen. IV. Charta geographica. Ein ſehr koſtbares Werk, das die Länge und Breite der Oerter am Rhein von Worms bis Baſel ſehr genau auch durch aſtronomiſche Beobachtungen beſtimmt. Der Druck deſſelben iſt ſchön und zierlich angefangen, aber nicht vollendet. V. Octo annorum obſervationes aſtronomicæ. Auch dieſes für die Sternkunde ſo ſchätzbare Werk iſt noch nicht gedruckt; von ſeinem Nachfolger erwartet alſo die Welt die Herausgabe dieſer beiden Werke. VI. Nouv. Methode de lever une Carte generale de toute la Ruſſie &c. (Die Petersb. Akad. machte ihm für dies Werk ein Geſchenk von 400 Duk.) Der unglückliche Brand, der im Jahre 1776 den 31 Heumonat auf der Sternwarte ausgieng, verzehrte die auserlesene Büchersammlung, und eine Menge seiner Handschriften, Früchte seiner vieljährigen Nachtwachen, und Bemühungen — ein unschätzbarer Verlust für die Sternkunde. Mayer war weniger als mittelmäßiger Statur, sein Körper war stark, gewöhnt an Arbeit am Tage, und Wachen des Nachts, abgehärtet gegen Hitze und Kälte, Veränderung des Klima und der Witterungen. Er hatte eine hohe freie Stirne, einen offenen Blick, lebhafte Farbe, erfinderischen Geist, und eine scharfe Beurtheilungskraft. Er sah einst ein neues Musikinstrument, dessen innere Einrichtung der Inhaber um eine grosse Summe nicht wollte einsehen lassen. Mayer, der bey dem Spiele nur ferne stand, gab seinem Fürsten bald darauf einen Plan zu einem solchen Instrumente, und verfertigte ein ähnliches. Es war eine Maschine mit gläsernen Glocken, auf denen man mit benezten Fingern wie auf einem Klavier spielte, und ist unter dem Namen: *Harmonica* bekannt. Er gieng selbst auf die Glashütten, ließ die Glocken auf die Art, die er selbst erfand und angab, verfertigen: er berechnete die Töne; ließ jeden kleinen Theil der Maschine nach seiner Zeichnung verfertigen;

und sezte endlich das Ganze zusammen, spielte auf dem Instrumente, das den angenehmsten Wohlklang gab. Hauptzüge seines Charakters waren Leutseeligkeit, Gefälligkeit und Dienstfertigkeit gegen alle Menschen, warmes Gefühl der Menschenliebe, Standhaftigkeit in den widrigsten Vorfällen, unermüdeter Eifer, Gutes zu wirken, unbegrenzter Trieb zur Arbeit, Dankbarkeit, Treue und Liebe zu seinem grossen Wohlthäter, Aufrichtigkeit gegen seine Freunde, Redlichkeit und Wohlwollen gegen alle, Liebe zu dem herrlichen, und Ehrfurcht vor dem erhabenen Wesen, dessen grosse Werke der Gegenstand der Betrachtung seines Lebens war. Es ist unbegreiflich, mit welcher Herablassung und Unverdrossenheit er dem unwissendsten Menschen seine Instrumente zeigte, und ihre Fragen beantwortete. Er ließ jedermann und zu jeder Zeit zu sich. Gelehrte und Schüler, Fürsten und gemeine Menschen empfieng er mit gleicher Willfährigkeit. Man sah Fremde, die, nachdem sie seine Kunstwerke gesehen, sich blos noch seiner Person wegen mehrere Tage aufhielten. So ernsthaft seine Beschäftigungen waren; so munter war sein Umgang. Er war immer heiteres Gemüthes, und ein aufgeräumter Gesellschafter. Sein Vortrag auf dem Lehrstuhle war weder einnehmend, noch immer deutlich. Die Begriffe drängten sich, und die Zunge war zu langsam ihnen zu folgen. Sein gesellschaftlicher Ton aber war angenehm. Seine Rede war kurz, bündig, und gewürzet. Ein gewisser Bischof sagte ihm nach Vollendung seiner Sternwarte: "Sie haben Wunder gethan; alles war wider Sie, und nun steht das Gebäude da, dies ist ein wahres Wunder." Mayer antwortete: "Ich habe also das Meinige gethan, es ist jetzt an Eurer hochw. Gnaden, mich zu kanonisiren." Noch kurz vor seinem Tode, in der wahrhaft schrecklichen Krankheit, besuchte ihn ein Geistlicher, der sein Nachfolger in der Professur der Mathematik sein sollte, dem einige nichts vorwarfen, als sein nicht vortheilhaftes Ansehen. Mayer bat ihn seinen langen Rock zu öffnen: dieser thats. "O! sagte er lächelnd, Sie haben grade Füße, also schon mehr Ansehen als ich."

Er sah dem Tode als ein christlicher Philosoph entgegen, und versehen mit den heiligen Sakramenten, empfieng er ihn mit den Empfindungen eines Mannes, der von der Heiligkeit seiner Religion und den Pflichten seines Standes wahrhaft durchdrungen ist. Er bat um Vergebung für Beleidigungen, die er etwa jemanden möchte angethan haben; aber man kennt Niemanden, den er je beleidigt hätte.

Seine kleine Habe vermachte er armen Studenten, die durch Fleiß, gute Sitten, Liebe zur Religion, und Verehrung der H. Jungfrau sich auszeichnen würden. Die heidelberger hohe Schule hat die Verwaltung des Kapitals, und die Austheilung der kleinen Gehalte zu bestimmen. Diese geringe Verlassenschaft kömmt von den obengemeldten Geschenken, und von seiner sehr eingeschränkten und mässigen Lebensart her. Sie ist ein Beweis, daß er die Gnaden seines Fürsten zu ihren Bestimmungen verwendete und mit vielen tausend seiner ehmaligen Brüder weit von jenem Geiste entfernt war, den ihnen vielleicht diejenigen am meisten vorwarfen, die am wenigsten davon befreit waren.

Sein Andenken wird von gelehrten Gesellschaften in mehreren Welttheilen gefeiert werden. Die Akademien in Mannheim, München,

chen, London, und jene zu Philadelphia in Amerika, das wissenschaftliche Institut in Bononien; das historische in Göttingen, die kaiserliche Akademie der Naturforscher, die Kurfürstliche deutsche gelehrte Gesellschaft in Mannheim, zählen ihn unter ihre Mitglieder.

Hr. Hofrath Katzner in Frankfurt verfaßte auf denselben folgende Grabschrift, die ein anderer Freund des Verstorbnen ins lateinische übersetzte.

Die
Hülle
Mayers
ruht in diesem Sand.
Entfesselt bereist
jetzt freudig sein Geist
das
umbegränzte Reich der Sterne.
Es war
sein Augenmerk schon in der Ferne,
und
eigentliches Vaterland.

Hac jacet Aftronomi Majeri corpus arena,
Spiritus æternum felix vinclisque Solutus,
Vixit ubi vivens, aftrorum regna pererrat,

D

Frankfurt den 28ten Merz 1783.

In der Epoche, wo alle alten Geschichten und Mährchen, die einigen Bezug auf Intoleranz haben, aufgewärmt werden; wo man alles mit Haaren herbeizieht, und öfters unerwiesene Fakta, auch kleine Verläumdungen ausstreuet, um, wie es scheint, die Gemüther aufs neue zu erbittern; wo man die offenbarsten und auffallendsten Religionsverbrüderungen machet, indem man im Herzen nicht selten allen Religionen längst entsagt hat, wo man endlich diejenige Religionsparthey, die vielleicht am meisten Toleranz ausübt, in unzähligen Broschüren auf der verhaßtesten Seite vorzustellen sucht; in dieser Epoche, glaube ich, wird man mirs nicht verdenken, wenn ich meine Glaubensgenossen aufrufe, auch ihre Beschwerden öffentlich bekannt zu machen, und indem sie mit der einen Hand die Reste der Barbarei und Vorurtheile voriger Zeiten zertrümmern, mit der andern eine Schutzmauer für ihre eigenen Personen zu errichten. Aber ferne sey von uns der Geist, in dem jene Schriften verfasset sind, ferne der Gedanke einiger Verfolgung, ferne das Vergnügen, über Religionen zu spotten, und Menschen ihres Glaubens wegen leiden zu sehen. Laßt uns jeden Tempel, der zu Ehren der Gottheit errichtet ist, mit Ehrerbietigkeit ansehen; und denjenigen, die eines andern Glaubens, als wir sind, den Geist der christlichen Religion in unserm Beyspiele zeigen. Laßt uns die Katholicken bedauren, denen diese Gesinnungen noch fremd sind, und den Protestanten Beweise geben, daß der Verfolgungsgeist, wo er etwa noch existiren mag, seinen Ursprung nicht in den Grundsätzen unserer Religion, sondern in den falschen Begriffen einiger Unwissenden und Schwärmer habe. Aber laßt uns auch nicht bey dem täglichen Geschrey so vieler Schriftsteller, die aus Fehlern Einzelner allgemeine Vorwürfe machen; und oft den Unsinn oder die Schwachheit eines Mönchen eine ganze Kirche entgelten lassen, gefühllos bleiben; laßt uns bey den vielen Zusammenkettungen nicht in einen allgemeinen Schlaf versinken. Drükt euren Brüdern mit warmem Herzen die Hand, und zeigt ihnen mit der kältesten Gelassenheit das Unrecht, das ihr leidet. Es ist zwar weder mein Beruf, noch gestatten es meine Geschäfte, in diese Sache mich einzulaſſen. Indeſſen ruft mich die Stimme des Menſchengefühls hiezu auf, und ich will wenigſtens das, was ich in unſerer Stadt von dem, was Intoleranz betrift, bemerket habe, nach und nach öffentlich bekannt machen. Daß die Reformirten, die in großer Anzahl, und von den vorzüglichſten Einwohnern der hieſigen freyen Stadt des H. R. Reichs ſind, kein Dach haben dörfen, unter dem ſie ſich verſammelten, die Gottheit zu ehren, und die Grundſätze der chriſtlichen Sittenlehre aus dem Munde ihrer Prieſter zu hören, iſt eine bekannte Sache. Die Urſache iſt aber ganz klar und natürlich. Die Juden und Katholicken haben, in Frankfurt zu ſingen, zu beten, zu moraliſiren, das Recht; die Reformirten haben es nicht: was iſt nun hier weiter zu überlegen? Doch ich wollte diesmal blos von Katholicken ſprechen. Folgender Zug iſt freylich noch auffallender als Obiges. Verlangt ein Katholick im Spitale, dem der Tod auf der Zunge ſitzt, das heilige Abendmahl; ſo darf es demſelben nicht gegeben werden, es ſey denn, er werde in eine Kirche oder in ein anderes Haus getragen. Stirbt der Kranke im Spitale, dann tragen ihn die evangeliſchen Samaritaner auf die Straße, und stellen ihn da hin; die Katholicken mögen dann kommen, ihn abzuholen, und begraben. Bey dem für alle drey Religionen neu errichteten Bürgerspital fand man vor einigen Jahren einen Todten auf einer Bahre stehend. Die Vorübergehenden, die in dieser Gegend an die liebreichen Gebräuche noch nicht gewöhnt waren, erschracken zum Tode. Es wurde nachher bekannt, daß es ein im Spital katholisch Verstorbener sey, den die Katholicken abholten und begruben. An eben diesem Bürgerspital ist ein neuer wohlangelegter botanischer Garten, der von Fremden besehen wird: Ein Aufseher, der ihn einigen fremden katholischen Geistlichen zeigte, und bemerkte, daß sie hieher reiseten, die Merkwürdigkeiten unserer Stadt zu sehen, fragte sie: ob sie nicht die Einrichtung des neuen Spitals sehen wollten; sie nahmen das Erbiethen an; sie begleiteten ihn also bis an die Thüre, wo sie abgewiesen wurden. Der Führer, dem ein anderer etwas in die Ohren flüsterte, entschuldigte sich: es wäre ihm nicht gleich beygefallen, daß es katholischen Geistlichen nicht erlaubt sey, in das Spital zu gehen. Sind das nicht herrliche Gebräuche? Nächstens ein mehreres.

An den Herausgeber des Pfälzischen Museums.

Ihr Museum, geehrter Herr, soll nach der Anzeige jeden Auffatz aufnehmen, der keine persönliche Anfälle enthält, und dem Publikum interessant seyn kann. Ich fodere Sie auf, Beylage, ohne die geringste Veränderung einzurücken. In der allgemeinen deutschen Bibliothek steht (50. B. 1. St. 67. S.) eine Recension folgendes Inhalts:

Canonici Spalantini de veri cognitione & ignoratione ex. S. Augustino Doctore maximo documenta, Hæreticorum & peccatorum materialium defensoribus præsentata. — Non potest civitas abscondi supra montem posita. Matth. 5, 14. — 1781. in 4. 187. S.

Der Verfasser unterschreibt sich Joan. F. Xav. Zinsmeister Ss. Theol. Lic. Conf. Eccl. Act. Cau. Cap. ad Ss. Nicol. & Emmeranum. — Der Druckort ist nicht angegeben, vermuthlich weil sich der Verleger geschämt hat, einem solchen

Buch seinen Namen vorzusetzen. Aber das Kurfürstliche Büchercensur-Kollegium in München hat sein Inprimatur mit grossen Buchstaben hindrucken lassen, und sich nicht geschämt, eine Schrift zu befördern, die eine perennirende Schandsäule katholischer Denkart ist. Wenn die Mitglieder des Censurkollegiums in München dieses gethan haben, um sich von dem Flecken rein zu waschen, den sich die Herren einst durch Gutheissung der Zaupserischen Ode gemacht haben, so haben sie ihren Zweck vollkommen erreicht. Rezensent will es gern gestehen, daß ihn die Anzeige des neuen Planeten nicht so sehr überrascht, und in Erstaunung gesetzt, als die Erscheinung dieses Buches in Bayern, und mit Genehmhaltung der Kurfürstlichen Censur.

Wenn man überlegt, wie nach den herrlichsten Einrichtungen eines Jckstatts, nach Anlegung einer Akademie, in deren Mittel doch jederzeit einige aufgeklärte Köpfe waren, und nach den Riesenarbeiten eines Osterwalds und mehrerer verdienter Männer, die es dem Recensenten verdanken werden, wenn er sie nicht nennet — wenn man überlegt, wie es möglich war, daß nach einer so viel versprechenden Morgenröthe, gleich wieder die finsterste Nacht einbrechen könnte, daß ein Gaßner in Bayern Teufel austrieb, daß die Jesuiten in ihrer schönen Michaelskirche Teufel brüllen liesen, daß ein von den Landsständen empfohlener Leibarzt dem kranken Landsherrn Marienbilderchen als Arzney zu essen gab; daß ein Kurfürstlicher öffentlicher Professor, weil er mit Approbation des Büchercensuraths nach Saurin einen vernünftigen Katechismus in Druck gab, von einem reverendissimo Consistorio zu Freysingen vor Gericht citiret, und weil er überwiesen ward, Jerusalems Betrachtungen von den vornehmsten Warheiten der Religion gelesen zu haben, in den Bann gelegt wurde; daß Pater Jost, ein schwärmerischer Dominikaner Mönch ein Inquisitionsgericht in einer cum permissu superiorum in Freysingen gedruckten Schrift zu projektiren wagen konnte; daß man einen Kurfürstlichen Beamten, weil er die Inquisition bey ihrem wahren Namen, Megära nannte, von der Regierung selbst inquiriren, und das ächtkatholische Glaubensbekenntnis (zu welchem Aktus man so gar Kurfürstliche Geheimberäthe, die die Jesuiten in Verdacht freierer Denkungsart hatten, anhielt) ablegen ließ; daß man den rechtschaffenen Pater Nonnos Gschall, Benediktiner in Oberalteich, weil er als ein guter Mechaniker und Sprachkundiger lieber Deus disposuit terram als Deus creavit mundum las, einkerfern und von seinem dummen bigotten Abt so lange ungeahndet, quälen ließ, bis er in Verzweiflung gerieth, und sich die Gurgel abschnitt; daß man den Exjesuiten die vornehmsten Lehrämter und Predigtstühle, Pfarreyen und Kanonikate überlassen, ihre im wahren Lojolischen Geiste geschriebenen Lehrbücher, Lehrart und Schulzucht fast in jeder Kirche gehaltenen Predigten mit so vielem Beyfalle anhören, sie so gar als Räthe zum Schuldirektorium ziehen sollte; daß man Millionen des Schulfonds dazu anwenden soll, bekreuzte Herrn zu rekroutiren, daß die weltlichen und weltgeistlichen Professoren ihre Aemter verlieren, und diese mit Mönchen besetzt werden; wer das alles überlegt, der muß auf den traurigen Gedanken kommen, daß Bayern noch lange zur Finsterniß verdammt sey. — Recensent wird durch diese Betrachtungen sehr in der Meynung ge-

stärkt, daß eine Reformation durchs Sachte-
gehen nimmermehr zu Stande gebracht werde;
daß die zu Klossen erwachsenen Götzen des
Volkes nicht durchs Schnabelwetzen der Sper-
linge können vernichtet werden, und daß ein
Land nimmermehr von Dummheit und Aberglauben gereiniget werde, so lange man ihre
Beförderer die Mönche füttert, und ihnen
Kanzeln und Beichtstühle anvertraut; so lange man abergläubische und intolerante Weltgeistlichen, und Prälaten mit Pfründen mä-
stet, und sie ihre Pfaffereien und Dummheiten dem Volke für heilige Wahrheiten verkau-
fen lässet. Wer kanns also dem Denker ver-
argen, wenn er ausruft: hinaus mit den
schmutzigen Kindern sammt dem Bade! Nicht
da und dort ein Fünkchen Wahrheit ängstlich
aufgestellt, sondern die ganze brennende Fackel auf einmal! Anfangs werden die Schwachen
die Augen zudrücken, werden blinzen, aber
sie werden die Flamme ertragen lernen; werden beim Schein derselben ihre Glückseeligkeit
finden, und werden denen danken, die die
Nacht verscheucht haben. Aber freylich ist dies
nicht das Werk eines einzelnen Gelehrten,
eines einzelnen Staatsmannes, sie müssen

schlechterdings von denkenden und muthvollen Fürsten unterstützet werden.

Doch es ist Zeit zu dem vorhabenden Buche zurückzukehren; zu einem Buche, dessen Existenz diejenigen Protestanten kaum glauben werden, welche so süß träumen, daß gesunde Vernunft, theologische Einsichten und billige Denkungsart unter den Katholiken allenthalben verbreitet wären. Hier können sie den ächten katholischen Geist kennen lernen, der viele Jahrhunderte in Europa herrschend gewesen ist, leider noch im katholischen Deutschlande fast allenthalben bey den Priestern, bey den Pfeilern der Kirche herrscht. Dies Buch ist, wie es der Titel schon anzeigt, nicht unmittelbar gegen Ketzer geschrieben, sondern gegen einige katholische Schriftsteller, die noch gesunden Verstand, Menschengefühl und Religion genug hatten, um Nichtkatholiken, wenigstens unter gewissen Umständen noch einige Hofnung zur Seligkeit zu lassen. — In der Vorrede sagt uns der Herr Kanonikus in einem Latein, dessen sich kein Pater Küchenmeister der bayerschen Benediktiner Kongregation schämen dürfte, daß er über diesen Gegenstand, nämlich von der Erkenntniß und nicht Erkenntniß der Wahrheit, und der Schriften Augustins acht hundert Beweisstellen gesammelt habe. Er fürchtet aber selbst, daß er keinen Verleger finden werde, der katholisch genug wäre, dieses Werk auf Risiko seines Beutels und seiner Seele herauszugeben. Dieses hat ihn bewogen, indessen nur den einzelnen Satz: Wo man die Wahrheit suchen müsse (weil dieser doch den übrigen als eine Einleitung dienen kann) abzusondern, und vorläufig herauszugeben. Das Resultat seiner Untersuchung, wie man sich leicht denken kann, ist: Ausser der wahren Kirche ist kein Heil. Diese wahre Kirche ist die römischkatholische; ergo wird ausser der römischkatholischen Kirche kein Mensch, nemo unus selig.

* * * *

Dieses Satzes wegen wird also der entsetzliche Lermen gemacht, so viel pasquillantisches Zeug deklamiret, daß es einem eckelt, all den Unsinn zu widerlegen. Es wird am deutlichsten einleuchten, welches Geistes Rezensent und die seines Gleichen sind, wenn man be-

weißt, daß dergleichen Verdammungsfäße bey Protestanten nichts ungewöhnliches sind. "Man
" sagt, spricht Schrökh, in dem Leben Hein-
" richs des Vierten: daß einige reformirte
" Prediger ihm (dem Könige) versichert hät-
" ten, daß man auch in der Gemeinschaft der
" römischen Kirche selig werden könne. Wenn
" dieses wahr ist, so sind sie nicht die ersten
" Geistlichen gewesen, welche um dem Ent-
" schlusse eines Fürsten zu schmeicheln, bey
" ihm ganz anders geredet haben, als bey ih-
" rer Gemeine. "

Also lehren protestantische Geistliche bey ihren Gemeinen eben die so verhaßten Grundsätze; also ist es blos Schmeicheley (Politick?) wenn sie ausser ihren Gemeinen eine andere Sprache führen? Und dies bezeugt ein Mann, der der Sache kundig seyn muß; auf diese Grundsätze hält dieser Mann selbst, der kein Pfaff, ein öffentlicher protestantischer Lehrer, ein berühmter Schriftsteller, ein Philosoph ist? Er will ehender glauben, daß der Grosse Heinrich ein Heuchler gewesen ist, als daß er im Ernste zur römischen Kirche getreten sey. Könnte man nun nicht fast alles das obige schöne Zeug zurück deklamiren? Doch dies sey meine Sache nicht. Ein aufgeklärter Katholick kennt den Werth der Reformation und ihre Flecken. Der Unwissendste wird auch heut zu Tage keinen solchen Haß in seinen Schriften wider die protestantischen Religionen äussern, als der Philosoph Schrökh in seinen Biographien gegen die Katholische äussert. Der schwärmendste dümmste Mönch wird kaum so ungereimtes Zeug wider die protestantischen Grundsätze schreiben, als so viel aufgeklärte Gelehrten in ihrer wahren stolzen Unwissenheit von Messe zu Messe wider das katholische Glaubenssystem daher deklamiren.

Anekdoten und Nachrichten.

Richard Steele gewann die Einwohner von Stockbridge in Hampshire, um von ihnen als Repräsentant im Parlament gewählt zu werden, auf folgende Art:

Er bewirthete die Wählenden und ihre Weiber, und ließ zum Nachtisch einen Apfel auftragen, darinn 300 Guineen stacken. Diesen Apfel sollte diejenige Frau erhalten, die am erſten nieder kommen würde, von dieſem Tage an neun Monate gerechnet. Die Weiber nahmen nun ſeine Parthey, und die Männer wählten ihn.

Die Alten kannten unſre Gaſſenbeleuchtungen nicht. 1667 wurden in Paris zuerſt die Gaſſenlanternen eingeführt; vorher behalf man ſich in dieſer Stadt mit Miethfackeln und Miethlanternen, die ein Italiener, Landati, feil hatte. Ein Fusgänger zahlte jede Viertelſtunde mit 3 Sols, eine Kutſche mit 5 S. Hamburg hatte in Deutſchland die erſten Gaſſenerleuchtungen.

Nach den Rechten Engellandes kann keine Familie ſich der Güterverwaltung eines aus ihren blöd= oder wahnſinnig gewordenen Gliedern anmaßen, ohne vorher der Obrigkeit des Ortes Anzeige davon zu thun, und ihrem Ausſpruche ſich zu unterwerfen. Nach den Geſetzen verfährt die Obrigkeit folgender Weiſe: Sie läßt den vorgegebnen Blöd= oder Unſinnigen vor ſich laden, und im Falle er auſſer Stand iſt zu erſcheinen, geht ſie zu ihm mit 12 unpartheyiſchen Zeugen, unter welchen keiner von der Familie seyn darf, und legt ihm folgende Fragen vor:

1. Wie viel machen 5 und 7?
2. Wenn sie noch 18 hinzuthun, wie viel machts?

Beantwortet der Inquisit diese zwo Fragen richtig, so empfehlen sich die Richter, und erklären ihn für vernünftig, seiner mächtig, und folglich für fähig, sein Vermögen selbst nach Gefallen zu verwalten.

Zu C. in C. verpachtet der Schulmeister den Unterricht der Kinder an den Wenigstnehmenden; er selbst hält Lehrstunden in der Musik!!

Zu M. in der Domkirche steht gleich am Eingange mit grossen Buchstaben: Ein geistlicher Glücksharen für die armen Seelen im Fegfeuer!

In M. predigte die verflossene Charwoche ein K——r über die Bekehrung der Sünder. Er verglich das Bekehrungswerk einer Fürstl. Jagd: die Hunde wären die Teufel, der Hirsch der Sünder, der Fürst Gott, der dem Sünder nachjaget. — Und mit solchem Zeug kann man Gottes Heiligthum entweihen! kann solche Entweihungen dulden!

Schweden

Schweden. Wasserfälle auf Feuerspei-
enden Bergen.

Bey dem Hekla in Irrland beobachtet man die nämlichen Erscheinungen, wie dem Etna und Vesuv: Herr Doktor Troil aber giebt uns näheren Aufschluß über diesen Vulkan, und seine Wirkungen, in den Briefen von seiner beschwerlichen Reise, die er machte, um diesen Berg zu untersuchen.

Diese Wasserfälle, welche durch Ausdehnung der Luft, und durch die Gewalt des unterirrdischen Feuers hervorgebracht werden, kamen ihm das erstemal zu Gesichte nahe bey dem See von Laubergate. "Der Himmel, sagt er, war rein; die Sonne fieng an, die Spitzen der Berge zu vergolden. Das Wasser des See's glich einem Spiegel. Acht Wasserfälle erhoben sich im Umkreise dieses See's: Das Wasser sprizte in der Luft umher. Besonders aber bemerkte ich darunter eine Wassersäule, die 6 bis 8 Schuhe im Durchschnitte hatte, und die 18 bis 24 Schuhe in die Höhe stieg. Das Wasser ist sehr heiß; und in sechs Minuten kochten wir ein

Stück Hämmelfleisch und Forellen; der Geschmack war vortreflich. Reikum gab unsern Augen ein ähnliches Schauspiel. Der Wasserfall, den wir da sahen, erhob sich, wie man uns versicherte, einige Jahre 60 bis 70 Schuhe: aber die Erde war verschüttet, und bedeckte einen Theil der Mündung: und das Wasser sprang nicht höher als 54 oder 60 Schuhe. Als wir nach Geyser, nahe bey Skallholt, einer Bischöflichen Stadt der Insel, kamen, sahen wir das Wasser mit erstaunlicher Gewalt aus einer weiten Oeffnung springen, und in Kaskaden herunter fallen, gegen welche die zu Marly, S. Cloud, Kassel, und Herrenhausen nichts sind. Eine gute Meile im Umfange bemerkten wir 40 bis 50 siedende Wasserfälle, die ohne Zweifel alle aus dem nämlichen Behälter kommen. Das Wasser des einen war hell wie Kristall, das Wasser des andern aber war trüb und mit Erde vermischt: Hier führte es einen sehr schönen rothen Ocher bey sich, welchen es mit sich nimmt, wenn es durch diese Eisenerde läuft: da war es weiß wie Milch. Einige dieser Wasserfälle sprangen immer, andere wurden von Zeit zu Zeit unterbrochen.

Der größte in der Mitte zog unsere ganze Aufmerksamkeit auf sich. Die Mündung, woraus er kam, deren Tiefe ich nicht bestimmen kann, hatte 19 Schuhe im Durchschnitte. Er ist nicht beständig, sondern mehrmal des Tags hört er auf, und fängt wieder an zu laufen. Die Landleute sagten uns, bey Sturm und Regen steige er viel höher. Wir bemerkten ihn von 6 Uhr des Morgens bis 7 Uhr des Abends. Den Tag, als wir da waren, sprang das Wasser in zehen verschiedenen Zwischenräumen von 6 Uhr bis 11 Uhr des Morgens, und erhob sich ungefehr 5 oder 6 Armlänge in die Höhe. Dieses Wasser fällt in einen Bassin, der 50 Schuhe im Durchschnitte hat. Sein Rand ist neun Schuhe und einen Zoll hoch. Bis zu der gesagten Stunde lief das Wasser nicht über den Rand, aber unmerklich breitete es sich nun darüber aus. Die Innwohner, die besser als alle Physicker die Veränderung des Wetters vorhersehen, sagten uns, das Wasser würde höher steigen als jemals, und wir fanden, daß diese Leute wahr geredet hatten. Doktor Lind, der uns als Sternkundiger begleitete, machte alsbald die nöthigen Zubereitungen; um mit Genauigkeit die Höhe des Wassers zu bestimmen. Kaum hatte es 4 Uhr geschlagen, so verspürten wir ein Beben der Erde an verschiedenen Orten. Die Stöße waren merklich bis auf die Spitze des Berges, die 300 Armlängen von dem Wasserfalle entfernt ist. Ein unterirrdisches Geräusch, dem Knalle einer Kanone ähnlich, erscholl in unsern Ohren, und plötzlich erhob sich aus der Oeffnung eine Wassersäule von 92 Schuhen. Diese erstaunliche Stärke der Luft und des Feuers verursachte uns das äusserste Erstaunen; und noch grösser ward es, als wir sahen, daß die Steine, die wir in den Wasserleiter warfen, von der Wassersäule mit in die Höhe getrieben wurden. Es ist also kein Wunder, wenn ein so abergläubisches Volk, wie die Inwohner dieser Insel, alle diese Oeffnungen für eben so viele Thore der Hölle hält. Diese Leute gehen auch nie vorbey, ohne hineinzuspeien und zu sagen: Hier ist für des Teufels Rachen.

Wie die Behälter, woraus diese erstaunliche Wassersäulen kommen, gebildet werden? Nach Aussage der Leute sind alle Bäche umher trocken, so oft man einen nahen Ausbruch befürchtet, und dadurch weiß man, wann der Berg seine Flammen speyen muß, und alles, was er aus seinen Bechern wirft. Die Leute glauben, das Wasser werde durch das Feuer des Bergs angezogen. Ein Kubickschuh gemeines Wasser wiegt 32 Pfund; es wird also eine unbegreifliche Gewalt erfodert, so erstaunliche Wassersäulen zu einer solchen Höhe zu treiben.

Holland. In Amsterdam wird eine Gesellschaft errichtet, welche allein den Fortgang der Geometrie zum Endzweck hat.

In dem einen beträchtlichen Bande ihrer Akten sieht man schon die Gesetze dieser neuen Gesellschaft. Die Zahl der Mitglieder, welche über 100 angewachsen ist, ist nicht bestimmt. Man unterscheidet in Ehrenmitglieder, ordentliche Mitglieder, und Membres correspondants.

Zwey Ehrenmitglieder, und sechs ordentliche, ein beständiger Sekretär und ein Geschäftverweser haben die Aufsicht. Alle drey Monate wird sie eine gewisse Anzahl von Aufgaben, welche nur die Mitglieder einschicken können, herausgeben; und jedem Mitglied, die

ausgenommen, wird es erlaubt seyn, davon
Auflösungen zu machen innerhalb der bestimm=
ten Zeit, von denen jene die Gesellschaft be=
kannt machen wird, welche ihr die Besten
scheinen. Die nöthigen Gelder, um die Ko=
sten zu bestreiten, bestehen in einer Dukat,
welche jedes ordentliche Mitglied zahlt, und
in zweyen Dukaten, die ein Ehrenmitglied bey
seiner Aufnahme, jährlich und statt kleinen
Strafen zahlt.

Ihre Schriften sind in zwey Theile einge=
theilt. Der erste enthält die Einleitung zu
den folgenden Werken, die Anwendung der
Buchstabenrechnung in der Mathematik. Die
gelehrten Verfasser dieser Abhandlung folgten
der Lehre des Deskartes. Deskartes war der
erste, der mit erstaunlicher Geschicklichkeit bey
mathematischen Unternehmungen die Buch=
stabenrechnung brauchte. In der Vorrede wer=
den Deskartes, Klaudius Rabuel, und Herr
Guisnée sehr gelobt.

Der zweite Band enthält 1) Aufgaben von
den Gliedern der Gesellschaft. 2) Die Auflö=
sungen davon.

Diese neue Gesellschaft wird unendlich nütz=
lich seyn, eine Wissenschaft zu befördern, wel=

che man mit einem Eifer betreibt, der sich täg=
lich vergrössert; welche so nöthig ist, beson=
ders in dem Lande, wo Handlung und Schif=
fahrt der einzige Gegenstand sind.

Ausgesetzter Preiß.

Die zwepte Versammlung, welche der ver=
storbene Herr Peter Teyler van der Hülst ge=
stiftet hat, und die sich mit Kenntniß der Mün=
zen beschäftigt, hat folgende Preißfragen be=
kannt gemacht:

Welches ist der Ursprung der Wappen
der Familien, der Prinzen, der Länder;
und wann hat man angefangen, die Wap=
pen der Provinzen auf die Münzen in
Europa zu schlagen, statt des Kreutzes,
dessen sich die Kaiser nach Konstantin dem
Grossen, und nach seinem Beyspiele auf
ihren Münzen bedienten?

Der Preiß ist eine Medaille von 1500 hol=
ländischen Gulden an innerlichem Werthe. Die
Abhandlungen müssen leserlich geschrieben seyn,
und in einer von diesen drey Sprachen: La=
tein, Französisch, oder Holländisch, an das

zweyte Kolleg der Teylerischen Stiftung zu Harlem geschickt werden, vor dem 1sten des Ostermonats, und den 5ten des Wintermonats wird der Preiß ertheilt.

Abschiedsrede, verfaßt und gesprochen von Franz Schalk auf dem gesellschaftlichen Theater zu Fulda, als er von da nach Berlin reißte. Nach der ersten Vorstellung zum Besten der Stadtarmen, und Aufführung der Räuber. Den 24ten Hornung 1783.

Nicht mehr der schändliche Bube mit der eisernen Stirne, den schrecklichsten Flüchen auf der Zunge und den schwärzesten Thaten im Busen stehe ich nun wieder vor Ihnen Geliebteste! der für die Freuden des geselligen Lebens ganz empfängliche Jüngling. — Dort die Böhmischen Wälder, wofür den Freblern der Menschheit das Geschrey der Eulen Philomelengesang war, und Schlangengezische die Melodie tückischer Schadenfreude, wo jedes leichte Geräusche des Tannenwipfels alle Schrecken der Hölle in mitternächtliche Seelen donnerte, jedem gütigen Sterne wie einem Verräther entgegengeflucht ward, und hier dieses liebenswürdige Parterre, mit allen Seelengrazien liebenswürdig (denn war es nicht die Tugend in Gestalt der Wohlthätigkeit selbst, die Sie an Rosenketten hieherzog) welch ein Abstand! noch seh ich Sie zittern, noch hör ich's, wie's bey jedem Auftritte der Bosheit laut in Ihren Herzen scholl: "Nein! das ist nicht möglich!" mit dem grösseften Stolze behaupte ich hier die Rechte der Menschheit, ziehe den Vergehungen der Menschen kürzere Grenzen, als der fürchterliche Fluch des Dichters, der gar keine kannte. Komm, Menschenkind! komm und sieh! dort war Erdichtung, hier ist Natur —— Wie schön rächt sie sich hier an deinen Verläumdungen! —— O! blieb' ich noch lange, lange in dieser süssen Eckstase —— Aber ach! ich werde geweckt, weggerissen von diesem seeligen Anblicke, ich muß fort, fort aus meiner geliebten Vaterstadt —— Doch ich will diese unmännliche Sprache unterdrücken. —— Ganz durchdrungen von dem hohen Gedanken, meinem vaterländischen Staate einst wirklich Nutzen schaffen zu können, eile ich in die weiseste aller Königsstätten, ins Peru der Wissenschaften, thue hier vor ihrem Angesichte, geliebteste

Landsleute! einen feyerlichen Schwur, keine Tiefe zu scheuen, und vor keiner Höhe kleinmüthig zu werden, um zu dem ganzen Besitze dieser Schätze zu gelangen, um sie dann uneigennützig in den Schooß meines Vaterlandes ausschütten zu können. Ein Mittel, das treflichste Mittel hiezu liegt in ihren Händen, es ist — Ihre Liebe. Dieses herrliche Geschenke wird meinem Geiste eine immer währende Schnellkraft geben. Doch ich ermüde Ihre Gedult: ich empfehle mich Ihnen mit dem traurigen ahnendem Gefühle, daß ich in jeder meiner ausländischen Freuden den Wermuth dieser Abschiedsscene schmecken werde.

Dieses gesellschaftliche Theater in Fuld verlohr am 9ten April zum erstenmal eines seiner Glieder. Es starb Herr Lorenz Kraus, ein Mediziner. Er hatte eine schöne Seele und einen edeln Charakter. Jedes Mitglied verlohr in ihm einen Freund. Die Gesellschaft begleitete seine Leiche; und es ist jetzt Gesetz, daß dies bey jedem Sterbfalle eines Mitgliedes geschehe.

Nachricht
wegen den Preisaussetzungen für das Werk:
Leben und Bildniſſe
der
Groſſen Deutſchen.

„Der auf die beſte Lebensbeſchreibung des Kaiſers Rudolph von Habsburg im vorigen Jahr ausgeſetzte Preiß iſt der Schrift mit dem Spruche: Höret die Thaten der vorigen Zeit zuerkannt worden. Der Verfaſſer (Hector, Wilhelm Freyherr von Günderrode, Marggr. Badenſcher Kammerherr und Regierungsrath) bringt mit philoſophiſchem Auge in die Geſchichte, ſetzet den Charakter dieſes Kaiſers in ein ſchönes Licht, und verbindet mit Gründlichkeit eine Schreibart, die natürlich, leicht, männlich und nicht ohne Schmuck iſt.

Die Schriften, die der obigen am nächſten kommen, führen folgende Denkſprüche:

1. Divitiarum & formæ gloria fluxa & fragilis: virtus clara æternaque habetur. Verfaſſer: Hr. Auguſt Wilhelm Rehberg in Hannover.

2. Venit, vidit, vicit. Verfaſſer: Hr. Fiſcher, Magiſter und Kandidat des geiſtlichen Miniſteriums im Würtembergiſchen, wohnhaft in Bietigsheim. Der Hr. Verfaſſer zeichnet auf eine ſehr vorzügli-

che Art den Charakter Rudolfs. Wenn derselbe in der Behandlung des Ganzen nicht so glücklich war, als der, von welchem wir zuerst sprachen; so hat er doch verschiedene Bemerkungen und Nachrichten, die sein Werk schätzbar machen.

3. Crescit occulto velut arbor aevo fama Marcelli: micat inter omnes Julium sidus, velut inter ignes luna minores. Verfasser: Herr Leonard Meister, Professor der Geschichte und Sittenlehre in Zürch.

4. Kein blinder Eigennuz treibt den gewohnten
Fleiß,
Kein reichlicher Gewinn belohnet Müh und Fleiß,
Nur blos das Vaterland erreget Muth und Stärke.
Verfasser: Hr. P. Fr. Kreutter, Kapitular und Obereinnehmer in dem Fürstlichen Stift St. Blasi auf dem Schwarzwald.

Dies ist eine Arbeit von unendlichem Fleiße. Der Hr Verfasser sagt in dem kleinen Vorbericht, daß er die Lebensbeschreibung des K. Rudolfs aus mehr als 1300 Urkunden verfertiget habe. Wenn auch Fleiß nicht alles das geben kann, was zu einer vortrefflichen Biographie gefordert wird: so verdient doch der Hr. Verfasser den wärmsten Dank. Er hat neues Licht über die Geschichte dieses Kaisers verbreitet, und sein Werk wird jedem, der die Biographie desselben bearbeiten will, brauchbaren Stoff geben.

Außer diesen sind noch verschiedene Lebensbeschreibungen von K. R. v. H. eingeschickt worden, die nicht ohne Verdienst sind. Unter dieselben zählen

wir vorzüglich diejenigen, die folgende Aufschriften
haben:
1. Post varios hominum regnique labores
 Exspectate venis!
2. Omnia probate.

Von dem Kurfürsten Karl Ludwig ist keine,
von dem Herrn von Haller eine einzige Lebensbeschreibung eingekommen, die bemerkt zu werden verdient. Sie führet zum Denkspruch: Patriæ nova
serta paravit. Sie steht aber noch zu tief unter dem
Begriffe einer vortrefflichen Biographie, als daß
wir dieselbe des Preises würdig erklären könnten.

Von Hrn. von Leibnitz haben wir zwar einige merkwürdige erhalten: allein wir können auch von diesen keine für unser Werk brauchen. Jene mit der Innschrift:

Il fut dans l'univers connu par ses ouvrages,
Et dans son pays même il se fit respecter &c.

ist mit grossem Fleiße geschrieben. Der Hr. Verfasser
sammlete, was viele Werke zerstreuet von Hrn. von
Leibnitz enthalten. Allein die Behandlung der Sache und der Vortrag entsprechen dem Werth des Gegenstandes und unserer Absicht nicht. Auch sind die
beyden mit den Denksprüchen:

Quid mens divinior & quid ingenium possit.
 und
Cineri manebit honos,

nicht unmerkwürdig.

Der Verfasser der Schrift mit dem Denkspruche:
Vivitur ingenio, hat seinen Gegenstand mit philoso-

phischem Geiste bearbeitet. Indem wir hie und da Ausbildung der Schreibart missen, wünschten wir mit demselben in nähere Verbindung zu kommen; sein Werk läßt uns glauben, daß er der Mann sey, der, wenn er sich Zeit und Muße nimmt, eine würdige Biographie von dem großen Leibniz liefern könnte.

Da wir entschlossen sind, jährlich neue Preise auf Lebensbeschreibungen grosser Deutschen auszusetzen: so müssen wir hier wegen den vielen mittelmäßigen, auch ganz geringen, die uns bisher sind eingeschickt worden, einige Erinnerung machen. Wir können uns nicht vorstellen, welchen Begriff manche, die dieses Feld zu betreten wagen, von Biographien sich machen. Wir weisen alle diejenigen, die sich hierin unterrichten wollen, auf das kleine Werk: Ueber die Biographie, das im Jahr 1777 zu Mietau erschienen ist. Auch wird es für eine gewisse Gattung Schriftsteller nicht ohne Nutzen seyn, wenn wir eine Stelle aus einer Abhandlung hieher setzen, die bey der öffentlichen Sitzung der Kurfürstl. deutschen gelehrten Gesellschaft von dem Kurfürstl. geheimen Sekretär, der Philosophie und schönen Wissenschaften Professor, Hr. Klein, im verflossenem Jahre ist vorgelesen worden.

„ Der Biograph kennt den wahren Werth des Menschen. Das Wohl der Gesellschaft ist der Standort, von dem er ausgeht, und der Hauptgesichtspunkt, in dem er alles sieht. Er hat kein einseitiges Gefühl für eine Art Tugenden. Kein Verdienst ist bey ihm ausgeschlossen, keines vergessen, keines an falscher Stelle. Bey Thaten, die er wäget, giebt die Menschheit zuerst, dann das Vaterland und endlich das Glück einzelner den Ausschlag. Er sieht mit Ehrfurcht jede Beugung vor dem Schöpfer. Seine Philosophie brandmarkt nie der Stempel einer Religionssekte. Er blendet sich nicht mit Vorurtheil, um gegenüber stets Vorurtheil und Aberglauben zu sehen. Die Schwärmerey selbst entdeckt in seiner Schrift seine Parthey nicht. Die Wahrheit ist sein Genius. Ausgerüstet mit allen kritischen Kenntnissen findet er sie in jeder Hülle ꝛc. — Er zeigt nie blos Aussenseite, wenigstens nie ohne durch eine Ritze Licht ins Innere zu werfen; denn er durchschauet den Charakter seines Helden. Wenn Catilina wie Brutus spricht, August wie Cäsar handelt, Heinrich der Vierte wie Ludwig der Dreyzehnte Gesetze giebt: so hat er doch unendlich verschiedene Dinge zu erzählen. Darin hat der philosophische Biograph sein Hauptverdienst, daß er alles benuzt, und an sein rechtes Ort setzet, von den kleinsten Dingen Licht beiholt, der Handlungen Menge aus einem Grundtriebe hervorgebracht, zusammendrängt, und hiedurch die gewissen Klippen des mittelmäßigen Geschichtschreibers meidet, der zwanzig Dinge von einerley Werth recht zeitordnungsmäßig, oder in zwanzig verschiedenen Handlungen eins und dasselbe erzählt. Und Handlungen und Thatsachen erzählt er nicht um herrliche Gemälde darzustellen, sondern einzig das Bild desjenigen zu geben, der dies alles that. Aus jedem Zuge leuchtet der Geist des Handelnden; und nicht der Geschichte, sondern des Handelnden wegen ist der Biograph. Denn nicht Erzählung, nicht Geschichte der Welt, nicht einmal blose Geschichte des Mannes, sondern der Mann selbst ist sein Zweck. Wie that der Mann dies und jenes Große? Wie lags in ihm, daß er so ward? Wie viel kam von außen hinzu? Welches ist die Scheidungsgrenze zwischen ihm und dem, der eben dies oder dergleichen that? Der Verttag, den er mit dem Publikum eintritt, ist eben so einzig als wichtig. Er nimmt es auf sich —— nicht alle Geschichten zu plündern, um unzählige Thatsachen hinter einen Namen herzusetzen, als wollt er gleichsam ein Gerippe mit reichen Kleidern behängt hinstellen, sondern die Geschichte zu erforschen, um jeder That Urquelle aufzuspüren, und damit anzufangen, daß er die Urquellen zeige —— zeige, wie alles hieraus floß und fließen mußte. Der Titel seines Werkes ist: Ihr sollt diesen Mann sehen, wie er war, und euch allen hier und in Albion und an der Seine wichtig ist. Nichts sollt ihr hören, das nicht der Unsterblichkeit und der ernsten Beschäftigung eurer Seele würdig wäre; und hundert Dinge, die in seiner Geschichte bisher vielleicht eure lange Weile nährten, sollen jezt euren Geist regen und eure Theilnehmung wecken; ihr sollt einen Mann sehen, den ihr nie saht; mit einem Worte: andre lehrten euch Landkarten und Erdbeschreibung: ich will euch mit dem Weltschöpfer bekannt machen. Darum ist das menschliche Herz sein Lehrbuch; die große Welt nur sein Schauplatz; aber die Scene dieses Menschenalters giebt ihm den Schlüssel zu allen Jahrtausenden, die hinter ihm sind 2c.

Neue

Neue Preisaussetzungen.

1. Auf die Lebensbeschreibung des Kaisers Karl des Fünften 30 Dukaten.
2. Des D. Martin Luthers 30 Dukaten. Wir setzen als ein Hauptbedingniß, daß man dem Biographen des leztern nicht ansehe, welcher Religion er sey. Auch bestimmen wir keine gewisse Bogenzahl, da wir von einem guten Biographen ohnehin Vermeidung aller Weitläuftigkeit erwarten.

Die Preisschriften werden vor dem 30sten Dec. 1783. mit beyliegenden verschlossenen Namen und einem Denkspruche, an Hrn. Klein, Kurfürstl. geheimen Sekretär, und Professor, und der Kurfürstl. deutschen Gesellschaft beständigen Sekretär eingeschicket.

Die verschlossenen Zettelchen, mit den Namen der Verfasser, die nicht bekannt gemacht werden, behält man nicht auf. Sie werden vor Zeugen in das Feuer geworfen.

Freyherr von Günderode bestimmet den ihm zukommenden Preis für eine neue Lebensbeschreibung, deren Wahl derselbe uns überläßt. Wir setzen also auf die beyden obigen Lebensbeschreibungen statt der den 24ten Okt. ausgesezten Zwanzig Dukaten, einen Preis von Dreyßig, oder 100. Rthlr. Konventionsgeld.

Nachricht und nähere Bestimmung verschiedener Punkte in Betreff des angekündigten Werkes: Leben und Bildniße der großen Deutschen.

Der Gedanke, den Edelsten des Vaterlandes ein Denkmal zu stiften, verdient die Aufmerksamkeit der deutschen Nation.

Hier ist der Entwurf zum Werke.

Jeder Deutsche, den grosse Thaten und Geisteskräfte, oder grosse Kenntniße und Fähigkeiten, in welchem Gefache es sey, auszeichneten; dessen Leben auf die Theilnehmung der Welt Anspruch macht, von den Zeiten des ersten E.halters deutscher Freyheit bis auf die jetzigen, ist unser Gegenstand.

Die Lebensbeschreibungen werden von verschiednen berühmten Schriftstellern, die Bildniße von den vortreflichsten Kupferstechern Deutschlands verfertiget. Es ist fest beschlossen, daß kein mittelmäßiger Kupferstich in das Werk aufgenommen werde.

In Fällen, wo gute Originalgemälde oder zuverläßige Urbilder von grossen Deutschen nicht zu haben sind, werden meist statt der Bildniße historische Kupferstiche eingerückt.

So kommen in den ersten Band einige Kupfer von Chodowiecki erfunden und gestochen.

Auch werden jährlich auf die besten Lebensbeschreibungen für dieses Werk beträchtliche Preise öffentlich ausgesetzt.

Am äussern Pracht soll ebenfalls kein Mangel seyn.

Das schönste Großfolio=Papier, das zu Kupferstichen gemacht wird, ist hiezu verwendet.

Die Leben werden auf eben so schön weises Großfolio=Schreibpapier mit feinen fournierschen Lettern gedruckt.

Da das Werk ein würdiges Denkmaal zur Ehre unsrer Väter seyn soll: so ist es, um ihm die möglichste äussere Schönheit und innern Werth zu geben, mit grossen Kosten unternommen worden.

Unterstützung durch gute und häufige Aufnahme, wird die Vollendung desselben beschleunigen.

Der Band, der gewöhnlich 5 bis 8 Kupferstiche und Leben enthält, kostet auf Unterschrift 1 Karolin, oder 24 Livres; ohne Unterschrift 16 fl. 30 kr. oder 36 Livres. Die Subscriptionszeit dauert bis den 1sten Septb. 1783, wo der erste Band erscheinen wird. Briefe und Bestellungen werden an das Postamt Heidelberg, oder an jedes nächstgelegene Post- oder Oberpostamt; Gelder aber an den kuhrfürstlichen geheimen Sekretär und Professor Klein, oder mit der Aufschrift: an die Gesellschaft der Herausgeber der Werke der ausländischen schönen Geister in Mannheim eingeschickt. (Es versteht sich, daß unsre Hrn. Kollekteurs und Buchhändler, die Bestellungen annehmen, sich unmittelbar an uns selbst wenden.)

Man glaubet, versprechen zu können, daß das Werk nicht unter 16 und nicht über 20 Bände haben, und in 6 Jahren vollendet seyn werde.

Um den Schriftsteller und Künstler zwanglos und nach Hang arbeiten und dem Liebhaber das Vergnügen zu lassen, seiner Zeit die Kupfer und Leben nach eignem Gefallen zu ordnen: so werden dieselben weder nach Stand- Gefach- noch Zeitordnung gesetzet.

Von den Regenten Deutschlands und von reichen Liebhabern der Kunst und Litteratur hängt es vorzüglich ab, daß dieser Plan seinen erhabenen Zweck durch die vollkommenste Ausführung erreiche. Es wird nicht vorausbezahlt. Subscription wird deßwegen verlangt, um die Zahl der abzudruckenden Exemplarien bestimmen zu können.

Die Postämter werden gebeten, Namen und Titel der Herren Subscribenten genau und deutlich geschrieben einzuschicken, damit dieselben zum ewigen Denkzeichen dem Werke beygedruckt werden.

Die Gesellschaft der Herausgeber ist so fest entschlossen, das Werk nach der Würde seines Gegenstandes auszuführen, daß sie den Herren Subscribenten vollkommene Freyheit läßt, wofern das Werk nicht nach Versprechen ausfallen sollte, bey Empfang eines jeden Bandes die Subscription auf den folgenden zurückzunehmen.

Sammlung der vortreflichsten Werke der ausländischen schönen Geister, in deutschen Uebersetzungen.

Die besten Schriftsteller der Engelländer, Italiäner, Franzosen, und andrer Nationen, wie auch jene der Griechen und Römer sind bisher zum Theile noch gar nicht übersetzt worden, theils erhielten wir sie nur in unvollständigen, oder fehlerhaften, oder ganz schlechten Uebersetzungen.

Hr. Profeſſor Klein in Mannheim hat ſeit fünf Jahren ein Inſtitut errichtet, wodurch alle Werke der berühmteſten ausländiſchen ſchönen Geiſter nach und nach in guten Ueberſetzungen in die Hände des Publikums um einen ganz geringen Preis geliefert werden. Jährlich erſcheinen ungefehr 12 Bände. Der Band wird auf Subſcription für 24 Kreuzer (ohne das Porto) gegeben. In dieſer Sammlung ſind bisher folgende Werke theils durchaus verbeſſert, theils zum erſtenmale, oder ganz neu überſetzt, erſchienen:

Schakespear 22 Bände. Pope 12 B. Young 3 B. (Der 4te iſt unter der Preſſe.) Yorik 4 Theile. Milton 3 B. Taſſo 4 B. (dieſe Ueberſetzung iſt von Hr. Heinze und hat einen Preis von 80 Louisd'or erhalten) koſtet mit den Vignetten 4 fl. 16 Kr. Fielding, Dryden, Rowe ꝛc. auserleſene theatraliſche Werke, unter dem Titel Mannheimer Schaubühne 5 B. Oſſian 3 B. Lucian 4 B. In allem 60 Bände. Wer dieſe ganze Sammlung nimmt, erhält ſie noch um den Subſcriptionspreis mit verſchiednen Bildniſſen und Vignetten frachtfrey durch ganz Deutſchland zu 31 fl.; geheftet zu 35 fl.; mit ſteifer Decke in blau Papier zu 40 fl. mit Franzb. zu 56 fl.

Auf Herrn Eschenburgs Vorrede zum Dreyzehnten Band seiner äusserst fehlerhaften Uebersetzung der Werke Shakspears.

Parturiunt montes
Nascitur ridiculus mus.

Im Jahr 1780 gleich nach der Herausgabe meiner Nachricht an das gelehrte Publikum über den verbesserten Mannheimer Shakespear, erschien in der Hamburger gelehrten Zeitung eine Anzeige vom Herrn Eschenburg wider dieselbe, so pralerisch, so beleidigend, so viel versprechend, daß ich natürlicher Weise gründliche Widerlegung der ihnen vorgeworfenen Unkunde der englischen Sprache, der angezeigten Verstoßungen u. s. f. erwartete. In einem Zeitraum von zwey Jahren läßt sich auch vieles wieder nachlernen, sich bey andern erkundigen, überdenken und verbessern, zumal da jede Stelle von mir in beyden Sprachen richtig angegeben worden und folglich bey deren Aufsuchung eben kein Zeitaufwand erfordert worden. Nach dritthalb Jahren ist endlich diese Vertheidigung fertig geworden. (Siehe Vorrede zum 13 Bande Shaks. Zürcher Ausl.)

Ich glaube dem Herrn Eschenburg im gänzen Ernst, und aus mehr denn einem Grunde, daß ihm diese Arbeit viele Mühe gekostet habe; es muß ihn inzwischen sichtbarlich überzeugen, daß die meinige unendlich beschwerlicher, und nicht eilfertig in Zeit von etlichen Monaten aufs Papier hingeworfen war. Viel mehr Zeit hätte es mir wahrlich nicht kosten können, wenn meine Herren Verleger nach meinem Rath den Druck noch ein Paar Monate hätten verschieben wollen, damit ich das ganze Werk nach meinem Geschmacke selbst hätte übersetzen können. (*) Weit entfernt die anerkannten Talente des Herrn E. verkleinern zu wollen, finde ich ihn doch für einen Uebersetzer Shakespears zu kalt. (**)

Sind Sie wirklich über mein Verfahren so sehr aufgebracht — Sie haben freye Hand gleiche Untersuchung mit meinen Uebersetzungen vorzunehmen — ich verspreche zum voraus, jede Belehrung, jede Zurechtweisung, die mit

---

(*) Der Rath kam etwas zu spät; der Druck war schon angefangen; Hr. Prof. Eckert glaubte anfangs selbst nicht, daß Hrn. Eschenburgs Uebersetzung so äußerst fehlervoll sey, und daß er fast mit eben der Mühe eine ganz neue Uebersetzung Shakspears hätte verfertigen können, mit welcher er die vielen von Herrn Eschenburg verhunzten Stellen und ganz ungeheuren Fehler verbesserte. Anmerkung des Herausgebers.

(**) Dies zeigt sich am deutlichsten, wo ihm Wieland nicht vorgearbeitet hat.

Gründen begleitet ist, mit Dank zu erkennen, wenn Sie mir sie auch im Angesichte der ganzen gelehrten Welt sagen; denn, auch ich weiß und gestehe gerne, daß suus cuique attributus est error. Allein, was ich und mit mir gewiß viele Sprach= kenner erwartet haben, ist keinesweges hier gelei= stet worden. Einige Stellen werden bezweifelt. Der ganze Unterschied beruht auf der verschiede= nen Lesart. Hr. E. läßt sich bald von Johnson, bald von Steevens, bald von einem andern, leiten, je nachdem einer bey ihm in Ansehn steht; ich hingegen folge beständig dem, was der Sache, oder der vorgehenden Handlung, oder dem Karakter und der Lage des Sprechen= den anpaßt, und völlig natürlichen Sinn giebt, der auch dem geringsten Menschenverstande beym ersten Durchlesen grade einleuchtet, und keinen Zweifel, keine Dunkelheit zurück läßt. Wo dieses ohne Zwang, ohne Verzerrung gesche= hen kann, da ist es Uebersetzerpflicht; im Gegen= fall erklärt man die Stelle durch eine Note oh= ne Unsinn in den Text zu bringen. Allenthal= ben Anspielungen, Doppelsinn, Zweideutigkeit und Sprüchwörter vermuthen, ist die Art der Schulknaben, wenn ihre gewohnte Krücke, der Lehrer, sie verlassen hat, und ihre liebe Weh=

F 5

mutter, das Wörterbuch, ihnen auch nicht weiter aushelfen kann; da wird Alles, was sie nicht verstehen, zu Schmutz, Zweideutigkeit und zum unbekannten Sprüchwort, wie ich weiterhin aufs Neue deutlich beweisen werde.

Eine weit grössere Anzahl meiner Verbesserungen billiget Hr. E. völlig und sagt den Besitzern seiner Uebersetzung ganz zuversichtlich: Streicht aus und leset hinführo so und so u. s. f. Schade! daß dieses auf eine Art geschieht, bey der sich seine Verleger und Freunde wahrlich nicht freuen, sondern schämen werden. Der unpartheyische Leser urtheile nur aus folgender Stelle: Seite 506. ” Es redet zwar die Prin-
” zeßinn ihr Gefolge an, nicht den Förster
” und so hätte meine Uebersetzung weniger un-
” gereimtes als Herrn Eckerts Tadel. Indes-
” sen ist seine Aend'rung wohl richtig, und
” man setze : Nein, schminke er mich jtzt nicht.”

Es wird mir so eng ums Herz, wenn ich einen schätzbaren Mann von guten Eigenschaften, von Gelehrsamkeit und schönen Talenten sehe, der sich wie ein Wurm krümmet, wenn ihn innerliche Ueberzeugung zwingt, seine Irrthümer einzusehen und der Wahrheit zur Steuer dieselben öffentlich zu bekennen. O! warum nicht tausendmal lieber de bonne grace! Wären Schmähungen meine Sache, so hätte ich hier Gelegenheit nach Weise des Herrn Füselin ein Paar ungezogene beißende Züge anzubringen: allein das gehört für Sünder mit wundem Gewissen: der rechtschaffene Mann erkennet mit Anstand auch die gute Seite seines Gegners, tritt mit Beweisen auf, und trägt sie bescheiden vor. So zu denken, zu reden und zu handeln, lag schon mit im Plan, als die Herausgabe beschlossen ward, und weder offenbare Lügen, noch die muthwilligste Mißkennung der Güter, noch pöbelhaftes Schmähen werden mich je davon abbringen.

Mit einer andern Stelle, die blos Kenntniß brittischer Sitten betrift, darf ich so gelinde nicht verfahren. Seite 480 Z. 15 sagt Hr. E. " darf to fetch and to carry (*) nicht mit
" dem Wort apportiren gegeben werden, weil
" die gleich darauf folgende Wiederholung bei-
" de Wörter durch einen Gegensatz trennt. Auch
" paßt apportiren so wenig auf ein Pferd, daß
" Lanz unmöglich hätte sagen können: das ist
" doch alles, was ein Pferd thun kann. "

(*) Richtiger und sprachmäßiger heißt es to fetch and carry.

Nichts als Unkunde der brittischen Sitten verleitet ihn zu dieser Behauptung; mein bester Rath ist, weil doch keine Ueberzeugung gilt, Hr. Eschenburg gehe so bald als möglich nach Grosbritannien, erkundige sich bey allen Fuchsjägern, Bereutern, Rostämmern, und Stalljungen, so wird er zwanzigmal in einem Tag den Ausdruck hören: my horse fetches and carries like a dog: mein Pferd apportirt wie ein Hund: oder wörtlicher, mein Pferd apportirts und trägt mirs nach wie ein Hund. Alle diese Menschenkinder suchen eine besondere Ehre darinn: ihre beste Rennpferde abzurichten, wie man einen Hund abrichtet; sie werfen ein Schnupftuch, eine Peitsche, einen Hut u. s. f., hin, das Pferd holt diese Sachen und trägt sie seinem Reuter nach. Dieses sind uralte Lieblingsspiele der Fuchsjäger und Rostämme. Alle Ausdrücke in dieser Stelle zielen dahin, und was Lanz sagt, muß durchaus wörtlich übersetzt werden. Alle Umschreibung verderbts.

Muß man sich denn zu solchen Kleinigkeiten herunter lassen, um einen Mann, wie Hr. Eschenburg ist, zu überzeugen? Ist dieß das Schicksal seines englischen Sprachlehrers gewesen; und hat's der Mann mit Hiobs Geduld ausgehalten — O! so verdient er nach seinem Tode wie ein Märtyrer kanonisirt zu werden.

Wahrlich war es von mir gutherzig gemeynt, als ich den groben Verstoß, " es ist kein Sa-
" lat in den Versen " statt: es ist kein Salz in den Versen, für einen Druckfehler angab. Der Verstand steht mir still, wenn ich sehe, daß Hr. Eschenburg dieß noch immer als recht übersetzt behauptet, und durchaus da ein Wortspiel finden will. Ich wies die Stelle einem gelehrten Engländer: er sagte lachend: pitty the Man and don't anſwer him at all: bemitleiden Sie den Mann und antworten Sie ihm gar nicht.

Zum Henker mit allen gelehrten Streitigkeiten! sie gehören in ein schon entferntes Jahrhundert, aber wegen Shakespear, meinem Lieblings Schriftsteller, den ich seit dreyßig Jahren studirt, darf ich doch wohl noch fragen, warum Hr. Eschenburg über sechs hundert Stellen unberührt, unbeantwortet gelassen, die doch gewiß eben so wichtig, eben so merkwürdig sind; War vielleicht hier keine zweifelhafte Lesart zum Vorwand? Meine Herren Sprachkenner? lest meine Nachricht, und Herrn Eschenburgs, Vertheidigung, und denn urtheilt, aber noch einmal, leset sie vorher beide.

Um zu beweisen, daß Hr. Eschenburg sich von einem unbezwinglichen Hang hinreißen läßt, und allenthalben Anspielungen und Sprüchwörter vermuthe, wo doch wirklich keine sind, so sehe man den ersten Auftritt im Londonschen Verschwender, 13 Band – wo Flowerdale, der Vater, von seinem Sohne sagt " Immerhin " laß ihn trinken so lange er keine Kirchen ver= " trinkt." — in einer Note dazu hält er die= ses für eine sprüchwörtliche Redensart. Es ist inzwischen nichtsweniger, sondern ein im Eng= lischen ganz bekannter Ausdruck — der aber hier gar nicht richtig übersetzt ist: as long as he drinks no churches, will so viel sagen, so lange er nicht auf Gesundheit einer besondern Kirche trinkt, so lange er nicht an der engli= schen Kirche zum Ketzer wird; so lange er sei= ner Religion getreu bleibt u. s. f. Liebe Hebam= me, konntest du ihm denn nicht aushelfen! ich habe das Original von diesen Stücken nicht bey der Hand, weil ich mich zur Pflegung mei= ner Gesundheit auf dem Lande aufhalte; allein ich bin zum voraus versichert, daß einst bei Gegeneinanderhaltung des Originals mit der Uebersetzung meine Mühe nicht vergeblich seyn dürfte.

Hier ist der Ort, den gröbsten Verstoß in Uebersetzungen anzugeben, den ich je im Nachsehen entdeckt habe. Hr. Hofrath und Professor Ebert, beinahe der Aelteste von allen noch lebenden Uebersetzern englischer Werke, hat ihn begangen, nicht einmal, sondern sechszehnmal hintereinander, weil er nach seiner eignen Bekenntniß das Werk sechszehnmal wieder durchgesehen und von neuem auflegen lassen. Auch er war es, der mit Herrn Eschenburg den Shak. noch einmal von Wort zu Wort durchgieng, und doch über 1000 Verstoßungen stehen ließ. Die Stelle, wovon ich rede, ist in Youngs Klagen 9te Nacht, folgende:

" Stelle dir einmal vor, daß die größten Rie-
" sensöhne der Erde, die breiten und gethürm-
" ten Alpen, alle von ihren tiefen Grundfesten
" weggerissen, und ins Meer hinab gestürzet
" würden; und daß ihre ungeheuren Körper,
" so leicht wie Federflocken, oder flüchtig, wie
" die Luft, nach dem richtigsten Zeitmaaße, auf
" den Wellen tanzten; indem alle Winde, den
" Sphären nachahmend, mit ihren tönenden
" Posaunen darzwischen braußten, und den
" Erdball belebten.

Das Bild an sich ist ganz klar und deutlich,

allein beim Schluß ist wahrer Unsinn. Die Winde sollen mit ihren tönenden Posaunen den Erdball beleben!!! Im Englischen steht: and animate the ball — heißt: und den Tanz belebten, nemlich den Tanz, den die ungeheuren Alpen mitten im Meere halten, sollen sie wie Musik, beleben. Wie er dieß als Sprachkenner, als Philosoph und als Dichter übersehen, 16 mal übersehen und den erhabenen Young sagen lassen können, ist unbegreiflich.

Man hat sich in verschiedenen kleinen Schriften, die meistens schon wieder in ihr Nichts verfallen sind, zu unanständig gegen mich und meine Herren Verleger betragen, die reinsten menschenfreundlichsten Absichten zu muthwillig miskennt, mühsame Arbeit als bloße Schikane und niedre Gewinnsucht ausgeschrien, und Männer beleidiget, die Ehrfurcht erwecken würden, wenn kleine Seelen auf einen Augenblick ihren großen Zorn vergessen, und die Sache aus dem wahren Gesichtspunkt zu betrachten fähig wären. Man hat ein Institut gräulich verläumdet, das vielleicht in fünf Jahren mehr Nutzen gestiftet und zur Aufklärung überhaupt mehr beigetragen hat, als manche deutsche Universität. Die Ehre des Instituts ist troß
allen

allen diesen Angriffen unerschüttert stehen geblieben; hat ihren einmal erlangten Einfluß behauptet, und wird ihn fortsetzen, so lange diese rechtschaffene Männer leben.

Meine Reise im vergangenen Sommer überzeugt mich deutlich davon. Vom Tyroler Geburge bis an die Gränzen der Ostsee finde ich Ausgaben der Ausländischen schönen Geister: bis in ländliche Hütten sind sie ihres wohlfeilen Preises wegen eingedrungen. Allenthalben fand ich Männer von Geschmack, Einsicht und bewährter Redlichkeit, die dieser Verbesserung den erwünschlichsten Beifall gaben: so gar in Braunschweig selbst, wo ich zweymal durchreißte, kann ich Gelehrte aufstellen, die das heillose Verfahren unsrer erbitterten Gegner mißbilligen und mir völlig Recht geben. Um keinen Zwist zwischen Herrn Eschenb. und seinen Kollegen zu veranlassen, muß ich ihren Namen verschweigen, die mehrsten gelehrten Zeitungen erkennen meine Verbesserungen für richtig, preisen mein Büchlein jedem Schüler an, der Englisch lernen will. Hundert schriftliche Zeugnisse von ganz unpartheyischen Gelehrten könnte ich hier beyfügen, wenn Zeit und Raum es zuliessen. Nur ein einziges erlaube mir der Leser:

das englische Original steht schon in der Vorrede zum Lucian: hier ist eine freie Uebersetzung. (*)

Düsseldorf, den 21. Nov. 1781.

Mein Herr!

Liebe zu den Wissenschaften und noch weit mehr Liebe zur Wahrheit veranlassen mich an Sie zu schreiben; in Rücksicht dieser Beweggründe werden Sie mir meine Freiheit verzeihen. Mit äusserstem Unwillen sehe ich, daß Kabale wider Männer von Verdienst größtentheils alles Genie in Deutschland ersticken, und einer Rudel Zwerge gewisses Vermögen und Ueberlegenheit verschaffen, die, wenn es anders möglich ist, durchaus ihren ohnmächtigen Händen entrissen werden müssen. In der gelehrten Welt bleibt die Kritick unumgänglich nothwendig: mit Rechtschaffenheit und Urtheilskraft verbunden wird sie ungemein nützlich. Sie ermuntert und beschleuniget den Fortgang der Wissenschaften, und dient als ein heilsames Besserungsmittel für Unwißenheit und Unverschämtheit. Allein, wenn zügellose Frechheit,

---

(*) Dieser Brief ist an Hrn. Prof. Klein gerichtet, geht aber hauptsächlich Hrn. Prof. Eckert an.

niedriger Eigennutz und Partheygeist unter dem heiligen Namen der Kritick sich ihrer Geissel bemächtigen; so werden die Folgen fürchterlich, und müssen, wenn es möglich ist, gehemmet werden. Ich habe mit der grösten Sorgfalt und Aufmerksamkeit die Werke Shakespears gelesen, welche Sie der Welt mitgetheilt haben. Unpartheilichkeit leitete mich bei allen meinen Bemerkungen. Ihre zahlreichen Verbesserungen sind scharfsinnig, richtig und nothwendig. Sie setzen das erhabene Genie dieses unsterblichen Dichters in ein weit besseres und vortheilhafteres Licht und zeigen dessen vorzügliche Schönheiten mit weit mehr Deutlichkeit. Ich lasse mich in den inneren Werth der ganzen Uebersetzung gar nicht ein; das gehört nicht zu meinem Plan; meine Absicht ist nur den Verdiensten Ihrer Verbesserungen Gerechtigkeit wiederfahren zu lassen, und Ihnen meinen ganzen Beyfall zu ertheilen. Wäre es ein Verbrechen, ein Werk, das einmal dem Publiko mitgetheilt ist, zu verbessern, so müßte dieses Werk ewig unvollkommen bleiben, und jede Bemühung ein Originalgenie zu retten, oder in ein vollkommneres Licht zu setzen, blieben bei Uebersetzungen unmöglich. Es kömmt zu dumm

heraus, so etwas behaupten zu wollen, ver=
dient auch kaum gerügt zu werden. Fahren
Sie getrost in Ihrer Laufbahn fort, mein Herr,
Ehre und Glück müssen dem Manne zu Theil
werden, der die herkulische Arbeit über sich ge=
nommen hat, sein Vaterland aufzuklären.

Ich bin ꝛc.

E. Freyherr von Harold,
Obristlieutenant.

Ich muß diesem meinem Gönner und Freund
hiemit öffentlich Dank sagen für sein unpar=
theyisches Zeugniß: seine Einsichten als Engli=
scher und Deutscher Schriftsteller sind zu be=
kannt, und sein Verehrungswürdiger Karak=
ter zu bewährt, als daß ich auf sein Lob nicht
stolz seyn sollte — freywillig, unerbettelt muß
wohl dieses Zeugniß seyn, denn ich habe diesen
Herrn vor zehn Jahren nur zweymal auf ei=
nige Minuten gesehen —— nie Briefwechsel
oder sonst Geschäfte mit ihm gehabt, die ihn
zu besonderm Wohlwollen gegen mich bewegen
könnten.

Am Schluß meiner Vorrede, die mir Hr. E.
durch die seinige abgenöthiget, muß ich einen

Anfall ablehnen, den ich als eine wirkliche Injurie ansehen konnte, wenn mich nicht die ganze Schrift überzeugte, daß Herr Eschenburg hier blos aus Unwissenheit spricht, und so wie in der Engländischen Sprache und Sitte also auch im Vorgang der ganzen Sache im Dunkeln tappet, und in die Welt hinein schreibt, was er glaubt, das zu seinem Kram diene — calumniare audacter war wohl hiebey sein Motto. Er versichert die Welt ganz dreist, und das ziemlich unglimpflich, Herr Hofrath Beeke und ich wären bey Anfang des Drucks zu einerley Institut freundlich verbrüdert gewesen. Worauf noch einige Epitheten folgen, die dem Herzen des Herrn Eschenburgs keine Ehre machen.

Hier ist meine Antwort, die ich vor den Augen tausend meiner Mitbürger gebe. Sie wird also gewiß den Edelgesinnten, aber vielleicht nicht dem Herrn Eschenburg, hinreichend seyn.

„Ich habe nie die Ehre gehabt, den Herrn
„Hofrath Beeke von Person kennen zu ler-
„nen, nie ein einziges Wort mit ihm geredet,
„nie eine Unternehmung von solcher Wichtig-
„keit weder selbst noch durch einen Dritten
„oder mehrere mit ihm verabreden lassen, und

„ noch diese Stunde habe ich nicht die Ehre
„ mit ihm in der geringsten Bekanntschaft zu
„ stehen."
Frankenthal den 1 Merz 1783.
Prof. Eckert.

Pomona
für Deutschlands Töchter.
1tes = 2tes = 3tes und 4tes Heft.

„Der Zufall, sagt die vortrefliche Verfasserinn, der so vieles hervorbringt und zerstört, ist die Ursache der Erscheinung dieser Monatschrift". Dem Geiste des Beobachters und dem Herzen des fühlenden Edeln ist kein Zufall unwichtig. Jener sieht Veranlassung und Folgen; diesem ist beydes wie sein Eigenthum. Den Zufall, der hier beschrieben wird, konnte nur die edle Seele der Verfasserinn selbst wirken, und zu den erhabnen Folgen bestimmen, die wir nach dem Geiste und der Denkungsart der Verfasserinn und nach der Vortrefflichkeit dieser ersten Hefte zu urtheilen, uns zu versprechen haben.

Der Charakter der Verfasserinn herrscht durchaus in dieser Schrift. Edle Gesinnungen, Drang zum Wohlthun, feuriger Trieb, Menschen zu veredeln und zum hohen Grade der Geistesglückseligkeit zu erheben, sind Züge, die diese Schrift vor allen andern, die jetzt so häufig die Jahrzeiten, oder Monde gebären, auszeichnen. Die Schreibart ist rein, zierlich und erhebt sich zu Zeiten mit Anstand an die Sphäre der Dichtkunst. Der Ton ist sanft, anmuthvoll, einschleichend und überredend. Die dieser Schrift eigene Art der Uebergänge von einem Gegenstande zum andern ist sehr natürlich, äußerst angenehm und reizend.

Euer ist dies kostbare Geschenk, Töchter Deutschlands! aber auch der Jüngling und Mann findet hier Unterricht, der Gelehrte und Weise Nahrung.

K.

H. W. von Günderrode Abhandlungen über Gegenstände aus der Rechtsgelehrsamkeit und Geschichte, Deßau 1782. in 8vo. (15 Bogen zu 15 Groschen.)

Der Inhalt ist dieser:

I. Beantwortung der Frage: Wie und wann die vier alte weltliche Erzämter des H. R. R. den durch die goldene Bulle darin bestätigten hohen Churhäusern erblich geworden sind?

II. Einige den Licent betreffende Urkunden und Bemerkungen. Es sind der Urkunden sechs.

III. Ueber das Recht einiger deutschen Stände, die in ihren Ländern sterbende uneheliche Kinder zu beerben.

IV. Zusätze und Erläuterungen zu der in des Freyhl. von Cramer Wezlarischen Nebenstunden 84sten Theil enthaltenen Abhandlung von des unmittelbaren Reichs-Adels bürgerlichen Mitgliedern, besonders in Reichsstädten, mit 12 Beylagen.

V. Einige Nachrichten von Gedächtnis-Münzen unterschiedener Völker, besonders der Teutschen.

VI. Beschreibung einiger seltenen Münzen der Herzogin von Brabant und Landgräfin von Heßen Sophia.

VII. Einige zum Theil noch nicht gedruckte Urkunden. Es sind derselben 10 an der Zahl. Bey der fünften vom J. 1495 wird in der Ueberschrift Andreas von Grumbach Hochmeister des deutschen Ordens genannt, eine Benennung, welche damals dem Deutschmeister, oder dem Meister deutschen Ordens in deutschen und wälschen Landen, wie sich der von Grumbach in der Urkunde selbst nennt, noch nicht zukam.

Alle diese Abhandlungen sind übrigens so beschaffen, daß sie viel neues und wahres enthalten, hiemit dem schon durch andere wohlgerathene dergleichen Schriften rühmlich bekannten, ja mit verschiedenen ansehnlichen Preisen öffentlich gekrönten noch jungen Herrn Verfaßer zur Ehre seines unermüdeten Fleißes und glücklichen Forschungsgeistes gereichen.

Wirzburg.

Chrestomathia Quinctiliana. Scholæ suæ accomodavit, notasque variorum & suas animadversiones adjecit Bonaventura Andres, in Academia Julia Wirceburgensi litterarum humaniorum Professor. Apud Tobiam Gœbhard 1782. pag. 440. in 8vo.

Dieses Büchlein füllet unseres Dünkens eine wichtige Lücke aus, die sich bis jetzt noch auf den katholischen Universitäten Deutschlands befand. Die bisherige Lehrbücher, bey diesen lezteren, über die Rede- und Dichtkunst, waren ein Gemisch von Nominaldefinitionen und trockenen Regeln, so weit von aller Sachkenntnis entfernt, daß der Lehrling staunte, wenn er nun, nachdem er den ganzen Schatz einer solchen Regelgelehrsamkeit erschöpft hatte, entweder die Kunst der Alten studiren, oder einen eigenen Aufsatz wagen sollte.

Was könnte bey solchen Umständen erwünschlicher seyn, als den größten Lehrer der Beredsamkeit, den anmuthsvollen Quinctilian unter den Alten wieder hervorzusuchen, und ihm in dem Zuschnitte, der unseren Zeiten und Sitten angemessen ist, auf Schulen einzuführen. Dieses hat Herr Professor Andres in vorliegendem Werk zu leisten gesucht. Seine Absicht bey Herausgabe desselben zeigt er in der voranstehenden lateinischen Vorrede, erstlich insgemein: "Juvenilem ætatem minime ficcis avidisque regulis infringendam, fed nativo potius fucco alendam, cenfeo, & præter eloquentiæ, vitæ quoque egregiis exemplis inftruendam. — Hoc videbam, hoc fpectabam, in hoc omni ftudio elaborandum putabam, cum juventutis erudiendæ munus mihi demandatum fufcepi, cui ut pro viribus refponderem, exquifitioris doctrinæ initia tradituro mihi Fabii artem præprimis utilem putavi." Hernach redet er von der Form, die er dem Werk zu geben gesucht hat, um es für unsere Umstände brauchbar zu machen. "Ab ipfa artis finitione initium fumens ordinem quinque Rhetorices partium ita fum perfequutus, ut iis, quæ utilia minus viderentur omiſſis neceſſarias percurrerem." Es kommen viele Gegenstände in dem Buche vor, über die die Alten sowohl als die Neuen mehreres gedacht und ein größeres Licht verbreitet haben: er hat also auch die Bemühungen dieser nicht ungenützt lassen wollen. " Quas Fabius non ignoravit quidem, fed noftri philofophi melius illuftrarunt materias fubinde notavi, & ubi docentes difcentesque plura invenirent, oftendi, Ciceronem, a quo Fabius raro deflexit, citavi potissimum, quin recentiora ingenia, Homium, Sulzerum, Mendelfohnium, Meisnerum, aliosque de Aesthetica optime meritos filerem.„

Noch ein anderes Bedürfnis fühlte man bis jetzt in den katholischen Schulen, ohne noch ein Mittel für dasselbe erfunden zu haben. Die Studien in den Klassen waren eben so wenig mit der darauffolgenden Philosophie, als mit dem gesunden Menschenverstand, den das gemeine Leben fodert, verwandt. Der junge Mensch, wenn er zu den Anfangsgründen der Philosophie übergieng, sah sich auf einmal wie in ein unbekanntes Land weggerückt, und es vergiengen zwey — drey Monathe, bis er sich mit diesen für ihn völlig neuen Gegenständen ein wenig vertraut machte. Eben so wenig wußte er in Geschäften, und in den alltäglichen Vorfallenheiten des Lebens, von seiner mühselig erworbenen Schulgelehrsamkeit Gebrauch zu machen, und zuweilen schien es gar, als habe er vor lauter Gelehrsamkeit sein bischen Menschenverstand verlernt.

Beiden Uebeln sucht der Hr. Herausgeber durch die Einführung des Quintilians zu begegnen. Quintilians Lehre sowohl, als auch die Anmerkungen, die der H. H. entweder aus sich selbst, oder aus anderen hinzugesetzt hat, haben zur Absicht, junge Leute auf eine nähere Kenntnis der menschlichen Seele zu führen, die den Grund aller Vernunftlehre, und der Philosophie des Lebens überhaupt ausmachet; die mannigfaltigen Erläuterungen und Erklärungen des Textes sollen bestimmt denken lehren; wenigstens ist das schon sicherer Gewinn, wenn der Lehrling dadurch ein zusammenhängend geschriebenes Buch mit Verstand lesen lernt, welches in den vorigen Regelbüchern nicht möglich war.

Wie aber in dem Werk auch für die Philosophie des Lebens gesorgt sey, davon wollen wir den Verfasser selbst reden lassen: " Eloquentiam traditurus sum, non circumforaneam, & inanium verborum turba lascivientem, sed quæ viribus ac sanguine niteat, *****m & virilem, quam cum pendere ab animi humani scientia maxime sciam; popularem philosophiam ducem sequi, observationes ex vita communi instituere, omnia ad opera vitæ referre, & pro futura vita reflexiones adjicere volui, quibus juventus ad ea, quibus circumdatur, melius attendere disceret, & sensu communi perfecto utilissimum hominis studium adamaret.

Dies sind also die Absichten des Verfassers; laßt uns zusehen, wie weit er dieselben erreicht hat. Das ganze Buch ist in acht Abschnitten getheilt; der erste handelt de substantia Rhetorices, der zweyte de Inventione, der dritte de Dispositione, der vierte de Eloquutione, der fünfte de Memoria, der sechste de pronuntiatione, der siebente quæ oratorem perficiant, der achte de genere dicendi.

In des ersten Abschnitts C. IV. wird von den generibus causarum nur das Laudativum, und das Deliberativum zum Theil für die Kanzel beybehalten: die gerichtliche Beredsamkeit ist weggeblieben, indem sie den Sitten unseres Landes fremd ist. In den übrigen Abschnitten ist unseres Ermessens nichts ausgelassen, was von dem Fabius zum Zweck unserer Schulen dienliches gesagt ist.

In den untenstehenden Anmerkungen werden größtentheils dunkle Stellen erläutert entweder aus der alten Geschichte, oder aus Beyspielen, oder aus

Geßners und Burmanns kritischen Bemühungen, oder durch Vergleichung anderer Schriftsteller, und durch eine genauere Bestimmung und Entwickelung der Begriffe. Die übrigen enthalten philosophische Lehren von der Seele und ihren Veränderungen, die mit Quintilians Regeln in Verbindung stehen. — Anwendungen auf das Bedürfnis unserer Zeiten — Bemerkungen der Fehler, die sich in unseren Schulen und auf der Kanzel noch vorfinden — Aufmunterungen und Anleitungen zur Beobachtung der Menschen und Sitten, zum Studium Seiner selbst. —— Schöne Stellen von den Neueren, Home, Sulzer, Mendelsohn ꝛc. ausgehoben, die die Begrife des alten Schulmanns erweitert haben — Endlich auch die besseren Ausgaben der Alten, nebst einigen auszeichnenden Vorzügen ihrer Schriften, mit denen eben genug gesagt ist um junge Leute zu reizen. Hier hätten wir ein ähnliches Verzeichnis von den klassischen Werken der Neueren beygesetzt zu sehen gewünscht.

Um einige Beyspiele zu geben, so empfiehlt er den Seinigen S. 21 und 22 das Studium der Menschen, um in den Geschäften des Lebens seine Plane nicht blos ins Unbestimmte hinein zu machen; sondern sie den Umständen jedesmal anzupassen; und empfiehlt dazu Fergusonen, Homen, Mösern und die besten Reisebeschreibungen an.

S. 35 gefiel uns besonders wohl, was er von der Nothwendigkeit der Eingänge sagt, die er aus dem verschiednen Zustande, den die Zuhörer in die Predigt mitbringen, und aus der besonderen Sympathie, die zwischen ihnen und dem Redner seyn muß, herleitet.

Die Gränzen, die Seite 41 zwischen der historischen und poetischen Erzählung festgesetzt werden, mögen den Lehrer auf manche fruchtbare Betrachtungen führen.

Eine schöne Anleitung zum Studium der Menschen und Seiner selbst enthält die Anmerkung p) S. 61.

Was Seite 91 und 93. von den Fehlern und dem schlechten Erfolg unserer heutigen Redner gesagt wird, daß sie ihre Reden entweder den verschiednen Gemüthsarten der Zuhörer nicht anpaßen, oder ihren Stof aus der Natur und Beschaffenheit der Menschen nicht nehmen, hat unseren völligen Beyfall.

S. 95. wird angemerkt, der Zweck der alten Redner sey gewesen, ihre Zuhörer durch Ueberraschung zu einem übereilten Entschluß zu bringen; da hingegen der geistliche Redner nur durch sanfte Rührung interessiren und nur mit der ruhigen Macht der Wahrheit siegen muß.

In dem C. de Risu werden die Begriffe vom lächerlichen aus Homen ergänzt.

S. 151. sind von der sinnlichen Darstellung, aus Mendelsohnen. S. 157. von der Vergleichung, aus Homen. S. 175. von der Metapher, aus Sulzern und 191. von der Hyperbel wieder aus Homen, die treffendsten Erläuterungen ausgehoben. Ueberhaupt ist der Geist der Redesfiguren untersucht, und die Gemüthsverfassung gezeigt, von der sie jedesmal eingegeben werden; welches freylich was ganz anderes, als die bisherigen leeren Formeln, ist.

S. 248. enthält eine gute Lehre für die mechanischen Periodenschmidte.

S. 316. und 319. werden einige Winke in Absicht auf die mancherley Arten der Genien, und die verschiedne Weise angegeben, wie sie behandelt werden müssen.

Wenn wir alles dieses, und die ganze Behandlung des Buches überschauen, so scheinet uns der Zweck, der in der Vorrede angegeben ist, völlig erreicht zu seyn, und wir freuen uns, der Jugend ein Buch in die Hand geben zu können, das ihnen die Bahne in die Werke der alten Meister geebnet hat; das die Empfindung des Schönen rege macht; die schlafende Vernunft zum Denken erweckt, und sie zu gleicher Zeit gegen die Vorzüge der Neueren aufmerksam, und für die Annehmlichkeiten der Alten begierig macht, von einem erfahrnen Schulmann, und wie es scheint, von ihrem Freunde kömmt.

Ankündigung.

Da ich nicht nur von verschiedenen Gelehrten, deren Vermögensumstände es nicht verstatten, sich die Quartausgabe meiner ökonomischen Naturgeschichte der Fische Deutschlands anzuschaffen: sondern auch von einigen Besitzern der Oktavausgabe der Büffonschen Naturgeschichte ersucht worden bin, eine Oktavedition von diesem Werke zu veranstalten; so trage ich kein Bedenken, dieser Aufforderung Gehör zu geben, um so viel mehr, da ich hof=

fen kann, daß auch Landwirthe, die zum Ver=
setzen der Fische Gelegenheit haben, sie nicht
ohne Nutzen lesen werden. Ich kündige dem=
nach eine Ausgabe dieses meinen Ichthyologi=
schen Werks in diesem Formate hiermit an,
die ich so wie jene heftweise herausgeben und
ohne Verzug damit den Anfang machen, auch
nachher alle zwey Monathe damit fortfahren
werde. Jeder Heft, welcher aus sechs Kup=
fertafeln bestehen wird, kostet mit dem dazu
gehörigen Text, zu welchem schönes Papier und
schöner Druck genomen werden soll, ausgemalt
16 Gr. und schwarz 8 Gr. Zu den Abdrü-
cken wird holländisches groß Medianpapier
genommen werden. Einzelne Abdrücke kosten
3 Gr. Sollte jemand zum Text in Oktav die
ausgemalten Kupfer in Folio zu haben wün=
schen, so zahlt derselbe für den Heft Kupfer
1 Rthlr. 12 Gr. und für jeden Bogen Text 1
Gr. Das ganze Werk soll aus 3 Theilen be=
stehen, und am Ende mit einem systemathi=
schen Register versehen werden.

Wer 10 Exemplare nimt, erhält das 11te
frey, und wenn die Herren Buchhändler wel-

che verlangen sollten, so bin ich erböthig, ihnen einen billigen Rabat zu akkordiren. Die Hefte werde ich zur Leipziger Messe frey schicken: ausser diesem aber bitte ich die Briefe und Gelder postfrey an mich einzusenden.

Berlin, den 8ten Sept. 1782.
Doktor Liech.

Die Herren Collecteurs der Herausgeber der Werke ausländischer schönen Geister nehmen in hiesigen Gegenden auf dies Werk Subscription an.

Druckfehler.

S. 15. lies wieg im Schoße, nicht wie.
S. 17. = Jauchz' Tod, nicht Jauchz.
S. 21. = Poussin, nicht Pousti.
S. 30. = furchtbarn, nicht fruchtbarn.
S. 32. = deinem Namen, nicht deinen Nahmen.
S. 33. = vor den Schwestern, nicht von ꝛc.
S. 38. = Nichts als eine Gewohnheit statt nicht.

Der Goldfasan.

Es war einst eine Hungersnoth
Im Thierreich; alles schrie nach Brod.
Die Vögel fielen aus der Luft,
Wie Mücken in die weite Gruft.

Ein Goldfasan schlich matt und schwer
Und ächzend durch den Hain umher.
Ihm sah ein Specht von ferne zu,
Und sagte: Freund, was ächzest du?

An deiner Stelle hätt' ich bald
Den fettsten Tisch im ganzen Wald;
Verkaufe nur dein reiches Kleid,
So hast du Brod auf lange Zeit.

Dem Goldfasan gefiel der Rath,
Er setzte seinen ganzen Staat
Bey einem alten Hamster ab,
Der ihm zehn Scheffel Korn drum gab.

Nun pflegt er sich bey Fürstenkost,
Doch plötzlich fiel ein Winterfrost
Und plötzlich war der arme Narr
Am nakten Leibe blau und starr.

O weh mir! sprach er nun zum Specht,
Mein guter Freund, dein Rath war schlecht:
Ich weiß, man stirbt aus Hungersnoth;
Doch wer erfriert, ist gleichfalls todt.

Pfeffel.

Das Chamäleon,
nach dem la Motte.

Zween Wanderer vom Kennerhaufen
Begegneten sich vor Athen,
Nachdem sie Land und See durchlaufen,
Und alles in der Welt gesehn,
Vielleicht auch nichts gesehen hatten.
Sie warfen, matt von langem gehn,
Sich längs in einer Ulme Schatten,
Und schwatzten viel von Washington,
Von Alikan und den Maratten,
Vom Basilisk und Skorpion,
Von Hottentoten, Irokesen,
Und endlich vom Chamäleon.
Es ist ein sonderbares Wesen,
Rief einer aus, halb Fisch, halb Molch;
Sein Schwanz ist spitzig wie ein Dolch;
Im Gang ist gegen ihn die Schnecke

Ein Windspiel; seine Haut ist grün.
Halt, Freund, die Haut ist karmosin:
Ich sah es lang in einer Hecke,
Worein die Abendsonne schien;
Es schnappte Luft; denn andre Speise
Genießt es niemals. — Es ist grün,
Ich schwör es, grün: auf meiner Reise
Nach Suez fand ich es im Gras."
Es ist doch karmosin." Zum Teufel,
Ihr lügt"! Ein Schurke sagt mir das!
Die Zänker hätten ohne Zweifel
Sich lahm und blutig demonstrirt,
Hätt' ihr Geschrey nicht einen dritten
Betagten Mann, herbey geführt.
Ihr Herrn, worüber wird gestritten?
„Freund, über das Chamäleon.
Könnt ihr uns seine Farbe sagen?"
Ey, warum das nicht, lieber Sohn?
„Wir hätten bald uns drum geschlagen.
Mein Nachbar meynt, es wäre grün;
Und ich behaupte, karmosin"
Ha, lasset besser euch belehren;
Das Thier ist weder roth, noch grün;
Schwarz ist es, schwarz, das kann ich schwören;
Ich habe gestern eins gekauft,
Und es beym Licht genau besehn.

Die beeden Streiter wollten gehn.
Wenn ihrs nicht sehen wollt, so lauft!
Ich hab es hier zum größten Glücke,
In meinem Schnupftuch, sprach der Greis,
"Weist her"! Er zog es aus der Ficke,
Und siehe da, das Thier war weiß.

Pfeffel.

Die Colonie.

Nach Abdera kam einst vom Strand
Des Nils ein Haufe Colonisten;
Sie setzten sich in öde Wüsten
Und schufen sie zum Waizenland.
Das Ding gefiel den Abderiten,
Und weißlich schloß der Magistrat,
Die Pflanzer sollten sich vom Staat
Ein Merkmal seiner Huld erbitten.
Das Völkchen gieng nicht lang zu Rath.
Drey Greise mit gebleichten Haaren,
Die Väter dieser Pflanzstatt waren,
Erschienen froh vor dem Senat.
Laßt uns, so flehte voll Vertrauen,
Ihr Haupt, für unsrer Arbeitlohn,
Der Göttinn unsrer Nation,
Der Isis, einen Tempel bauen.

Der Archon bebt auf seinem Thron,
Sein Blick verkündigt Angst und Grauen:
Ihr guten Leute! rief er aus,
Könnt, wenn ihr wollt, ein Hurenhaus,
Nur keinen fremden Tempel bauen.

Pfeffel.

Leibnitzens Urtheile und Meynungen über berühmte Menschen.

Homer.

Tom. 5. pag. 188. Cogitationes miscell. (1)

Der Entwurf, den Telemach des Fenelon ins Komische umzuarbeiten, kömmt mir eben so lächerlich vor, als der, aus der Geschichte der Judith ein unterhaltendes Lustspiel zu machen. Homer war mehr fürs Komische gemacht. Denn auch ich glaube, daß der Dichter seine Götter und Helden lächerlich machen

---

(1) Die Anzeige der Werke, aus denen die Stellen gezogen sind, geschieht in derjenigen Sprache, in welcher sie von Leibnitzen geschrieben sind.

wollte (2). Er scheint wirklich in seinen Gedichten die Belustigung des Volkes zum Endzweck gehabt zu haben. Virgil ist davon weit entfernt; seine Gesänge sind immer der Majestät Augusts würdig. Homers Werk kündigt indessen ein grosses Genie an, und so oft er will, ist er erhaben.

Plato.

Tom. 5. pag. 20. Cinquieme Lettre à Mr. Remond.

Jederzeit, sogar in meiner Jugend, gefiel mir die Sittenlehre des Plato, und noch einiger masen seine Metaphysick: auch sind diese zwey Wissenschaften Gesellschafterinnen, wie die Physick und Mathematick. Einen grosen Dienst würde jener dem menschlichen Geschlechte erweisen, der den Plato in ein System brächte, und man würde sehen, daß ich mich demselben ein wenig nähere. (3) Der verstor-

---

(2) Sollte wohl der grosse Leibniz Homern im wahren Geiste gelesen haben?

(3) Im Grossen und Erhabnen, auch im Streben nach dem Sonderbaren gewiß — aber auch nur ein wenig; denn in seiner Metaphysick hat Plato eben-

Seney Boileau redete zu sehr als Janseniſt, wenn er die Alten dieſe verdammten Alten nennt. Die Jeſuiten ſind billiger in dieſem Punkte.

Seneka und die Stoiker.

Tom. 5. pag. 369. Epiſt. ad Betlinghum.

Ich verehre den Seneka und die Stoiker, und bin darüber der nämlichen Meynung wie Descartes, der ihre ſittliche Philoſophie auch zu ſchätzen wuſte. Ich denke überhaupt, unſer Intereſſe und die Billigkeit fodern es, daß wir uns befleiſſen, nicht ſowohl das zu bemer-

der zehn ausſchweifende Gedanken, als zwey vernünftige, und Leibnitz ehender zehn vernünftige, als zwey ausſchweifende. Seine Meynungen von der Materie, vom Feuer, von der Erde, die eine Figur von 12 Fünfecken ſeyn ſoll; ſein Beweis der Unſterblichkeit der Seele und der Seelenwanderung vom Schlafen und Wachen ꝛc. genommen und dergl. ſind abgeſchmacktes Zeug, dergleichen Leibnitz nie denken konnte. Indeſſen ſchöpfte Leibnitz vieles aus dem Plato, ſelbſt die Lehre von den Monaden und der Harmonia præſtabilita —— waren ein Reſultat von den Studien dieſes Philoſophen.

en, was bey den Alten unsere Kritick verdiente, als dasjenige, was wir von ihnen annehmen, und zu unserm Gebrauche verwenden können. Sehen wir es als eine ausgemachte Sache an, daß keiner jemals berühmt gewesen ist, der nicht in manchem Betrachte Lobenswerth gewesen wäre.

Die römischen Rechtsgelehrten.

Tom. 4. part. 3. pag. 267. Epist. ad Kestnerum.

Die Römer sind in jedem Fache der Gelehrsamkeit unter den Griechen. Von ihnen entlehnten sie die Philosophie, die Arzneikunst, die Mathematick; und alles, was sie von dem ihrigen hinzuthaten, ist wenig merkwürdig. Nur in der Rechtsgelehrtheit übertreffen sie die Griechen. Es ist wahr, daß sie den Saamen davon von den nämlichen Griechen empfangen haben: aber dieser Saamen ward gepflegt und angebaut durch ihre Sorge, ihren Fleiß, und brachte die herrlichsten Früchte im Ueberflusse hervor. In diesem Fache allein, kann man sagen, haben die Römer alle Völker der Erde übertroffen.

Excudent alii spirantia mollius aera,
Credo etiam vivos ducent de marmore vultus,
Tu regere imperio populos, Romane, memento,
Hæ tibi erunt artes!

Ich habe oft gesagt: nach den Schriften der Mathematicker haben wir nichts, das an Stärke und Gründlichkeit mit den Schriften der römischen Rechtsgelehrten könnte verglichen werden; so haben sie ihre Vernunftschlüsse gedrängt, so ihren Gegenstand durchgründet. Aber dieser grose Zug der Gleichförmigkeit macht uns auf einen andern aufmerksam, der nicht weniger merkwürdig ist. Wenn man aus den Werken Euklids und Archimeds, oder des Appollonius den Beweiß eines geometrischen Satzes ziehet, und man zeigt ihn ohne die Aufschrift, und die andern Kennzeichen, woraus er genommen ist, so wird man sehr in Verlegenheit seyn, jenen Schriftsteller zu nennen, dem er angehört; so ähnlich ist ihre Schreibart, wie wenn die Vernunft selbst durch ihren Mund gesprochen hätte. So viele Gleichförmigkeit trift man auch unter den Rechtsgelehrten der Römer an. Wenn man die Entscheidungen, welche die Meynungen und Urtheile kenntlich machen, unterdrückt, so ist es fast unmöglich jenen zu bestimmen, welcher redet, und ihn an der Verschiedenheit der Schreibart zu erkennen. Nein, niemal ward das natürliche Recht so oft um Rath gefragt, so treulich verstanden, so genau befolgt, als in den Werken dieser grosen Männer; und da sie sich einigemal verfehlten, um gewisse Erblehren ihrer Vorältern zu erhalten, und zu gewissenhaft ihre Formeln befolgten, oder selbst neue Gesetze machten, so reden sie über die willkührliche Hypothese, welche man mit unerschütterlichen Regeln der gesunden Vernunft vereinigte, und ziehen Folgen daraus mit einer Feinheit und Gründlichkeit, die Bewunderung verdient.

Das Mädchen von Orleans.

Tom. 5. pag. 355. Epist: ad Bierlingium.

Es scheint nicht, als ob das Mädchen von Orleans angestellt gewesen sey; ich glaube nur, sie ist eine Schwärmerin gewesen.

Ximenes.

Tom. 5. p. 100. Epist. 15. ad Magliabechium.

In Frankreich ist neuerdings das Leben des

grosen Kardinal Ximenes, welchen der Kardinal Richelieu zum Muster genommen hatte, unter der Presse. Wenn man die grosen Männer kaufen könnte, würde Spanien einen Mann, wie Ximenes, um eins seiner Königreiche nicht zu theuer kaufen.

Der Prinz Philipp Wilhelm von Oranien.
Tom. 5. pag. 193. Remarques de Leibniz.

Als der berühmte Wilhelm von Nassau, Prinz von Oranien, der Stifter des freyen Staates der vereinigten Provinzen der Niederlande, den Plan Philipp des Zweyten sah, der ihm in Briefen schmeichelte, um ihn in seine Schlinge zu ziehen, verließ er das Land und seine Stadthalterschaft kurz vor der Ankunft des Herzogs von Alba. Dieser konnte auf keine Weise seinen Muth an ihm ausüben, ließ daher seinen Sohn Philipp Wilhelm, den man den Grafen von Büren nennte, von seiner Mutter, Erbinn von Büren, wegnehmen, als er in Löwen studirte, und schickte ihn nach Spanien. Der Rektor der Universität beklagte sich, daß dies ein Eingriff in ihre Rechte sey, worauf ihm Vargas antwortete:

non curamus veſtrus privilegios. (Vargas war Staatsrath, ſchrieb ein lateiniſches Werk über die Gerichtbarkeit des Pabſtes, und Briefe über das Concilium zu Trient.)

Gaſſendi.

Tom. 5. p. 16. Quatrième lettre à Mr. Remond.

Herr Gaſſendi iſt ein Mann von groſen und ausgebreiteten Kenntnißen, ſehr bekannt mit den Schriften der Alten, wohl bewandert in der geiſtlichen und weltlichen Geſchichte, und in jedem Fache der Gelehrſamkeit; aber ſeine Betrachtungen befriedigen mich gegenwärtig weniger, als da ich anfing von den Schulmeynungen abzuweichen, obſchon ich ſelbſt noch ein Schüler war. Da die Lehre von den Atomen die Einbildungskraft befriedigt, ſo hieng ich derſelben ſehr an, und der leere Raum des Demokrits oder des Epikurs, vereinigt mit den unbezwinglichen kleinen Körpern dieſer zwey Schriftſteller ſchienen mir alle Schwierigkeiten zu heben. Es iſt war, dieſe Hypotheſe kann dem, der nichts als Phyſiker iſt, genug ſeyn; und geſetzt, es gebe ſolche Atomien, man gebe ihnen eine fügliche Bewegung und Gestalt, so sind wenige körperliche Eigenschaften, die man nicht erklären könnte, wenn man jede Sache in ihren Theilen kennte. Man kann sich also der Philosophie des Gassendi bedienen, um die jungen Leute mit den Kenntnißen der Natur bekannt zu machen; man sage ihnen aber doch, daß man sich der Atomen und des leeren Raums, nur als einer Hypothese bediene; daß es erlaubt sey, einst. dieses Leere mit einer feinen flüßigen Materie anzufüllen; daß sie kaum einen geringen Einfluß auf unsere Natur-Erscheinungen haben können, und die Unbezwinglichkeit der Atomen sollen sie nicht so strenge nehmen. (4) ─ ─ ─ ─ ─

Usserius und Salmasius.

Tom. 6. part. 1. p. 267. Huitième lettre

à Mr. Thomas Burnet.

Das Leben Miltons ist ein schönes Werkchen; aber ich wünschte, daß man darinn die

---

(4) Gassendi erneute bekanntlich nur eine alte Lehre; es war das beste, was er aus Epikur und Demokrit ziehen konnte. Er erklärte auch blos und sehr unvollkommen, was nachher Neuto bewies und mit Gesetzen befestigte.

Stellen unterdrückt hätte, wo gleichsam mit
Verachtung von diesen zween grosen Männern
Usserius und Salmas gesprochen wird: nicht
weniger jene Stellen, welche die Verwirrun-
gen der Zeiten Miltons zu begünstigen scheinen.
Man spricht von Usserius als einem blosen
Sammler, der nichts als Belesenheit hat,
welches denn sehr Unrecht ist. Usserius hätte
eine richtige feine Beurtheilungskraft.

Wenn Milton die Arbeiten dieses grosen
Erzbischoffs verkleinern wollte, so geschah es
aus einer Politick, die ich nicht billigen kann,
und welche diejenigen, die nicht interessirt sind,
nicht nachahmen dürfen. Menschen, welche
auf Philosophie und Vernunft pochen, wie
unser Schriftsteller thut, haben die Gewohnheit, das Studium des Alterthums zu ver-
achten; und die Alterthumsforscher ihrer
Seits machen sich über das lustig, was sie
Träumereyen der Philosophen nennen. Um
Recht zu thun, muß man dem Verdienste der
Einen und der Andern Gerechtigkeit widerfahren lassen.

Das Andenken des berühmten Salmas hat
unser Autor so wenig geschont, daß er ihn einen Esel nennt, der gar nicht entschuldigt wer-

den kann, und ihn behandelt, wie einen Schulknaben, der alle seine Wissenschaft dem Wörterbuche zu verdanken hat. Man sieht wohl, daß er die Schriften dieses großen Mannes nicht kannte (5). Grotius selbst, obschon er meiner Meynung nach über Salmasen ist, bewunderte an ihm die erstaunliche Gelehrsamkeit, als er sagte: *opthnus interpres veteris Salmasius.* — Wir werden bald das Leben des Herrn Salmas haben; Herr de la Mare, Parlamentsrath von Dijon, bearbeitet es. Einer meiner Freunde wollte auch Briefe bekannt machen, wo der Kardinal Richelieu Salmasen durch große Anerbiethungen zur Annehmung der römischen Religion bewegen wollte; aber vergebens (6). Es ist also sehr un-

---

(5) Salmas zeichnete sich vorzüglich durch seine Vertheidigung Karl des Ersten aus 1649. Die Antwort Miltons auf dieses Werk ist voll niedriger Schmähungen.

(6) Der Kardinal Richelieu wollte diesen gelehrten Mann nach Frankreich ziehen, und bot ihm ein Gehalt von 12000 Livres. Salmas schlug es aus, weil er wußte, daß er an der Geschichte dieses Ministers arbeiten sollte. Ich kann, antwortete er, meine Feder der Schmeicheley nicht zum Opfer bringen.

recht, wenn man ihn beschuldigt, er habe eine
freie Feder geführt. Es war grade das Gegentheil, er folgte nur seinem Sinne, wenn
er schrieb. Zween grose Fehler hatte er: er
ordnete seine Gedanken nicht wohl; sie wurden unterdrückt durch die Menge der Sachen,
die in seinem Geiste waren. Der andere war:
er schrieb nicht mit Mäßigung. Grotius
hatte die Tugenden des Salmas, und war
am meisten von seinen Fehlern befreyt. Uebrigens glaube ich, daß sowohl Milton als
Salmas die Sachen übertrieben, und Extremitäten gesucht haben. Ich würde immer ihre
Mehnungen jener des unvergleichlichen Grotius vorziehen, welche sicherer sind, und mehr
zum Gebrauche dienen.

Hobbes. Locke. Puffendorf.

Tom. 5. p. 304. Epist. 3. ad Kortholtum.

Ich gestehe gern, daß ich weder mit Locken
noch mit Puffendorfen ganz zufrieden bin.
Ihre Schriften verdienen gelesen zu werden,
und weil sie aus verschiedenen Werken gesammelte Kenntniße vereinigen, können junge Leute
bis zu einem gewissen Grade von Wissenschaf-
ten

ten dadurch gelangen, welche der Gegenstand davon sind; aber diese Schriftsteller dringen selten bis auf den Grund der Sache. Mit Hobbes ists just das Gegentheil. Ich glaube, seine Schriften sind jenen schädlich, die erst anfangen; für jene aber, die schon weiter gekommen sind, ausserordentlich vortheilhaft; denn man findet da sehr tiefgegründete Wahrheiten mit Irrthümern vermischt, welche die gefährlichsten Folgen haben können. Man trift auch im Locke und Puffendorf Grundsätze an, gegen welche man bey Anfängern vorbauen muß. Denn das, was Puffendorf über den Ursprung der moralischen Wahrheiten sagt, welche er für willkürlich hält, ist grundfalsch: und Locke hat sehr Unrecht, wenn er sich über die angebohrenen Ideen und Wahrheiten lustig macht. Seine Philosophie von der Natur der menschlichen Seele ist sehr schwächlich; und er zielt auf nichts geringers, als jene Grundsätze umzustossen, worauf man seine Unsterblichkeit gründet, indem er glaubt, der Körper könne denken.

H

Locke und Paskal.

Tom. 5. pag. 11. Seconde Lettre à Mr. Remond.

Herr Locke hatte Feinheit, Geschicklichkeit, und eine Art leichter und nicht gründlicher Metaphysik, welche er zu erheben wußte; aber ihm war die Methode der Mathematiker unbekannt. Es ist schade, daß Paskal, ein äusserst mathematischer und zugleich metaphysischer Kopf, zu bald, wie mir Hüygens erzählte, durch gewisse halsstarrige Arbeiten, und durch die viele Anstrengung an theologische Werke sich schwächte, durch die er den Beyfall eines grosen Theils würde erhalten haben, wenn er sie vollendet hätte. Er übte solche Strengigkeiten gegen sich aus, die weder erhabnen Betrachtungen, noch seiner Gesundheit günstig seyn konnten. Herr Perier, sein Neffe, gab mir eines Tages ein vortreffliches Werk seines Oheims, um es zu lesen, und in Ordnung zu setzen: und ich hoffte, er würde es bekannt machen. Man würde ihm dadurch die Ehre der Originalität in Sachen, die Mühe kosten, nicht haben absprechen können.

Vanini.

Tom. 5. pag. 321. Epiſt. 22. ad Kortholtum.

Eine Apologie des Vanini habe ich noch nicht geſehen; und ich denke, er verdient auch keine. Seine Schriften ſind von ſehr geringem Werthe. Aber ein Elender, wie er, oder beſſer zu ſagen, ein Narr, verdiente nicht verbrannt zu werden; man hatte nur das Recht ihn einzuſperren, daß er niemanden verführe. (7)

---

(7) In Neapel machte dieſer Schwärmer das Projekt, mit zwölf Geſellen den Atheismus in der ganzen Welt zu predigen. Er durchlief Deutſchland, die Niederlande, Holland, Italien, Frankreich ꝛc. In England wurde er eingeſperrt und als ein ſchwacher Kopf wieder losgelaſſen. Von da gieng er nach Genua, dann nach Lyon. Von einem Orte zum andern vertrieben, wurde er endlich zu Guienne in Frankreich ein Mönch. Wegen ſeinen ſchlechten Sitten und unſinnigen Lehren aus dem Kloſter verjagt, flüchtete er ſich nach Paris. Auch dieſe Stadt mußte er wieder verlaſſen. Nach langem Herumirren von Stadt zu Stadt ließ er ſich endlich in Toulouſe nieder, wo er die Arzney, Philoſophie und Theologie lehrte. Er gewann das Vertrauen des erſten Präſidenten, der ihn zum

Spinoſa.

Tom. 6. part. 1. pag. 329. Leibnitziana.

Der berühmte Jude Spinoſa war olivenfarbig, und hatte etwas Spaniſches im Geſichte; er war auch in dieſem Lande geboren. Sein Geſchäft war Philoſophie. Er führte ein ſtilles, abgeſondertes Leben, das er mit Gläſerſchleifen, Fernröhre- und Vergrößerungsgläſer-Machen zubrachte. Ich ſchrieb ihm einmal über die Optick; dieſen Brief hat man in ſeine Werke eingerückt.

Iſak Voſſius und Saint-Evremont.

Tom. 5. pag. 372. Epiſt. ad Bierlingium.

Saint-Evremont verſichert, Iſak Voſſius habe keine vortheilhafte Geſinnungen für die Religion gehabt (8). Ich glaube es, und

---

Lehrer ſeiner Kinder machte. Da er auch hier wieder die Jugend mit ſeinen verderblichen Lehren anſteckte, wurde er im 34ſten Jahr ſeines Alters verbrannt. Er war zu Taurozano im Jahr 1585 geboren.

(8) Doch war er für das Wunderbare ſehr einge-

sage noch überdies, daß er niederträchtig war. Aber ich weiß nicht, ob Saint=Evremont viel besser war. Man sagt, er sey als ein offenbarer Atheist gestorben, und seine Grundsätze habe er der Herzoginn von Mazarin beygebracht. Ich weiß, daß er jene Philosophie öffentlich lehrte, welche alle Glückseligkeit in den Vergnügungen des Lebens suchet. In seinem Umgange sprach er oft über Weine, Speisen, und andere ähnliche Gegenstände. Alles Wichtige und Ernsthafte machte er lächerlich. Er rieth, man solle den Schein der Ehrbarkeit zu erhalten suchen, weil man ohne diese Achtsamkeit nicht in der Gesellschaft leben könne.

---

nommen. Er schrieb ein Werk de Sybillinis, aliisque, quæ Christi natalem præcessere, oraculis. Er brachte einen Theil seines Lebens mit Vertheidigung der Chronologie der 70 Dollmetscher zu. Dies ist der Gelehrte, dem Colbert schrieb, indem er ihm einen beträchtlichen Wechsel, als ein Pfand der königlichen Schätzung sandte:

„Obschon der König Ihr Herr nicht ist, so will er doch Ihr Guttthäter seyn, und zwar aus Verehrung gegen einen Namen, den ihr Vater ruhmwürdig gemacht, und dessen Ehre sie erhalten."

Magliabecchi.

Tom. 6. part. 1. pag. 331. Leibnitziana.

Magliabecchi, Bibliothekär des Herzogs von Florenz, ist nie über eine Viertelmeile von dieser Stadt gekommen, und er wollte sich auch nie davon entfernen, obschon der Grosherzog es ihm öfters angebothen hatte. Wenn man ihn entweder in Versen oder Prose lobte, that er es immer seinen Korrespondenten zu wissen, und erklärte in diesen Ausdrücken: Con mio rossore. — Es sey wider seinen Willen geschehen.

Der Pater Bouhours.

Tom. 5. pag. 190. Cogitationes miscellaneae.

Ich glaube nicht, daß die Deutschen nöthig haben, die Unbescheidenheiten, welche Pater Bouhours auf die Rechnung ihrer Nation ausgestoßen hat, zu widerlegen (9). Ein

---

(9) Der berühmte Jesuit Bouhours stellt in seinen Gesprächen Aristen und Eugens die Frage auf: Ob ein Deutscher ein schöner Geist seyn könne?" Der Pater Bouhours war damals noch sehr jung

einsichtsvoller Franzos ist ihnen zuvorgekommen; Barbier d'Aucourt, welcher in dem Buche:

---

und schrieb zu einer Zeit, wo Deutschland freylich noch kein schön geschriebenes deutsches Buch hatte. Uebrigens faßten die Deutschen damals, die äusserst aufgebracht viel dawider schrieben, den Sinn des Problems nicht recht. Es war nicht die Frage: Ob ein Deutscher nicht ein durchdringender, erfinderischer, gründlicher, weiser, oder grosser Geist seyn könne. Denn die Beantwortung dieser Frage würde demüthigend für den Franzosen ausgefallen seyn. Es war die Rede vom Geschmack, der Eleganz und vom Schöndenken; worauf die deutschen Gelehrten jener Zeiten nicht sonderlich pochten. Der spanische Benediktiner Jesoo stritt mit vieler Lebhaftigkeit wider diese Schmähung; und stellte zur Rettung der Deutschen den Trithemius auf!!

Die Frage ist immer ungezogen und eines schönen Geistes unwürdig. Aber die Schilderung der Person des Pater Bouhours ist auch keine Antwort. Der Kardinal du Perron hatte den Deutschen schon den nämlichen Vorwurf gemacht, und die Spötterey dauerte fort, bis die wahren Gelehrten der Nation unsre grossen Dichter kennen lernten, und der unwissende Theil ihrer Schriftsteller mit den Namen: Le Singe, Weiland, Klopestoque und Mr. Le Versuch (so übersetzte ein französischer Recensent den Titel eines Werkes: Versuch über ꝛc.) bekannt wurden.

Gedanken des Kleanth über die Gespräche des Arists und Eugens, das Bild des Pater Bouhours gezeichnet, und ihn nach Verdiensten behandelt hat. Der Pater Bouhours war nie mehr als ein mittelmäßiger Mensch, der das Aeussere seines Standes verachtete, die Miene eines Stutzers annahm, und sich zierte wie eine Dame (10).

---

(10) Diesem Vorwurf und noch einem andern, daß er nichts als Voiture, Sarasin, Moliere &c. lese, zu begegnen, verfaßte Bouhours das Werkchen: Pensées ingenieuses des peres de l'Eglise, welches aber ihn nicht von den Vorwürfen rettete. Man sagte: er müsse die h. Väter wenig gelesen haben, weil er nur so wenig witzige Gedanken darinn fand. Sein vorzüglichstes Werk ist seine maniere de bien penser sur les ouvrages d'Esprit — Es ist schön und rein geschrieben, verdiente eine schöne deutsche Uebersetzung. Es sollte in den Schulen, in den Händen aller Lehrer und Jünglinge seyn. Vielleicht erscheint bald in diesem Museum ein Versuch einer Uebersetzung verschiedner vorzüglichen Stellen.

Die Vorurtheile gegen die Deutschen.

Tom. 5. pag. 307. Epist. ad Kortholtum.

Die Fehler und das Lächerliche der jungen Deutschen sind die Urquelle der Vorurtheile der Franzosen gegen die Deutschen. Kaum haben sie die Schule verlassen, noch ohne Kenntnisse, ohne Lebensart, werden sie schon von ihren Aeltern, gegen alle Regeln der Vernunft, nach Frankreich geschickt, wo sie zum zweitenmale in die Kindheit zurückfallen, aus der sie eben getreten waren. Denn den kann man als ein Kind betrachten, der nicht reden kann (infans est, qui fari nescit). Also, entweder sie sind gezwungen, zu schweigen, oder sie erregen lauter Lachen, wenn sie den Mund aufthun, ohne die Streiche zu zählen, die ihnen die Betrüger spielen. Und dies sind jene Deutschen, von denen das französische Sprüchwort herkömmt: Sie sehen mich für einen Deutschen an: Das ist eine deutsche Frage. Was kann man im Grunde Wichtiges und Scharfsinniges von jungen Leuten erwarten, die ohne Erfahrung plötzlich unter eine fremde Nation, wie in eine neue Welt sind versetzt worden?

Die Zeitungsschreiber von Trevour.

Tom. 6. pag. 176. Epist. ad P. Desboses Jesuitam.

Man sollte die Zeitungsschreiber von Trevour, die gewiß feine Gelehrte sind, bitten, sie möchten in ihren Nachrichten von verschiedenen Werken eher das Vorzügliche und Nützliche bemerken, als das Fehlerhafte und Unnütze. Die Menschen sind von Natur geneigt zur Beurtheilung und zur Verachtung der andern; aber diese böse Eigenschaft der Leser muß von den Schriftstellern nicht unterhalten und geschmeichelt werden: noch viel weniger, wenn diese Schriftsteller Ordensgeistliche sind. Jede Stunde eines gutgesinnten Mannes, der mit Genauigkeit und Anwendung ein Werk zusammen zu tragen weiß, ist dem allgemeinen Besten geheiligt. Er erwartet keine andere Belohnung, als einiges Lob. Warum vergelten wir ihm das Gute mit Bösem? Und da wir ihn der Verachtung, dem öffentlichen Spotte aufopfern, wollen wir ihn zwingen, einen Anschlag zu bereuen, der nur Lob verdiente? Es ist zuweilen gut, einem Schrift=

ster Winke zu geben, aber ich wollte, es
geschähe mit solcher Art, daß er sich wegen
unserer Kritick eher Glück wünschte, als be=
klagte.

Der schwedische Bauer.

Tom. 5. pag. 150. Epist. de computationis mi=
randæ speciminibus.

Was soll man von einem Schweden denken,
der ohne alle Wissenschaften war, der nicht
einmal die gewöhnliche Rechenkunst inne hatte,
und der mitten im Lermen und Tumulte die
größten Summen blos durch Hülfe des Ge=
dächtnisses auf der Stelle berechnete? Herr
Schmidt, Gesandter von Hannover am schwe=
dischen Hofe, war eines Tages bey dem Gra=
fen von Oxenstirn, dem Groskanzler des Kö=
nigreichs, zu Tische, als man diesen jungen
Menschen rufen ließ. Man fragte ihn, wie
viel so viel Bäume in einem Garten gäben,
wovon jeder so viel Aeste hätte, jeder Ast so
viel Zweige, jeder Zweig so viele Blätter, je=
des Blatt so viele Würmchen? Er antwortete
fast augenblicklich, und sagte genau die ganze
Summe von so vielen Vervielfältigungen.

Dieser junge Bauer gieng nachher nach Dänemark; man bemerkte ihn nicht so, wie es doch so eine erstaunliche Geisteskraft verdiente.

Der Schuhmacher von Leyden.

Tom. 3. pag. 460. Lettre à Mr. l'Abbé Conti.

In Leyden war ein Schuhmacher, dessen Geschichte ich in ein lateinisches Sinngedicht brachte. Wenn man auf der hohen Schule Sätze vertheidigte, fand er sich immer im öffentlichen Hörsaale ein. Endlich fragte ihn einer seiner Bekannten, ob er die lateinische Sprache verstünde? Nein, sagte er, und ich mag mir auch nicht die Mühe geben, sie zu verstehen. — Warum kommt ihr denn immer hieher, wo man doch nichts als Latein spricht? — Weil ich Vergnügen daran finde, die Meynungen zu beurtheilen. — Und wie urtheilt ihr davon, ohne zu wissen, was man sagt? — Ich habe ein anderes Mittel zu urtheilen, wer Recht hat. — Und wie? — Wenn ich an der Miene des einen sehe, daß er hitzig wird, und in Zorn geräth, so denk ich immer, es fehle ihm an Gründen.

Der Blinde von Mastricht.
Tom. 6. pag. 325. Leibnitziana.

Der verstorbene Herr Longeuil sagte mir, er habe den Blinden von Mastricht gesehen, der mit Karten spielte, und durch Anfühlen die Farben der Stoffe unterschied. Ich weiß nicht, ob er es immer that. Er fand das Weiße und Schwarze rauher, als das Rothe (11).

---

(11) Merkwürdiger würde Herr Leibniz finden, was wir an unserm Herrn Weissenburger bewundern. Auch dieser in seiner Kindheit blind gewordne geschickte Mann hat eben die Kenntnisse, wie jener, spielt noch über dies Schach, bläst die Flöte, ist in der Rechenkunst, Algebra und Mathematick sehr erfahren, kennt die Landkarten, schreibt leserlich, und hat noch andre schöne Kenntnisse.

Die am meisten erfindrischen Menschen.

Tom. 6. part. I. Obſervationes Leibnitzianæ.

Ein Menſch, der noch keine Kunſt kennt, kann eher Entdeckungen machen, als jener, der ſolche ſchon verſteht; und der, welcher allein geht, eher, als der, welcher einen Führer hat. Der Grund davon iſt, weil die Erſten ſich eine eigene Bahne brechen, und oft Wege gehen, die den Andern unbekannt ſind. Alle Dinge betrachten ſie in einem andern Lichte; alles iſt ihnen neu, und reizt ihre Bewunderung; ſie denken nach, und durchforſchen die Gegenſtände, und dringen da durch, worüber andere, als über bekannte Sachen, weggehen.

Monument
Herrn
Philipp Friedrich von Riegers,
General-Majors, Commendanten
der Veste Hohenasperg,
Befehlshabers eines Infanterie-Bataillons.
Ritter des St. Karl-Ordens.

von Schubart.

Wandrer,
Weil an dieser Gruft.
Hier harret
Riegers, Aussaat
Der ersten Auferstehung.
Er war
Ein Mann deutscher Kraft,
Herzog Karls treuer Knecht,
Des Vaterlands warmer Freund.
Der Soldaten Vater,
Der Wittwen Arm,
Der Waisen-Pfleger,
Der Armen Erquickung,
Der Gefangnen Trost,
Ein Christ von Salbung,
Im bittersten Leiden geübt.
In Jesu sucht er alles.
In Jesu fand er alles.
Stark war sein Glaube,
Innig seine Liebe,
Feurig seine Hofnung.
Vom tiefen Gefühle des armen Sünders
Stieg er zur Christenherrlichkeit auf.

Eiserne Thätigkeit, Ordnung, Adleraug im
kleinen wie im grosen.
Heiterkeit und Licht des guten Gewissens,
Ernst und Liebe,
Dem Laster ein Wetterstral,
Der Tugend ein Frühlingssäuseln,
Zärtlich als Gatte, warm als Vater,
Treu als Freund,
Des Genius Wecker, und Verehrer jeder
Wissenschaft und Kunst.
Dies sind Stralen seines Sonnenbilds.
Gott
Kennt ihn ganz,
Lohnt ihn ganz.
Die Welt
Würd ihm zu enge,
Er flog,
Vom Schlage getroffen,
Wie im Sturme,
Gen Himmel.

Menschen trauren um ihn.
Engel freuen sich seiner.

Geh, Wandrer,
Noch eine Thräne,
Dann eil;
Und kannst du,
So gleich ihm.
Halleluja dem Wecker der Todten, Christus,
Dem Geber des Lebens, Christus,
Halleluja.

Geboren 1722. d. 1. October.
Starb 1782. d. 15. May.

Gedanken

Gedanken bey Ruinen.

Ihr steht verlassen!
Der Enkel keiner ehrt
In euch der Väter Geist — des Alters Werth;
Ihr steht verlassen;
Wenn nicht der Hirten Wettgesang,
Im nahen Wald der Heerde blöcken,
Und ihrer Schellen Klang
Das Echo eurer Hallen wecken;
Wenn nicht um eure Mauern,
Aufs scheue Wild zu lauern,
Am stillen Abend Jäger schleichen.
Oft sah ich unter jenen Eichen
Zu euch herauf; wenn schon des Abends
    Schatten
Die Berge leicht umzogen hatten:
Versenkt in Nebeln ruhte schon das Thal;
Noch röthete der Sonne lezter Stral
Der Tannen Gipfel auf den Höhen.
Ich weilte dann bey tiefer Nacht zu sehen:
Wie hinter euch der Mond in vollem Schimmer
Aus diesem Berge stieg.   Er blickte durch
    die Trümmer,
Und durch das Haupt der Fichte.
Dann standen schwarz vor seinem Angesichte

Im Feuer diese Thürme.
Schön — schrecklich ist das Bild.
Ha! hör' ich nicht die Stürme
Des drohenden Gewitters? Wild
Zieht es daher in Nacht.
Die schnellen Donner eilen
In finstre Thäler: Klüfte heulen:
Die schlanke Fichte sinkt; Die Eiche kracht,
Und stürzt. Dort wälzen Wolken sich mit Wuth
Auf euer Haupt; sieh! wankend trägt es ihre Last;
Ihr Busen spaltet sich: ihr Feuer faßt
Die Gipfel. Thürme bersten. Sieh der Felsen
   Glut,
Der hohen Wolken Schimmer,
Und von dem Donner der gestürzten Trümmer,
Der Erde Beben!
Erschüttert fühl' ich über meine Seele schweben
Den mächtigen Gedanken, da ich dieses Heilig=
   thum
Betrat: Auf den bemosten Häuptern ruht der
   Geist
Der alten Helden, sieht sich trotzig um;
Den Wald, der euch umschattet, heißt
Er schweigen; hüllt in stilles Epheu eure
   Mauern,
Und läßt Zipressen um euch trauern.
     v. St—l.

Ueber das Gedicht:

Gedanken bey Ruinen.(*)

Wenn unter tausend Ideen, die ein Gegenstand erregen kann, in einem Gedichte gleich die vorzüglichste, wichtigste und rührendste gefaßt und ins Licht gesetzt wird: so haben wir einen sichern Beweis des Dichtergeistes. Und dies ist es, was in diesem Gedichte gleich Anfangs zur Theilnehmung reizt. Dem Dichter schweben beym Anblicke seiner Ruinen Thaten der Helden vorm Auge; Thaten, die vergessen sind, die ihm allein diese alten ehrwürdigen Ruinen ins Gedächtniß zurück rufen. Dies regt in ihm das schwermüthige Gefühl, in dem er ausruft:

„ Ihr steht verlassen!
„ Der Enkel keiner ehrt
„ In euch der Väter Geist — des Alters Werth!

Doch entdeckt er hier noch einige Bewegung, einiges Leben. Eben dies benutzt er, seine Idee zu erhöhen. Hirten, die um die Wette

---

(*) Wegen einer zu scharfen Kritick, die über dies Gedichtchen gemacht worden, ist dieses Urtheil von einem Freunde der Dichtkunst hier beygesetzt.

singen, bleckende (*) Heerden, scheues Wild, und schleichende Jäger sind die einzigen Lebenden, die sich hier von Zeit zu Zeit einfinden, Geschöpfe, die keinen Begriff, kein Gefühl von dem haben, was hier eigentlich sollte gefühlt werden, was der denkende edle Mensch fühlen muß, und der Dichter wirklich fühlt. Die Schilderung ist natürlich, leicht, angenehm, und steht mit dem Obigen im erhebenden Abstich.

„ Ihr steht verlassen:
„ Wenn nicht der Hirten Wettgesang,
„ Im nahen Wald der Heerde blecken,
„ Und ihrer Schellen Klang
„ Das Echo eurer Hallen wecken;
„ Wenn nicht um eure Mauern
„ Aufs scheue Wild zu lauern,
„ Am stillen Abend Jäger schleichen."

Nicht von einer Seite, nicht in einer Lage betrachtet der Dichter seinen Gegenstand. Bald lagert er sich im Eichenwalde und schauet zu den Ruinen hinauf; bald besteigt er sie selbst; bald sieht er sie im grauen Schatten, im röth-

---

(*) Blecken besser hier als blöken. Siehe Adelungs Wörterbuch.

lichen Abend, von der scheidenden Sonne durchglüht, jetzt in Nebeln versenkt, jetzt in tiefer Nacht, jetzt im Mondesschimmer, endlich in Gewittern und Stürmen. Hierin ist Einbildungskraft und Fülle des Herzens. Die Bilder sind malerisch und von warmem Kolorit. Wie schön ist das Gemälde dieser Ruinen beym Mondesschimmer!

„ Ich weilte dann bey tiefer Nacht, zu sehen,
„ Wie hinter euch der Mond in vollem Schimmer
„ Aus diesem Berge stieg; er blickte durch die Trümmer
„ Und durch das Haupt der Fichte.
„ Dann standen schwarz vor seinem Angesichte
„ Im Feuer diese Thürme.

Dies letzte Bild ist vorzüglich schön. Die mittleren Theile der Thürme sind finster und schwarz, indem der hinten aufsteigende Mond die Zwischenräume beleuchtet und den Rand anglüht.

Eben so glücklich ist das Gemälde des Gewitters und Sturms.

Der Dchterling, der sich Gewalt anthut, um einige Augenblicke sich zu erhitzen, fällt gewöhnlich am Ende seines Gedichtes. Sein Feuer ist erschöpft; er sinkt gleichsam ohnmäch=

tig hin, wie der Kranke, nach dem Angriffe des hitzigen Fiebers.

In diesem Gedichte erreicht der Dichter die Höhe, wohin ihm seine Mühe winkte. Das Ende zeugt von wahrem poetischem Schwung. Die Begeisterung ergreift ihn selbst: der Genius der alten Helden erscheint ihm; er erblickt ihn auf dem bemosten Haupt der Trümmer. Dieser fühlt mit ihm das Unbild der Nachwelt, schauet trotzig umher, gebeut dem Wald Schweigen; umhüllt mit Epheu die Mauern; nicht von ohngefehr, durch seine Eingebung stehen Cypressen da, und trauern auf seinen Wink.

Diese Stelle ist vortreflich, schauervoll und groß. Wahre poetische Schönheiten können keinem Fühlenden entgehn, aber auch nur dem Fühlenden nicht.

Die Verse sind leicht, fliesend, wohlklingend und rein; und das Gedicht entstalten, wie es sonst so gewöhnlich ist, weder Fehler wider das Sylbenmaaß noch wider die Sprache.

Ein Gold- und ein Rothkäfer.

Bleicher Mond auf einer Seite,
Auf der andern Abendglut;
Grau dort ferne Hütt' und Haide;
Hier der Strom so roth wie Blut;
Schwalben sich ums Ufer drehten,
Und die Lerch sangs Feyerlied;
Lüftchen von den Zweigen wehten
Auf die Quellen Sommerblüt;
Husch, da schwebt' ein goldner reiner
Käfer durch das Abendroth,
Und nach ihm flog wieder einer
Schwärzer noch als Gassenkoth;
Sumsten weiter, wo da spriesen
Blumenheerden um den Teich,
Und sie setzten, zu geniesen,
Sich auf eine Blum zugleich.
Pfui, scholt stracks der schimmerbunte
Flieger, pfui, du häßlich Thier!
Mitternacht ist deine Stunde,
Und die Sonne brennet mir:
Nicht doch, Brüderchen! ich heise,
Sprach der arme Schwarze drauf,
Eben Käfer, zum Beweise,
Heb nur deinen Fittig auf!

Nun, wie sieht's? Hört's auf zu blinken?
Pfui! wie's schwarz hier unten ist;
Drum laß deinen Stolz noch sinken,
Bis auch Gold von innen bist.
Menschen! eitle, schwache Thoren!
Die ihr pralt in Gold- und Silberschein,
Laßt die Bärte ungeschoren,
Und hüllt euch in Kuttel ein,
Und stellt so zum staubegrauen,
Müden Pilgersmann euch hin:
Ob, wie Wolken über Auen
Noch ihr strotzet über ihn,
Oder ob ihr müßt gestehen,
Daß in Noth und Bettel oft
Schönre Menschensöhne gehen,
Als in Gold- und Silberstoff.

Kobell.

An einen Waldtauber.

Was fliehst du böser Tauber mich?
Ach halt, ach halt!
Dein armes Täubchen suchet dich
Im ganzen Wald.

Ich trage ja kein Feuerrohr,
Ich bin kein Jägersmann,
Kein wilder Krieger; kleiner Thor,
Was fliehst du dann?

Ich hab dein Bäumchen nie entlaubt,
Nie deine Brut gestört,
Noch dir die Jungen weggeraubt,
Unds Nest verheert.

Sey ruhig, ruchse dein Gesang
Durchs girrende Gehölz;
Dort unten sitzt am Klippenhang
Dein Täubchen auf dem Fels;

Girr der Verlaßnen zärtlich zu,
Genieß der Liebe Lust,
Der Eintracht süsse Himmelsruh,
An ihrer Pflaumenbrust!

Ich hab ein Mädchen, bin ein Hirt,
Ich kenn der Liebe Leid,
Wenn die Getreue untreu wird;
Ich kenn auch ihre Freud.

Das Zürnen darf nicht ewig seyn;
Groß ist, der edel denkt;
Süß ists, dem Fehlenden verzeihn,
Der uns gekränkt. ——

Das Bösthun macht uns selbsten krank,
Und schwärzet unser Blut,
Nach einem kleinen Liebeszank
Schmeckt Küssen dreymal gut.

Dein Täubchen leidet gar zu sehr,
Ach ruchse ihr;
Dann ruf ich auch mein Mädchen her,
Und küß mit dir!

Urtheile über die Musiksetzer jetziger Zeit aus Paris.

Gretri, voll Witz und Verstand, ohne tief gegründet zu seyn; ein Freund der Grazien, trat in keines Andern Fußtapfen; aber er gefällt besser als sie alle.

Das Genie führte den Martini in die Laufbahne; er läßt die Dichtkunst sagen, was sie nicht gedacht hatte.

Piccini, weniger glänzend, aber vielleicht auch wahrer und richtiger, fand einen Weg zum Herzen, den Gossec zu sehr vernachläßigte.

Philidor mischte italienische Musik in die

seinige, um durch dies Mittel die Franzosen an jene zu gewöhnen: aber Dir überließ er diese Ehre, Sacchini, Gott der Harmonie! denn in der Kolonie reizest du, nicht der Verfasser.

Duni glänzte einen Augenblick; er starb mit seiner Urgelle, und ihn zu begraben, ließ Monsigni die schöne Arsenne singen.

Was den Vachon betrift und den d'Herbain, und den Ludwig und den la Ruette, und den Desade und den Campein, so können sie gar hübsch ein Arietchen machen.

Diese sechs Talente sind sehr klein, wenn man sie mit jenem grossen Manne vergleicht, der in Wien geboren, in Rom gebildet, und in allen Ländern der Gott der Musik ist.

Das Opfer.

von Schubart.

Melodie. Eine veste Burg ist unser Gott ꝛc.

1.

Wo ist dein Glaube, schwacher Geist?
　Wo ist, wo ist dein Glaube,
Der Gott für jede Thräne preist?
　Ihm dankt im Kerkerstaube?
Wo ist der Heldensinn,
Der über Gräber hin
Dem Sichtbaren entrückt,
Ins Unsichtbare blickt?
　Wo ist, wo ist dein Glaube?

2.

Sieh' Abraham, den Felsenmann,
　Voll schaudernder Gedanken,
Sieh' ihn den Opferberg hinan
　Mit dem Geliebten schwanken!
" Nimm, scholl es auf dem Thron,
" Nimm Isaak, deinen Sohn,
" Den Einzigen, der dir
" So lieb ist! schlacht ihn mir
" Zum Opfer auf Moria!"

3.

Sieh nun den Helden Abraham
　Mit Jammerstarren Blicken!
Sieh neben ihm das Opferlamm
　Mit Holz auf seinem Rücken!
Den Vater weggewandt!
Das Messer in der Hand!
Tief in der Seel' bewegt;
Wenn nun sein Isaak frägt:
　Wo ist das Lamm, mein Vater?

4.

Sieh den Altar! dort steht er schon!
O! Erd und Himmel schwinden
Dem Vater, denn er soll den Sohn
　Mit eignen Händen binden.
Er thuts. — Die Menschheit spricht:
Sey Vater! thu' es nicht!
Jedoch der Glaub' entreißt
Ihn dieser Welt. Sein Geist
Schwebt schon am Throne Gottes.

5.

„ Der diesen Sohn mir gab, kann ja
” Ihn mir aufs neue geben!” —
So dacht' er, blickte nieder, sah
   Den Sohn am Holzstoß beben.
„ Du bist zum Lämm ersehn,
„ Mein Sohn, laß dich erflehn,
„ Stirb, wie das Schlachtlamm, still,
„ Weil Gott es haben will!
  „ Er wird dich wieder wecken!”

6.

Nun weicht die Stimme der Natur
   Dem göttlichen Befehle;
Den Unsichtbaren denkt er nur
   In seiner grossen Seele.
Den Opferstahl gezückt!
Vom Liebling angeblickt,
Steht er! — Doch Rettung kam
Vom Himmel! — ” Abraham!
  „ Verschone den Geliebten!”

7.

Dies grosse Beyspiel stärke mich,
In heissen Seelenkämpfen;
Es lehre mich so ritterlich
Die Erdenliebe dämpfen.
Nimm, Gott, mein Opfer an,
Hängt gleich mein Blut daran!
Nimm meine Kinder hin!
Nimm die Geliebte hin!
Nimm Freiheit! nimm das Leben!

8.

Mein Auge blickt zu dir empor
Vom Opferdampf der Erde;
Ich weiß, daß, was ich hier verlor,
Dort wieder finden werde.
Der Freyheit goldnes Glück!
Der wärmsten Freundschaft Blick!
Der reinsten Liebe Kuß!
Im ewigen Genuß! —
Herr, stärke mir den Glauben!

Lied.

Männer, die ihr Weiber küßt,
Schätzet euer Glück!
Fühlt, was eine Gattin ist
Jeden Augenblick.

2.

Sucht durch eure Zärtlichkeit
Ihrer werth zu seyn;
Werdet ihre Seeligkeit,
Niemals ihre Pein.

3.

Himmelreich und Paradies
Thront in Weibesblick:
Als sie Gott entstehen hieß,
Da entstand das Glück.

4.

O! wie hält im Weiberarm
Sich das Leben auf!
Das Gefühl wird groß und warm,
Rasch der Lebenslauf.

5.

Männer! Männer! liebt das Weib!
Gönnt ihm mehr als Scherz;
Sie ist Leib von eurem Leib,
Herz von eurem Herz.

An den Kaiser.

Den Priester rufst du wieder zur Jüngerschaft
Des grossen Stifters (1), machst zum Unterthan
Den jochbeladnen Landmann; machest den
Juden zum Menschen (2). Wer hat geendet

Wie du beginnst? wenn von des Ackerbaus
Schweis nicht für ihn, auch triefet des Bauern
Stirn (3),
Pflügt er nicht Eigenthum dem Säugling,
Seufzet er mit, wenn von Erndtelasten

---

(1) Zur Jüngerschaft des Stifters rufen — ist unrichtig. Man sagt: den Unmenschen zur Menschheit rufen, aber nicht: zur Menschheit des Schöpfers.

(2) Nicht neu, doch gedrungen, schön und edel.

(3) Von des Ackerbaus Schweis, ist ein unnatürliches Bild, und macht im Sinn einen Pleonasmus. Deutsch: Wenn von des Bauern Stirne nicht für ihn auch Schweis triefet, dann pflugt er nicht Eigenthum dem Säugling ꝛc. welches ein sehr rührendes herrliches Bild ist.

Der Wagen seufzet (4); so bürdet Tyrannenrecht
Dem Unterdrückten Landeserhaltung auf,
Dienst, den die blutige Faust des Stärkeren
Grub in die Tafel. Und die zerschlägst du. (5)

Wen faßt des Mitleids Schauer nicht, wenn er
sieht,
Wie unser Pöbel (6) Kanaans Volk entmenscht?
Und thut ders nicht, weil unsre Fürsten
Sie in zueiserne Fessel schmieden? (7)

---

(4) Seufzet er mit, wenn der **Wagen seufzet** — ist Spielerey, zu klein für den Gegenstand, und angenommenen Ton. Er im obigen Verse ist unnütz, grammatisch unrichtig, und schwächt.

(5) Durchaus schön und dichterisch. Freylich läßt sichs nicht lesen, wie unsere prosaischen Alltagsverse.

(6) Wenn er sieht, wie unser Pöbel — ist wieder unter der Sphäre der Dichtkunst — sehr prosaisch.

(7) Zu eiserne Fessel. — Was ist das?
Zu blutiges Blut?
Und thut ders nicht, weil unsre Fürsten — ein sehr prosaischer Vers.

Kanaans Volk und sie — doch hier ahmt der Dichter die Griechen nach; und warum sollte dies unsre Sprache nicht vertragen? Kann man sich je wie der Dichter sie denken, die das Volk sind.

Du lösest ihnen, Retter! die rostigen
Engangelegten Fessel (8) vom wunden Arm;
Sie fühlen's, glaubens kaum; so lange
Hats um die Elenden hergeklirret. (9)

Wir weinten Unmuth, daß uns der Römer
     Rom (10)
Zwar nicht beherrschte, aber doch peinigte;
Und billig ist die andre Thräne (11);
Daß uns Römlinger Rom beherrschet!

---

(8) Engangelegten Fessel ist zu schwach.

(9) Ein schöner Vers und ein dichterisches Bild.

(10) Der Dichter will vermuthlich sagen: Roms Römer und Roms Römerlein — aber was ist Römlinger Rom?

Und warum bey dem ernsthaften wichtigen Gegenstande immer Wortspiel?

(11) Aeusserst schwach.

K 2

Daß Deutschlands Kaiser Bügel des Zelters
                            hielt!
Daß Deutschlands Kaiser nackt um die Teu=
                            felsburg
Hergieng; erfror, wenn nicht Mathildis ——
Aber du kömmst kaum, und siehst, so siegst
                            du! (12)

Nun mag der dreykrontragende Obermönch (13)
Mit allen seinen Purpurbemäntelten
Mönchlein (14), das Kanonsrecht, wie weit es
Walte, beschielen. Denn du wirst sehen! (15)
                            Klopstock. (16)

———————————————————————

(12) Das veni, vidi, vicit, ist ganz was anders. Kam, sah und siegte — hat einen physischen Sinn. Aber in der Nachahmung ists unrichtig. Welchen Sinn hat hier kommen? welchen sehen? und wel=
chen siegen?

(13) Ist sehr tolerant.

(14) Wenn der Kardinal Bernis diesen feinen, nieblichen Ausdruck des grossen deutschen Schöngei=
stes sähe! Bouhours! Bouhours!

(15) Beschielen und sehen. Noch ein Wortspiel zum guten Schlusse.

(16) Ists wirklich von Klopstock?

Für Haschka.
über die
Ostermonds-Ode
Joseph den Zweyten.

Disce docendus adhuc, quæ censet amiculus,
Horat.

Wem brach der Sang so mächtig, so zau-
    berwoll, (*)
Daß Luthers Staub im düstern Behältniße
  (Zu früh gerüttelt) wie zum frohern
    Wiedererstehn sich zu rüsten, ausmallt?

Ich kenne dich, o Sänger! Nein! kannte dich;
Nun bist du mir ein Barbar, entartet aus
  Der Deutschen Barden Sitte; schwärmst,
    und
  Lallest chimärisches Traumsgeplauder;

(*) Die Ode hat Haschka in das deutsche Musäum vom Jahre 1782 einrücken lassen. Siehe deutsches Musäum siebendes Stück, Seite 4. Num. 2.

Wagst es, Verwegner! Josephs Verherrli‑
    chung
Und deutsche Freyheit (nenn's Zügellosigkeit,
  So leugst du nicht:) aus Sturz, und
    Trümmern
Päbstlicher Kronen herauszuwitzeln; (*)

Wagst es, ein Zwerg im Glauben, und
    Christenpflicht,
Den größten Deutschlands Gläubigen (**), der
    sein Knie
Und goldgewöhntes Scheitel jüngst der
Segnenden Rechte des Pius hinbog,

Durch Meuterlärm den Sohn gegen Vater zu
Empören, wähnst bey Spaltung, und Hoch‑
    verrath
Mit Niederdeutschlands Römerfeinden,
  Hermanns Triumphe für dich, und Dei‑
    ne - - (***)

  (*) Aus Trümmern herauswitzeln ist falsch; auch ist dies Wort hier zu niedrig.

  (**) Deutsch: Deutschlands größten Gläubigen.

  (***) Eine Anspielung, die nur in Wien verständlich seyn kann.

Du Christ? kaum Mensch genug, wenn du
    schwärmest. Tief
Erniedern Lüg' und Lästrung die Mensch-
    heit: nie
Erschmeichelt sich das Lob-je Lächeln,
Wenn ihm zur Seite Verläumdung mitzischt.

Auch dir soll's nicht gelingen. Zu helle sieht
Sein Mittelpfad mein Kaiser; bedarf nicht erst
    Für seiner Schritte Richtung deiner
    Blendenden, dampfenden Zwietrachsfackel;

Wird's nie versuchen (was du, was Satan
    wünscht,
Nie können wird) zu schütteln den ewigen,
    Den heil'gen Fels auf Sions Stätte,
    Oder zu schmettern (*) seinen Gipfel.

Mag Er doch, was zerfallene Mönchenzucht;
Was Aberglaub und rostendes Vorurtheil
    Erschuf, zerstäuben; — Gottesbindniß
    Lösen; des Bindnisses Wächter kränken,

Mag dieß auch wollen der Apostolische?
Der Kirche Sohn, und Schützer? der Erbe von
    Theresa's Macht und Tugend? — Hohn dir,
    Hohn dir getäuschter Verkenner Josephs!

(*) Falsch. Schmettern.

Getäuscht durch Irrwisch' itziger Aufklärung
Verlor dein Aug die Scheidekraft. Hole Dir
　Zurücke deine Säuglings Jahre
　Eh' dich das Schicksal entpfaffet hinwarf,

Da war dirs heller Aber, bey Gott! du sollst
Noch sehn, wie leicht die große Germania
　Ins süße Joch der kleinen Rom (*) sich
　Schmiege, sich schmiege vor Christus Priester!

Sollst spotten deiner Märchen von Babel, und
Vom Nacken Friedrichs unter dem drückenden
　Pantoffel, — deinem Taumel fluchen, —
　Schämen dich deiner erlognen Ahnung:

Denn Joseph wird nicht plündern, wie's Her-
　　　　mann that,
Der Würger (**), weiß längst Deutsch-
　　　lands Freiheitruh'
　Auf Petrus Felsen sich'rer als auf
　Steilen febronischen Sandeshügeln.

─────────

(*) Was gewinnt doch Sprache, oder DichtKunst durch solche widersinnige Neuerungen? die Rom! doch der Verfasser scheint sich so zum Spotte Hasch-käs auszudrücken, der in seinem Gedichte: Aufgangs und Niedergangs Herrin— Die neue —die kleine Rom ꝛc. sagte.

(**) Ist ein ungerechtes Urtheil.

Die Zwiebelsuppe.

Die Noth zwang jüngst ein Bäuerlein
Mit Zwiebeln auf den Markt zu fahren,
Indeß im Dorfe Weib und Kind
In tausend Sorg und Aengsten waren.
Der Tag so trüb, der Sturm so laut,
Dem Gut und Väter ward vertraut!
Das Bäuerlein fährt glücklich fort
Bis in die Hälfte einer Brücke,
Und denket an nichts weniger
Als an des Wetters böse Dücke;
Flugs wälzt der Sturm sich grad und krum,
Und wirft das schwanke Kärchlein um:
Jagt Hut und Zwiebeln in den Strom.
Das Bäuerlein bleibt ruhig stehen,
Und sagt: mein Lebtag hab ich noch
So keine Zwiebelsupp gesehen.
O wer von uns verlör sein Gut
Mit so viel Heiterkeit und Mut!

Kobell.

Bella, oder die grosse Afrikan.

Es war gegen den Anfang des Weinmonats, als der alte Amtmann Ehrlich seine Freunde auf seinem Landgute bewirthete.

Es kam zum Nachtische; die Damen knackten Haselnüsse, und die Herren aßen von jener Speise, mit welcher sich Odüseus Gefährten so gerne hinweg aus Küklops Höhle geschlichen hätten (*), wenn jener darein gewilligt hätte. Der Geist des Rheinweins setzte die Zungen der Gäste in Beredsamkeit, und wenn ja der Ton ins Juvenalische fiel, so wußte ihn Ehrlich allemal so wieder zu lenken, daß er eben das wurde, was disharmonische Töne unter den Händen eines Bachs werden.

Man stund auf. Die Herren rieben die Hände, und die Damen verstrichen die Falten ihrer Schürze.

Alle waren nun freundlich, und keiner griff des andern Hand, ohne sie vertraulich zu drücken.

Nur Bella, die zugeistreiche Bella, kannte kein anderes Vergnügen, als galligten Spott. So schön auch ihr Köper war, so häßlich war ihre Seele.

(*) Es waren Käse. Siehe Od. 9ten Gesang.

Ein zweyter Skaron, nur darin vom ersten unterschieden, daß er grade Füße hatte, war der Gegenstand ihrer witzelnden Mißlaune. Fest (so hieß der monströse Mann) schwieg lang. "Madame" sagte er endlich, "ist es "denn schon ausgemacht, daß ein mißgestal= "teter Körper auch eine solche Seele habe? "Und so umgewandt?" Wie anders, lachte ihm jene zur Antwort. — "Und der Beweis"? Hier, schrie sie, indem sie ihn vor einen großen Spiegel hinriß, und sich neben ihn hinstellte. Fest schwieg.

Es gieng in den Garten: keine Blume blühte schöner als die grosse Afrikan.

Fest. Sehen sie, Madam, was eine schöne Blume.

Bella. Wahrhaftig ja — schön! sehr schön! Riecht sie auch?

Fest. Ich weiß nicht.

Stracks sprang Bella ins Feld hinüber und roch daran.

Bella. O che Cattivo odore! La peste! Wie heißt dieser Uebelgeruch?

Fest. Nicht wahr? eine rechte schöne Blume?

Bella. Hören Sie nicht wohl? Wie heißt sie, frage ich.

Fest. Sie heißt —
Bella. Nun!
Fest. Bella.

Chriſtmann

Anekdoten

von Pabſt Benedikt XIV.

Der Kardinal Spinelli ſagte von Benedikt XIV.: "Man ſollte glauben, die Ungewitter haben Ehrfurcht vor ihm, und die Zwiſtigkeiten der Kirche hören auf, wenn er will; denn nur mit der Liebe zum Frieden waffnet er ſich gegen ſie."

Herr Caraccioli ſchreibt das Leben des unſterblichen Lambertini. Die Billigkeit foderte es, dieſes Opfer den Verdienſten eines Mannes zu bringen, der ohne Unterſchied der Perſonen alle Völker liebte, und der die Ungläubigkeit eben ſo heftig haſſete, wie den Aberglauben. In dem Laufe ſeines Lebens ſah man ihn immer eifrig und immer mäßig: immer arbeitſam, und immer heiter; immer war er der höchſte Prieſter der Kirche, und immer liebenswürdig; immer leutſelig, und doch immer Herr. Und das verdient wohl die meiſte Bewunderung.

Die Grösse, und Festigkeit seines Geistes zeigte er selbst vor seiner Erhebung auf den päbstlichen Stuhl. Er war noch Erzbischoff zu Bologna, als Klemens der XII. Klagen an ihn ergehen ließ, über die Aufführung eines Generalvikariuß, mit dem Er aber äusserst zufrieden war. Er antwortete Seiner Heiligkeit in diesen Ausdrücken: "Da ich von dem Betragen des Abbtes M... besser unterrichtet bin, als Sie, Heiligster Vater, so werde ich die gute Meinung, die ich von ihm habe, wenn es Ihnen gefällt, beibehalten. Die höchste Würde, welche Sie behaupten, setzt Sie Vorurtheilen aus, für welche ich nicht leicht empfänglich bin; denn ich habe Zeit, die Sache zu untersuchen. Ich würde Ihnen den Mann aufopfern, den man verläumdet hat, wenn er strafbar wäre: aber ich kenne ihn, und bete täglich zu unserm göttlichen Erlöser, daß er eben so zufrieden mit seinem Vikarius sey, als ich mit dem meinigen.

Die Güte, welche die Stärke seiner Seele mäßigte, erwarb ihm sogar in jenen Zeiten Bewunderung. Ein Pfarrer seines Gebietes hatte sich eines grosen Verbrechens schuldig gemacht und war zu furchtsam vor dem Erzbischoffe zu erscheinen. Lambertini kam ihm zuvor, und besuchte ihn. "Gott allein, sagte er, danke ich die Gnade, kein Verräther zu seyn. Ich komme, mit euch zu weinen, und nicht eine Strafpredigt zu halten. Ihr könnt die Aergernisse, die ihr gegeben habt, durch nichts tilgen, als wenn ihr gutwillig eure Pfarre verlasset. Die einfache Pfründe, die ich euch anbiete, wird euch wenigstens Ersatz dafür seyn. Gehet, sündigt nicht mehr. Umarmt mich wie einen Vater, welcher über seinen Sohn Thränen vergiesset, der ihm immer lieb war. Kommt zu Zeiten zu mir, damit der Diener des Altars immer geehrt werde."

Das Studium der geistlichen Wissenschaften war der Hauptgegenstand des Kardinals Lambertini. Doch war er nicht gleichgiltig gegen die physischen Kenntnisse. Er schätzte die Akademie des Instituts, dessen Mitglied er war; und verfolgte ihre Entdeckungen mit einer fast gewissenhaften Achtsamkeit. Seine Wißbegierde verschafte ihm Erleuchtungen, und sein Geist breitete sie aus, und vervielfältigte sie.

Das sind jene Lichter, die ihn führten, bis er Pabst ward. Dadurch klärte er Sachen auf, gegen die man mit Vorurtheilen eingenommen war, welche die Wissenschaften allein zerstreuen konnten. Der Erzbischoff von Leopold hörte von dem Gerüchte in Pohlen wegen den Vampyren, (*) und schrieb deswegen an Benedikt XIV. Der Pabst wuste sehr wohl, daß der Vampyrismus eine Geburt der Unwissenheit und des Aberglaubens sey; und antwortete dem Erzbischoffe in folgenden Ausdrücken: "Die grosse pohlnische Freyheit ist es ohne Zweifel, die Ihnen das Recht giebt, nach ihrem Tode herumzugehen. Ich gestehe Ihnen, hier sind unsere Todten eben so ruhig, als stille, und wir würden keine Sbirren, keinen Barrigel nöthig haben, wenn wir nur sie zu fürchten hätten. Die Kayserin, Königin von Ungarn hat Ihnen den Irrthum wegen den

―――――――――

(*) Der Aberglaube schuf die Vampyre. Es waren verstorbene Personen, die lebendigen Leuten das Blut aussaugten, um dadurch die im Grabe liegenden Körper im Wachsthume zu erhalten und vor der Fäulniß zu schützen.

Vampyren benehmen müssen. Herr van Swieten, ihr Leibmedikus, der um so viel mehr Glauben verdient, da er von der Sache aufs genaueste unterrichtet ist, lehrt uns, daß die Röthe gewisser Leichname keine andere Ursache habe, als eine Gattung Erde, worinn sie liegen, und die sie aufblähet, und färbt. Selbst zu Kiow haben sie eine Menge Körper, die noch ganz unversehrt sind, und die bey der Vollkommenheit der Glieder auch noch Farbe in den Gesichtern haben. In meinem Werke von der Heiligsprechung habe ich bey diesem Gegenstande gesagt, daß das Nichtverwesen kein Wunder sey. Sie als Erzbischoff müssen also diesen Aberglauben vertilgen. Sie werden bey näherer Untersuchung finden, daß es vielleicht Priester sind, die ihn nähren, um das von Natur leichtgläubige Volk an sich zu ziehen, um sich Teufelsbeschwörungen und Messen bezahlen zu lassen. Ich befehle Ihnen ausdrücklich, jenen, die einer solchen Verrätherey schuldig sind, ohne Aufschub alles zu untersagen; und ich bitte Sie, überzeugen Sie sich, daß nur die Lebendigen bey dieser Sache Unrecht haben.

Benedikt

Benedikt XIV. sah, daß die Einimpfung der Blattern, die sich ungeachtet aller Vorurtheile ausbreitete, anfieng von verschiedenen Seiten zu gewinnen. Um zu wissen, ob er sie einführen sollte, zog er Kunstverständige und Gottesgelehrte zu Rathe. Diese lezteren warfen einige Zweifel auf. " Wenn ich Kayser oder König wäre, antwortete er, so würde das Einimpfen der Blattern, nach den Vortheilen, die ich dabey finde, schon in meinen Staaten seyn. Ich werde den Furchtsamen und Schwachen kein Aergernis geben, vor allen Dingen muß man sie aufzuklären suchen." Lambertini schrieb auch über diesen Gegenstand an den berühmten Doktor Bianchi von Rimini. Benedikt der XIV. liebte den Herrn von Condamine sehr. Dieser Gelehrte begehrte von dem Pabste eine Dispensation in Heurathssachen. Der Heilige Vater antwortete ihm: " Gern! und um so viel eher, weil die Taubheit, womit Sie behaftet sind, sicher den Hausfrieden erhalten wird." Benedikt war sehr um die Nonnen besorgt, und seine Liebe zur Menschlichkeit glaubte, die Strenge ihres Standes müste gemildert werden. Er erlaubte ihnen zweimal im Jahre auszugehen; aber unter der Bedingung, daß sie nur Kirchen besuchen, und den Tag nur in einem andern Kloster zubringen sollten. Diese Verordnung schien sehr weise. Der Pabst sagte, daß eine arme in ihrem Kloster Eingesperrte, sechs Monathe von dem Spaziergange rede, den sie gemacht hat; und die andern sechs Monathe von dem, welchen sie machen wird.

Sein geheimer Almosengeber sagte eines Tages: "Heiliger Vater, mein Beutel ist so oft leer; Sie befehlen mir, immer zu geben, ich kanns nicht länger aushalten. Pst! antwortete der Pabst, wenn die Armen uns hören, werden sie unsere Kutschen, unsern Hausrath, unsere Paläste fodern, als ein Gut, das ihnen gehört! Und was wollen wir antworten?

Gedächtnißfeyer
des
Astronomen Mayers,
Mitgliedes der Kurpfälzischen deutschen Gesellschaft.
Ein Gedicht

bey der öffentlichen Sitzung d. d. Gesellschaft
gelesen von K. den 28sten Brachm. 1783.

Ihm fiel keine Thräne, steht kein Denkmal;
Weise lernten Größe, Christen staunten,
Als des Todes Eisenhand sein Auge
Löschte. Männerschmerz und Völkerdank, und
Trauertöne von den Musenhügeln,
Ewiger als Säulenerz, vernimmt der
Tyber, und die Donau, und des Rheines
Goldne Ufer, und der Britten stolze
Inselköniginn, ihr freygeborner
Freygekämpfter Mündel auf der Kugel
Weltbesiegern ungekannt, und Osten,
Und der Adler an dem starren Nord, der
Mondesschleudrer! — Kindersinn war seines
Herzens Stimmung; Jünglingsglut trieb seiner
Thaten lezte; sein Gewinn war Weisheit;
Der Bescheidnen Tugend reine Hülle

Sein Geschmeide; Menschendienst sein Leben:
Und er wog die Welten, maß die Schöpfung,
Zählte Gottes Zeugen an den Himmeln,
Und erweiterte das Weltall vor den
Forschern aller tausend Jahre, ruft den
Sonnen wandelbare Heere, weckt der
Vorsicht neue Bürgen, neue Töne
In den Sphärenharmonien, Gott zu
Nennen — der Columbus jener Welten.
Seht jezt seinen Geist auf ihm bekannten
Bahnen wandeln: seinem Fuß entfällt ein
Sandkorn, Feuerpunkte sind jezt plözlich
Flammenwelten. Gleich dem schwanken Nachen
An den majestät'schen Flotten, schwimmen
Sphären vor den Sonnen in des Lichtes
Oceanen! Sonnen sterben, Sonnen werden
Gleich der Pflanze, gleich dem höhern Men-
schen,
Aber Jahrmillionen sind ihr Leben.
Ha! er hört der Schöpfung Lied: der Pole
Donner sind ein Eintrachtsklang: der Sphären
Bersten — sanftes Zittern einer Saite.
Freudig grüsset ihn des Morgensternes
Cherub, des Messiassängers Genius;
Und du Währmann von dem Bunde unsrer
Siebensterne, Neuto, Sonnenherrscher!

Die einst Lämmer weideten und über
Olymps glänzende Gefilde wachten,
Griechen, Syrer, und Egypter, und der
Weise jüngere Kopernik; Keppler,
Der den Thierkreis lenkt, dem der ergrimmte
Löwe in die erznen Zügel knirrt, und
Deß Gesetzen Himmel huldigen — die
Neigen ihrem Freund die goldnen Stäbe
Von den Orionen. Hohe Wesen
An dem Throne — Weltsysteme sind ein
Thälchen ihrem Blicke — Gottes Erste
Nennen Bruder den Glückseel'gen, Bruder —
Bruder nennt ihn Gott in Menschenhülle.
Jezt besteigt er seinen Himmel — neue
Welten, Milben einst durch ihn enthüllt, die
Hier mit seinem Namen prangen, dort sein
Zepter küssen. Dorther sieht er ruhig
Dieser Erde Taumel, siehet lächelnd
Dieser Göttermenschen wichtgen Tand, sieht
Staunend denkender Insekte hohen
Ach! vergeßnen Entzweck: Gott zu kennen!(*)

(*) Dies Gedicht wird im nächsten Hefte lateinisch
erscheinen. Ein lateinisches Gedicht ist jetzt eine so
seltene als schätzbare Erscheinung. Der Uebersetzer
wünscht, daß mehrere ihre Kräfte hierin versuchten;
und wirklich wer dessen Verdienst messen will, dem
wird Selbstprüfung der beste Maaßstab seyn.

Pfalzbayern an Italien.
1783.

Land, das in mildester Luft mit unsterbli‑
   chen Denkmälern pranget,
 Das mein theurestes Kleinod umschließt,
Würdig des dir anvertraueten Pfandes, be‑
   wahr' es mir treulich,
 Liefr' es wohlerhalten zurück!

⁎   *⁎*

Möge heilduftender Balsam erquickender
   Blüthengerüche
 Neue Lebenskräfte Ihm weh'n;
Unzerstörbar, nie alternd, wie deine ge‑
   priesene Säulen,
 Später Enkel Bewund'rung zu seyn!

⁎   *⁎*

Daß wohlthätiger Einfluß der sanften Vater‑
   regierung
 Kühn erhebe zu edeler That,
Und die Zweien Völkern von neuem geschen‑
   kete Gabe (Theodor.)
 Lange bewähre göttliche Huld!

  Am ersten Pfingstfeste in der Kirche von
    H. D. Bingner.

Genius Bavaro-Palatinus ad Italiam.

Terra leves spirans auras æternaque jactans
 Marmora, nunc pignus carius orbe tenes;
Pignoris ut tanti custos sis digna, tuere
 Illæsumque brevi tempore redde mihi!

Balsamei florum Zephyri comiteris euntem,
 Inspirent vires balsama vestra novas!
Inconcussa columna velut, nunquamve senescens
 Stet mundi mirum sitque nepotis amor?

Mite Patris sceptrum sustollat ad alta suorum
 Pectora, progenie digna patrare sua!
Per Superos rursum populis donatus utrisque,
 Divinique diu pignus amoris erit.

Am Pfingstmontage in einer Morgenstunde nachgebetet von
J. Reichert.

Die Kurpfälzische deutsche Gesellschaft hat für das Jahr 1782 die Preisfrage ausgesetzt:

Welches sind die Hauptepochen und Veränderungen, die sich seit dem achten Jahrhundert bis auf unsere Zeiten mit der deutschen Sprache ereignet, und was hat die deutsche Sprache bey jeder Epoche an Stärke und Ausdruck gewonnen?

Der Preisschriften sind nur zwo eingelaufen, die erste mit dem Wahlspruche: Laudataque virtus crescit & immensum gloria calcar habet: die andere mit dem Motto: Sey Patriot. In beiden ist das wichtigste, was bereits in andern Schriften über den Inhalt der Frage vorkömmt, mit gutem Fleiße gesammelt und in einen kurzen Auszug gebracht worden; sie enthalten aber auch beide nichts Neues, und zu viel Gemeines und Bekanntes, als daß ihre Verfasser hinlänglich gegründeten Anspruch auf den Preis machen könnten. Die erste bringt mehr historische Beweise und Beläge als die andere bei, in welcher eine Menge Bemerkungen vorgetragen werden, dazu man die Gründe und Beyspiele aus den vorzüglichsten Schriften jedes Zeitalters vergeblich sucht, und die über dieses größtentheils ganz bei dem Allgemeinen stehen bleiben: jedoch hat auch der Verfasser der zuerst eingelangten Preisschrift seine nicht tief genug eingehende Beobachtungen und Sätze noch viel zu wenig mit Belägen dieser Art versehen; und die deutsche Gesellschaft wünschte sehr, daß beide, die Beweise ihrer Behauptungen aus den besten Schriften, Denkmälern und Urkunden jeder Epoche reichlicher, bestimmter und zuverläßiger beigebracht hätten. Ungern stößt man bei dem nur zu reichen Stoffe, den die Aufgabe darbietet, in der ersten Schrift mit dem lateinischen Wahlspruche auf mehrere Ausschweifungen, die, so gut und gegründet sie auch übrigens seyn mögen, den bestimmten Punkt der Frage doch keineswegs treffen; auch ist dem Verfasser dieser Schrift eine sorgfältigere Wahl des Ausdrucks in seinen Aufsätzen, besonders aber die Vermeidung der aus dem niedrigen Leben entlehnten sogenannten Kraftwörter, die seine sonst mühsam ausgearbeitete Abhandlung nicht wenig verunstalten, sehr zu empfehlen. Die Zweyte

L 5

Schrift mit dem deutschen Wahlspruche in einem besseren und edleren Ausdruck abgefaßt, nur muß deren Verfasser hauptsächlich vor dem Gebrauch der Gemeinsätzen und Chronologischen Unrichtigkeiten gewarnt werden. Bei diesen Umständen siehet sich die deutsche Gesellschaft genöthiget, dießmal den Preiß zurückzuhalten, dagegen giebt sie hiermit dieselbige Preißfrage nochmals und zwar bei dem erhöheten Preiße zu siebenzig fünf Dukaten auf den 1sten April künftiges Jahres auf, in der Hofnung, daß die eingehende Beantwortungen eine jede Behauptung mit Beispielen aus mehreren Schriften unterschiedenen Inhalts, und, wo es in einer oder der andern Epoche daran mangeln sollte, aus Urkunden genugsam erläutern und bestätigen werden, wodurch die Gesellschaft das Studium der Muttersprache aus den Quellen zu befördern und also eine ihrer Hauptabsichten zu erreichen suchet.

Kirmeßlied.

Herbey zum Tanz, das Waldhorn ruft,
   Die Fidler geigen schon;
Hört! die Schallmei tönt durch die Luft,
   Durchdringend ist ihr Ton.

Vergeßt den Harm und seyd heut froh,
   Heut ist der Freudetag;
Wer weiß ob ihr je wieder so,
   So munter seyd und wach.

Füllt an die Gläser! heute schmeckt
   Der Wein dreymal so gut;
Der, den des Pfarrers Predigt schreckt,
   Hat keinen deutschen Muth.

Der Pfarrer trinkt, nur sagt er's nicht,
   Daß man's nicht merken soll;
Und macht ein heiliges Gesicht,
   Allein wir merken's wol.

Auch unsre Väter tranken Wein,
   Und tanzten Tänze hier.
Und durften sie so lustig seyn,
   Warum denn nicht auch wir?

So trinkt, wenn ihr getrunken habt,
　Schenkt man euch wieder ein:
Nur der, den Wein und Tanzen labt,
　Darf bey der Kirmeß seyn.

Wenn man das liebe lange Jahr
　Sich müd' und matt geschaft,
So darf man wohl einmal fürwahr
　Auch schöpfen neue Kraft.

Nur freu sich friedlich jedermann
　Die Väter thäten's auch;
Und keiner fange Händel an,
　Das ist Kosackenbrauch.

Und nun beginnt, mit Freude ganz;
　Und tanzt und trinkt in Reih'n.
Von Gott kommt Wein, von Gott kommt
　　　　　　Tanz,
　Wir sollen frölich seyn.

　　　　　　　Emanuel Sincerus.

Folgendes schrieb Hr. Lavater seinem zwölfjährigen Sohne, als er ihn der Studien halber nach — führte, in sein Stammbuch.

Du bist —
  Ein Geschöpf,
  Ein Mensch,
  Mein Sohn,
  Und deiner Mama,
  Bruder zwoer Schwestern,
  Getaufter Christ,
  Genoß des Abendmals,
  Jüngling,
  Einem nüzlichen Berufe bestimmet,
  Zögling eines frommen Freundes,
  Abwesend von Eltern und Vaterland,
  Dem du dich schuldig bist.

Dieß täglich Bedenken heißt weise seyn, gut seyn, selig seyn.

Die Gnade des Herrn sey mit dir.
       J. C. L.

Anzeige.

Einer merkwürdigen Druckschrift in französischer Sprache. Middelburg den 6ten Juny 1778 (*) unter dem Titel:

Memoire sur l'Etat Wallonne de Frankenthal dans le Palatinat dressé en conséquence de l'art. XLVI du Synode de Campen sept. 1777. presenté par l'actuaire au Synode assemblé à Tholen le 11 Juin 1778.

Die Wallonische Kirche zu Frankenthal ist unwidersprechlich eine der ältesten, welche daselbst noch bestehen. Sie ward durch die Refugiés der Niederlande gestiftet, die durch harte Verfolgungen ihr Vaterland zu verlassen genöthiget wurden. Sie kamen im Jahre 1555 zuerst nach Frankfurt am Mayne, und ließen sich dort mit Einwilligung des Magistrates nieder. Den Magistrat wandelte bald dar-

---

(*) Die Unterzeichnung dieser Druckschrift ist folgende: L. Appelius, Actuaire P. Modera: Moderateur. Und H. Hartmann Secretaire.

auf im Jahre 1561 derselbe damals herrschende Zwanggeist an, und man bestund darauf, (*) daß diese neuern Einsassen den Evan-

---

(*) Die härteste Zumuthung unter allen andern! Ein Beweiß, daß die Intoleranz den drey christlichen Religionen von jeher gemein war, und noch jetzt ist es nicht viel besser. Dieses ist, ungeachtet so manchem raschen Geschreye und ununterbrochenen Gelerms gegen die Katholicken, gleichwohl offenbar; denn man sehe nur auf England, Schottland, Irland, Holland und andere protestantische Reiche, auf Deutschland ins besondere, und man wird finden, daß die christliche allgemeine Religionsduldung ausserhalb den Staaten Josephs noch sehr miskannt sey. Freylich waren die Katholicken bey der Reformationszeit und gleich nachher vielleicht die intolerantesten, allein es war damals nicht um die Glaubenslehre allein, sondern um Hab und Gut, um Umformung ganzer Staate und Systeme zu thun; und diese Intoleranz war (ohne die dabey vorgegangenen Ausschweifungen zu billigen) nicht so ganz widernatürlich. Die andern wollten nur abreissen, sie sollten nur geben. Und würde der Fall sich wieder ereignen, so würde jede Religionsparthey, auf die das Loos fiele, daß es im Zeitlichen um sie gespielt wäre, ungeachtet der überall so sehr gepriesenen Aufklä-

gelisch Lutherischen Glaubenslehren und Gebräuchen beypflichten sollten. Nun nahmen sie Ihre Zuflucht zu der Kurpfalz, um ihre Gewissensfreyheit zu behaupten, und dieser Intoleranz auszuweichen. (*) Kurfürst Friedrich

rütig nicht viel besser handeln. Man hat keinen Beweiß, daß die Aufklärung den Eigennutz noch zur Zeit im allergeringsten verscheucht habe.

(*) Ueberhaupt haben die Protestanten in der Pfalz auch unter den Katholischen Kurfürsten grossen Schutz und manchen Vortheil gefunden, obschon in leztern Zeiten die katholische Religion die herrschende geworden, und die Katholicken unzählige nicht ermunternde Beyspiele an den Orten sahen, wo die Protestanten sich empor gehoben, und sie nicht zum glimpflichsten behandelten. Wie manches Schutzedikt erschien nicht unter der Regierung Karl Theodors? Wie manche neue Einrichtung ward nicht unter diesem besten Fürsten gemacht, an welchem sie Antheil hatten? Zum Beyspiele die Stiftung der Akademie der Wissenschaften, der hohen Schule zu Lautern, des Kommerzialinstituts und so weiter, aus welchem leztern besonders die Herrn Protestanten die herrlichsten Vorrechte samt großen Geldsummen, so zu sagen, allein gewonnen haben. Unter andern ward auch vor etlichen Jahren in Frankenthal ein besonderes

drich III der Fromme nahm si[e gnä]d[ig]
auf, gab ihnen sogleich zur ein[e]
quemlichkeit ihres Aufenthalts [die]
sogenannte Kloster Grosfrankentha[ler]
Vorrechte, dort eine Stadt zu ba[uen,]
den 13ten Juny 1562 ausgefertigte [Capitu]-
lation ward unterzeichnet, und da[s Werk]
auch sogleich angefangen.

Neufrankenthal entstand nun allmählig,
ward aber bald durch den Zufluß noch mehrerer größer und wichtiger; als nemlich bey
der Ankunft des Herzogs Alba in den spa-
nischen Niederlanden die Verfolgungswuth
sich verdoppelte.

Die Neuangekommenen hatten verschiedene Mundarten. Ein Theil sprach wallonisch;
der andere flammändisch. Es ward daher jedem Theile nach der ihm eigenen Sprache ein
besonderes Bethhaus angewiesen.

Erziehungshauß für protestantische Töchter auf herr-
schaftliche Kosten erbauet, da vorher schon ein den
drey christlichen Religionen gemeinschaftliches Spital errichtet worden, wovon in folgendem Hefte ein
mehreres.

M

Die ...ische Gemeinde muß wohl die ... n seyn. Denn sie hatte von ih... an nebst einem von der Dcha= en Gehülfen (suffragant) zwey be= farrer, welche von der Kammer ...chen Einkünfte unterhalten wurden. ... läßt sich auf den damals blühenden ... (*) der Gemeinde schliessen, in wel= ...ch dieselbe auch über ein ganzes Jahr= ...undert bis zu dem schrecklichen Kriege von 1681 bis 1693 durch welchen die Pfalz so unmenschlich verwüstet worden, glücklich er= hielt.

In diesem Kriege wurde auch Frankenthal verwüstet, und unter andern öffentlichen Ge= bäuden ward das flammändische Bethhaus bis auf einige Mauerstücke (**) ganz verstöret.

(*) Es waren dieselben Refugiés, welche auf ihre eigene Kosten schon damals einen Kanal von Frankenthal in den Rhein ausgehen liesen, welchen man den holländischen Kanal nannte. Von daher ist die Idee des heutigen obgleich weit kostbarern Kanals entnommen.

(**) Diese stehen gleich andern Ruinenstücken in der Pfalz zum traurigen Schauspiel noch da

Die wallonische Gemeinde war zwar etwas weniger unglücklich als jene, indem das ihrige noch gröstentheils erhalten ward, allein die Gemeinsglieder selbst zerstreuten sich fast gänzlich, nachdem sie ihre besten Schriften und Urkunden nach Magdeburg in Sicherheit gebracht hatten. Ungefehr noch zwanzig Familien waren in dieser zu Grunde gerichteten Stadt und ihren Gegenden; aber es waren meistens Tagelöhner und solche Leute, die weiter nichts zu verlieren hatten.

Die Wiederherstellung des Friedens ließ die Hofnung aufleben, daß die zerstreuten Haufen sich wieder einfinden, und eine, wie ehmals, ansehnliche Gemeinde ausmachen würden. Es kehrten auch wirklich nach den eingestellten Feindseligkeiten verschiedene Walloner wieder nach Frankenthal zurücke, um sich von neuem dort niederzulassen. Allein das deutschreformirte Gotteshaus hatte im Kriege am meisten gelitten, und war ganz ab-

---

Es wäre zu wünschen, daß sie von aller Verwesung frey blieben, damit sie bey jeder Gelegenheit auf das wilde Auge des Kriegers wirken, und ihn menschlicher machen mögen.

gebrannt; und die zurückgekommenen Wallonen fanden das ihrige durch die Deutschreformirten nicht nur besetzet, sondern sie bemerkten auch ganz deutlich jene Absichten, womit die lezteren umgiengen, die übriggebliebenen Wallonen der deutschen Gemeinde einzuverleiben. Aber Sie waren noch nicht zufrieden, mit dem ergriffenen Besize des verlassenen Gotteshauses, und daß sie den damaligen Kirchenrath dahin gebracht hatten, diese Besiznehmung für gut zu erkennen; sondern sie bewogen den Kirchenrath über das alles noch dahin, daß er die Gehalte der vormaligen zwey wallonischen Pfarrer einzog, und zugleich ein bloser Zuschauer ward, als die Deutschreformirten nachher sogar den Koffer von Magdeburg kommen ließen, der die Briefschaften, Urkunden und sonst den wallonischen und Flammändischen Gemeinden allein eigene Sachen enthielt, den flammändischen Antheil ganz wegnahmen, sich der mit Kurfürst Friedrichen geschlossenen Kapitulation bemächtigten, und dann den Wallonern nur das zurückgaben, was ihnen gut dünkte.

Die Walloner beschwerten sich zwar gegen dieses unbillige Verfahren, allein wahrschein=

lich waren die Zeiten so ganz ruhig noch nicht, oder die Sachen und Umstände noch zu verworren, als daß der übriggebliebene kleine Haufen der Walloner einiges Gehör fand. Indessen arbeiteten sie von neuem an den ersten Grundlagen ihrer Verfassung und beschrieben im Jahr 1708 einen eigenen Pfarrer von Hanau, Namens Chevalier, in der Mehnung, daß in Kraft ihrer Kapitulation man ihnen wenigstens einen derjenigen Gehalte wieder zugestehen würde, welche vorhin zwey ihrer Seelsorger zugleich genossen hatten: allein der Kirchenrath gestand ihnen nichts zu, als was die Almosengelder, und die Zinsen eines übrig gebliebenen kleinen Fonds abwarfen. Dies war aber zur Erhaltung der neuen Pfarre nicht hinlänglich, und der wallonische Kirchenvorstand wand sich an jene Kirchen, die unter der Zeit in Holland und den angehörigen Landen in ein ziemliches gutes Ansehen gekommen waren. Unterstüzt von der Mildthätigkeit dieser Kirchen erhielt sich die kleine wallonische Gemeinde noch ferner so viel als möglich aufrecht.

Pfarrer Chevalier starb im Jahre 1714.

Der Kirchenrath suchte diesen Umstand zu benutzen, und äusserte den Wunsch, die Gemeinde möge einen solchen Seelsorger berufen, welcher, der deutschen Sprache kundig, im Stande sey, zu eben der Zeit der deutschen Gemeinde zu predigen, und die Arbeit seinen Amtsbrüdern zu erleichtern. (*) Das war aber der Walloner Sache nicht, sie wollten unabhängig, und ausser aller Gemeinschaft mit den Deutschen seyn, wie sie es ehedem und bis dahin waren: vermuthlich, weil sie aus der genauen Verbindung mit den Kirchen in Holland auf jeden Fall einen bessern Vortheil einsahen. Sie handelten also nun ganz ungezwungen; beriefen abermals einen französischen Pfarrer Namens Johann Valentin Speck, und brachten damit den Kirchenrath so sehr gegen sich auf, daß dieser die Berufsbestättigung ausschlug, es sey denn, (**) daß sie zugleich auf al=

(*) Ein feineres Mittel die wallonische Gemeinde zu untergraben, und sie nach und nach mit der Deutschen zu vereinigen.

(**) Man kann aus dieser Geschichte überhaupt auf nichts anders, als auf eine Art Unduldung

len Genuß des Pfarrerunterhalts Verzicht thun würden, den sie bis dahin ohnedem vergebens begehret hatten. Das damalige wallonische Konsistorium wollte das Recht nicht verlieren, sich einen eigenen Seelsorger zu halten und wagte es, ohne den einstimmigen Rath der Gemeinde, den geforderten Revers in eigenem Namen von sich zu geben; Und damit ward der Beruf des Valentin Speck ohne fernern Anstand vom Kirchenrathe bestätigt. Valentin Speck staunte aber sehr bey seiner Ankunft in Frankenthal, da er dann erst die gesetzwidrige Reversausstellung durchs Konsistorium vernahm, und befürchten muste, daß alle Hofnung für seinen und seiner Nachfolger bessern Unterhalt für alle Zeit vereitelt werden würden. Die Gemeinde dachte eben so, und wurde mit ihrem neuen Anführer einig, gegen diese Handlung beym Kirchenrath zu protestiren, und sogleich wieder eine hinlängliche Pfarrbesoldung zu begehren. Sie waren auch so

---

der deutschen Reformirten gegen ihre eigenen blos durch Sprache und Namen unterschiedenen Glaubensgenossen schliefen.

glücklich bey der Kurfürstlichen Regierung gehört zu werden; denn diese zeigte dem Kirchenrathe an, er solle den klagenden Pfarrer begnügen. (*) Allein der Kirchenrath brachte die geistliche Administration dahin, daß diese mit ihm eine Gegenvorstellung that, der Zustand der Einkünfte ertrüge es nicht, und so ward aus der Sache nichts; bis der damalige holländische Gesandte Barre von Spina ins Mittel trat, und endlich auf dessen Vorwort, von der geistlichen Administration jährlich 50 Gulden verwilliget wurden.

Diese jährliche 50 fl. nebst dem wenigen ei-

(*) Ein Beweiß, daß die damals schon katholische Landesregierung es besser mit den Wallonern meinte, als selbst die Deutschreformirten, samt dem Kirchenrathe und der Administration, und das nicht bey Kassa seyn, ist aus der gegen die französische Gemeinde überall geäusserten Antipathie gar leicht zu erklären, allenfalls verdienten die übrigen Walloner theils wegen dem harten Schicksal ihrer Vorältern, theils wegen der listigen Wegnahme ihrer geflüchteten Sachen eine vorzügliche Rücksicht. R.

genen Beyschuß, und was die holländische Synode sehr mäßig beyzutragen pflegte, waren zum Unterhalte eines Pfarrers immer noch nicht hinreichend; so, daß Valentin Speck wirklich den 27ten August 1716 seine Heerde drüber verließ, und dann Frankenthals wallonische Gemeinde bald durch einen Kandidaten, bald durch einen der Deutsch=reformirten Pfarrer, der aber das französische kaum soll haben lesen können, besorgt ward. Deswegen auch in der letztern Zeit Holland seine Verbrüderung, so zu sagen, aufgab, oder doch wenigstens mit seiner gewöhnlichen Beysteuer eine Zeitlang zurück hielt.

In dieser ungünstigen Lage wankte Frankenthals Wallonergemeinde bis ins Jahr 1732, als die vornehmsten unter ihnen die gänzliche Zerstreuung ihres ohnehin schwachen Haufens befürchteten, und neuerdings mit doppeltem Muthe Vorstellungen thaten (*), aber al-

---

(*) Ueberhaupt ist die Standhaftigkeit des kleinen Haufens der übrigen Walloner zu bewundern und zu loben.

les, was sie erlangen konnten, war dieses, daß Pierre Romagnac, erster Pfarrer der wallonischen Gemeinde zu Mannheim beordert wurde, viermal des Jahrs die verlassene Heerde zu besuchen, und ihnen das Abendmal zu reichen.

Romagnac war einige Zeit hernach nicht mehr im Stande, diesen Dienst zu besorgen, und dann ward sein eben so eingeschränkter Nachfolger, dessen Mitpfarrer zu Mannheim Antoine Pfaltz. Dieser, nicht zufrieden, daß er sein Amt mit aller Genauigkeit vollbrachte, bekam sehr viel Neigung für Frankenthals übriggebliebene Walloner, und wand deswegen alles an, was Eifer und Verstand ihm den Umständen nach anrathen konnten, damit die Sache, so viel als möglich, wieder verbessert werde. Und es gelang ihm so weit, daß er durch ein Dekret vom 16ten May 1744 von der höchsten Huld und Gnade des Landesfürsten die Bestätigung ihrer vorigen Rechte erhielt. (*)

(*) Ein anderes Muster von pfälzischer Toleranz, zu einer Zeit vorgeleget, wo das Wort Toleranz noch nicht einem jeden so auf der Zunge lag, wie heute. R.

Damit war nun freylich der Sache ein guter Anfang gemacht, und neuer Stoff vorhanden, dem Kirchenrathe und der geistlichen Administration besser zu Leibe gehen zu können. Ersterer entschloß sich auch endlich nach einem in wahrem Ernste den 17ten Apr. 1747 abgefaßten Bescheide, mit der geistlichen Administration wegen Bestimmung eines ordentlichen Pfarrgehaltes übereinzukommen; aber es kam dennoch nicht zur Wirklichkeit, der Kirchenrath blieb blos bei den Versprechungen (*) stehen, und was für weitere Bewegungen die Gemeinde auch immer machte, so waren sie dennoch alle vergeblich, bis im Jahre 1764, da Pfarrer Joly von Hof aus, als ihr eigener Pfarrer mit der Weisung ernannt, und angestellt ward, daß Frankenthals wallonische Seelsorger denen zu Mannheim und Heidelberg des Gehaltes hal=

(*) Sagen und thun war von Anbeginn der Welt nicht einerley, und so macht auch mancher Schriftsteller der Welt ums Geld den Prediger, indem er selbst nicht besser, oder noch schlimmer als andre zu handeln gewöhnt ist. R.

der vollkommen gleich seyn sollten. (*) Alsdann geschah zwar etwas; aber bey weitem nicht das, wozu der Kirchenrath mit der Administration Befehl erhalten hatten. Und die ganze Zulage zu jenen bereits 40 Jahren vorher angewiesenen 50 fl., waren 10 Mltr. Korn, und eben so viel Spelz. (**)

Das betrug nun mit den von der Dechaney jährlich abfallenden 30 fl. in allem 80 fl. an Geld, und die so eben genannte Fruchtzulage; mithin abermal zu wenig, als daß Pfarrer Joly sein Auskommen dabey gefunden hätte. Er nahm daher gleich seinen Vorfahrern bey der beschwerlichen Unbiegsamkeit des Kirchenraths und der geistlichen Administration seine Zuflucht nach der holländischen Synode und erlangte von dort aus, ohngefehr so viel, daß er es mit Mühe aus-

---

(*) Dieser weitere Erfolg deutet auf Systeme in der Duldungsausübung. R.

(**) Das hielt hart, bis dieses Bischen für die Wallaner heraussprang, indessen eine kleine Diäteneinschränkung die Sache gar bald geendigt hätte. R.

halten konnte, bis er vor mehrern Jahren nach Mannheim berufen ward.

(*) Pfarrer Mayer, Joly's Nachfolger, und zur Zeit wirklicher Seelsorger dieser von ihrem Ursprunge her so merkwürdigen Gemeinde, wurde ungeachtet manichfältiger Bitten nicht besser gehalten, und er muß eben so aus jener entfernten Quelle schöpfen, welche die gütige Vorsicht zur Erhaltung seiner Vorfahren so wohlthätig hat entstehen lassen. Damit schliesset sich in der angeführten Schrift die Beschreibung über den Ursprung, das Schicksal, die Dauer und den Zustand der wallonischen Gemeinde zu Frankenthal. Doch

---

(*) Herr Mayer ward für nun auch als Lehrer in dem Frankenthaler Frauenzimmererziehungshause angestellet, wovon oben schon geredet ist, und da geschah es vor kurzem, daß dieser endlich in Rücksicht dieses für die protestantische Jugend weiblichen Geschlechtes so vortreflichen Instituts auf die kräftigste Vermitlung noch ferner 50 fl. jährlich von der Administration, jedoch unter der Klausul (ohne Präjudiz) erhielt — das will sagen: Daß die 50 fl. für die Pfarre nicht gemünzt seyen — Die arme Pfarre!

ist der übrige Inhalt derselben viel zu wichtig, als daß er hier nicht ebenfalls Platz haben könnte. Diese Druckschrift überhaupt ist in einem sehr rührenden Tone abgefaßt, und den Synoden zur Aufmunterung gewidmet, damit sie die Frankenthaler Wallonergemeinde nicht fallen lassen, sondern durch fernere Unterstützung aufrecht halten (*). Deswegen verdienen folgende zum Grunde gelegten Haupturfachen angeführt zu werden.

1) Weil sie unter allen noch bestehenden Wallonischen Gemeinden die älteste ist.

2) Weil ihre Familienzahl noch zu gering, als daß sie zum Unterhalte ihres zeitlichen Pfarrers etwas namhaftes beytragen können, und also zu befürchten sey, daß diese gleich denjenigen erlösche, die einst in Friedrichsfeldt, S. Lambrecht, Oggersheim, Freinsheim, und Billickheim bestanden haben.

(*) Es wird in diesem Aufsatz gesagt, daß seit dem Jahr 1764 die Beysteuer zur Frankenthaler Pfarre etwa in 74 fl. jährlich bestanden habe. Ist Dankens werth. R.

3) Beziehet sich gemeldte Schrift auf authentische Nachricht und die Beobachtung, daß die Frankenthaler Gemeinde seit der Wiedereinführung der Pfarre ziemlich zugenommen (*), und dieser kleine Haufen selbst schon die Kosten darauf gewendet habe, in dem Bezirke der zerstörten Flammändischen Kirche, ein ordentliches Bethhaus zu errichten. Es ist also um so billiger sich dieser standhaften Gemeinde anzunehmen, die sich nach den Kriegsunruhen zu Haltung des Gottesdienstes mit einer Schulstube behalf, jetzt immer mehr zunimt, und nähere Hoffnung sich machen darf, daß der ehmalige Pfarrgehalt wieder eingeführet werde.

4) Sagt dieser Aufsatz deutlich, daß nach dem Art. XLVI des leztern Syno-

---

(*) Durch das Personale des Erziehungshauses, weswegen die Lehre der französischen Sprache ein Haupttheil des Instituts ist, hat diese Gemeinde nun noch mehr zugenommen und es ist für die Herren Holländer die schönste Gelegenheit hiemit vorhanden, durch Zuschickung ihrer Jugend den Anwuchs derselben von Jahr zu Jahr zu vergrösern, und also mittelbar ihren Zweck zu erreichen.

des zu Campen die niederländischen Gemeinden ehedessen mit jener zu Frankenthal solche gemeinschaftliche Geschäfte gemacht, woraus für jene manche Vortheile entstanden seyn.

5) Frankenthals Gemeinde habe auch zu Anfang der Reformation einen Theil des Nationalsynodes ausgemacht; wenigstens erhelle, daß Frankenthal nach den zu Embden im Okt. 1571 versammelt gewesenen Nationalsynode zwey ihrer Pfarrer, Pierre Dathenus und Jean Daffin abgeordnet, und beyde von dem Synode wichtige Aufträge erhalten, bey welchem J. Daffin die Stelle eines Synodalbeysizers, oder vielmehr eines Vizepräsidenten (nach act. 51) bekleidete.

(6) Sey nach dem Jahre 1571 Frankenthal bey den damaligen mislichen Umständen der niederländischen Kirchen aufgefodert worden, zur Errichtung Ihrer Schulen in der Pfalz Beysteuer zu sammeln. Durch diesen wichtigen Dienst, den die Walloner den niederländischen Kichen bezeigten, waren diese in den Stand gesezt, ihre nützliche Absicht

zu

zu erreichen. (*) Daher gegenseitige Hülfsleistung als Pflicht anzusehen, und diese Gemeinde auf jeden Fall der Zukunft zu empfehlen sey.

***

(†) Es ist doch nichts schöner als die Dankbarkeit, und daß ein Mensch des andern Dienste und Handlungen erkenne; dagegen ist nichts abscheulicher, als wenn man mit Menschen, wie mit Zitronen zur Werke geht, die man nach ausgedrückten Säfte von sich wirft. Und doch ist leider bey vielen diese Weise so wie das Versprechen und Nichthalten zur Maxime geworden. —— Ja mancher ist so sehr dafür eingenommen, daß er dies zur Staatsmaxime erheben will. —— Aber die Herrn Utrechter dachten gewiß ganz anderst; denn es ist hier noch merkwürdig, daß, als sie ein Pensionskollegium errichten wollten, und die Frankenthaler Walloner dazu nicht nur aus ihren Mitteln beytrugen, sondern auch Beysteuer durch die ganze Pfalz sammelten, und ihnen solche beträchtliche Summen zuschickten, daß endlich das Kollegium zu Stande kam, die Herrn Utrechter aus Dankbarkeit 12 reformirten Pfälzern freye Aufnahme in die Stiftung machten. - Die Frankenthaler haben hierin immer den Vorzug. Diese Siftung bestehet eigentlich darin, daß die Kollegien frey sind, und über dieß auf den Kopf jährlich 300 fl. abgegeben werden. Die Pfälzer benutzen dieses noch bis auf den heutigen Tag mit dem weitern Vortheile, daß sie auch prævio examine auf alle holländische, hochdeutsche und französische Pfarreien Anspruch machen dörfen. R.

Wie weit eine sonderbare Erscheinung in
der Natur unaufgeklärte Menschen in
Aberglauben stürzen kann, zeiget nichts
so deutlich als die Geschichte des Vam=
pyrismus. Obige Anekdote von Bene=
dikt dem 14ten reizte den Herausgeber
des Mus. einen Bericht hier einzurücken,
der im Jahr 1732 den 17ten Jenner in
Meduegya in Servien erschien, viel
Aufsehens machte, und zu einigen wich=
tigen Betrachtungen Gelegenheit geben
kann.

„Nachdem die Anzeigung geschehen, daß in
„dem Dorfe Meduegya in Servien die so=
„genannten Vampyrs einige Personen durch
„Aussaugung des Bluts umgebracht haben
„sollen: als bin ich auf hohen Befehl eines
„allhiesigen Hochlöblichen Oberkommando,
„um die Sache verständig zu untersuchen,
„nebst den dazu kommandirten Herren Offi=
„ziers und zween Unterfeldscherern dahin
„geschicket, und haben gegenwärtige Inqui=
„sition im Beyseyn des der Stallater Hey=
„ducken Kompagnie Kapitain Gorschitz Ha=
„duk, Barjaktar und ältesten Heyducken des
„Dorfs folgendermaßen vorgenommen, wel=
„che denn, da sie abgehöret worden, ein=
„hellig ausgesagt, daß vor ohngefehr fünf
„Jahren ein hiesiger Heyduck, Namens Ar=
„nod Paole, sich durch einen Fall vom Heu=
„wagen den Hals gebrochen. Dieser hatte
„bey seiner Lebenszeit sich öfters verlauten
„lassen, daß er bey Gossowa in dem Tür=

„kischen Persien von einem Vampyr gepla-
„get worden sey; daher er von der Erde
„des Grabes eines Vampyrs gegessen, und
„sich mit dessen Blut geschmieret habe, um
„von der erlittenen Plage befreyet zu wer-
„den. In 20 oder 30 Tagen nach seinem
„Todesfall haben sich einige Leute beklaget,
„daß sie von dem gedachten Arnod Paole ge-
„plaget würden, wie denn wirklich 4 Perso-
„nen umgebracht worden. Um nun dieses
„Uebel einzustellen, haben sie auf Einrathen
„ihres Hadnuks, welcher schon vorhin bey
„dergleichen Begebenheiten gewesen, diesen
„Arnod Paole in beyläufig 40 Tagen nach
„seinem Tode ausgegraben und gefunden,
„daß er ganz vollkommen und unverweset
„sey, auch ihm das frische Blut zu den Au-
„gen, Nasen und Ohren herausgeflossen,
„das Hembd, Uebertuch und Tücher ganz
„blutig gewesen; die alten Nägel an Hän-
„den und Füssen samt der Haut abgefallen,
„und dagegen andre neue gewachsen seyn.
„Weil sie nun daraus ersehen, daß er ein
„wirklicher Vampyr sey, so haben sie dem-
„selben nach ihrer Gewohnheit einen Pfahl
„durchs Herz geschlagen, wobey er ein
„wohlvernehmendes Geächzen gethan, und
„ein häufiges Geblüte von sich gelassen.
„Worauf sie den Körper noch selbigen Tages
„gleich zu Asche verbrannt, und solche in
„das Grab geworfen. Ferner sagen obge-
„dachte Leute aus: daß alle diejenigen, wel-
„che von den Vampyrs geplaget und umge-
„bracht worden, ebenfalls zu Vampyrs wer-
„den müssen. Also haben sie die obberührte

„ vier Personen auf gleiche Art exequirt.
„ Dem fügen sie auch hinzu, daß dieser Ar-
„ nod Paole nicht allein die Leute, sondern
„ auch das Vieh angegriffen, und ihnen das
„ Blut ausgesogen habe. Weil nun die Leu-
„ te das Fleisch von solchen Vieh genützet,
„ so zeigte sichs aufs neue, daß sich wiederum
„ einige Vampyrs allhier befanden, aller=
„ massen in einer Zeit von 3 Monathen 17
„ junge und alte Personen mit dem Tode ab=
„ gegangen, worunter einige ohne vorherge=
„ habte Krankheit in 2 oder 3 Tagen gestor=
„ ben. Dabey meldet der Heyduck Jovira,
„ daß seine Schwiegertochter Stanjoika vor
„ 15 Tagen sich frisch und gesund schlafen ge-
„ legt, um Mitternacht aber mit einem ent-
„ setzlichen Geschrey, Furcht und Zittern aus
„ dem Schlaf aufgefahren und geklaget, daß
„ sie von einem vor vier Wochen gestorbenen
„ Heyduckensohn, Namens Milloe, um den
„ Hals gewürget worden sey, worauf sie ei-
„ nen grossen Schmerz auf der Brust em=
„ pfunden, und von Stunde zu Stunde sich
„ schlechter befunden, bis sie endlich den 8
„ Tag gestorben.   Hierauf sind wir densel-
„ ben Nachmittag auf dem Freythof, um die
„ verdächtigen Gräber eröfnen zu lassen, ne-
„ ben dem oft gemeldeten Heyducken des Dorfs
„ ausgegangen, die darin befindliche Körper
„ zu visitiren, wobey nach sämtlicher Seci-
„ rung sich gezeiget:

 1. Ein Weib Namens Stana, zwanzig
„ Jahr alt, so vor drey Monaten nach einer
„ dreytägigen Krankheit ihrer Niederkunft ge=
„ storben, und vor ihrem Tode daselbst ge-

„ sagt, daß sie sich mit dem Blut des Vam=
„ pyrs gestrichen hätte, folgendlich sie sowohl
„ als ihr Kind, welches gleich nach der Ge=
„ burt gestorben, und durch eine leichtsinni=
„ ge Begräbniß von den Hunden bis auf die
„ Helfte verzehret worden, ebenfalls Vam=
„ pyrs werden müssen. Sie war ganz voll=
„ kommen und unverweset. Nach Eröfnung
„ des Körpers zeigete sich in cavitate pectoris
„ eine Quantität frisches extravasirtes Geblü=
„ te. Die Vasa als arteriæ und venæ nebst
„ ventriculis cordis waren nicht, wie es sonst
„ gewöhnlich, mit koagulirten Geblüte impli=
„ ciret, die sämtlichen viscera als pulmo, he-
„ par, stomachus, lien & intestina waren da=
„ bey ganz frisch, wie bey einem gesunden
„ Menschen: der Uterus befand sich ganz groß
„ und externe sehr inflammirt, weil placenta
„ wie auch die lochia bey ihr geblieben, da=
„ her selbiger in völliger putredine war. Die
„ Haut an Händen und an Füssen samt den
„ alten Nägeln fielen von sich selbst herunter;
„ hergegen zeigten sich nebst einer frischen
„ und lebhaften Haut ganz neue Nägel.
  2. War ein Weib, Namens Miliza, bey=
„ läufig 60 Jahr alt, welche nach dreymo=
„ natlicher Krankheit gestorben, und vor neun=
„ zig, und etlichen Tagen begraben worden.
„ In der Brust befand sich vieles liquide Ge=
„ blüte. Die andern viscera waren gleich der
„ vorgemeldeten in einem guten Stande. Es
„ haben sich bey der Secirung die umstehen=
„ de sämtliche Heyducken über ihren fet=
„ ten und vollkommnen Leib sehr verwun=
„ dert, einhellig aussagende, daß sie das

„ Weib von ihrer Jugend auf sehr wohl ge-
„ kennet, und Zeit ihres Lebens ganz mager
„ und ausgedorrt gewesen, mit ausdrückli=
„ cher Vermeldung, daß sie erst in dem
„ Grabe zu dieser verwunderungswürdigen
„ Fettigkeit gelanget sey, auch der Aussage
„ der Leute nach solle sie jetziger Zeit den An=
„ fang zum vampyren gemacht haben, zu=
„ malen sie das Fleisch von den Schafen, so
„ von den vorhergehenden Vampyrs umge=
„ bracht worden, gegessen habe.

3. Befand sich ein achttägiges Kind, wel-
„ ches 90 Tage im Grabe gelegen, gleicher=
„ massen im Vampyrstande.

4. Wurde eines Heyducken Sohn, Na=
„ mens Milloe, sechszehn Jahr alt, ausge=
„ graben, so neun Wochen im Grabe gele=
„ gen, und nach einer dreytägigen Krankheit
„ gestorben, und gleich den andern Vam=
„ pyrs befunden worden.

5. Ist der Joachim, gleichfals eines Hey=
„ ducken Sohn, siebenzehn Jahr alt, nach ei=
„ ner dreytägigen Krankheit gestorben, nach=
„ dem er acht Wochen und vier Tage begra=
„ ben gelegen, und befand sichs bey der Sek-
„ tion gleichergestalt.

6. Ein Weib, Namens Rusche, welche nach
„ einer zehntägigen Krankheit gestorben, und
„ vor sechs Wochen begraben worden, bey wel=
„ cher auch viel frisches Geblüte nicht allein
„ in der Brust, sondern auch in fundo ven-
„ triculi gefunden haben, wie sich denn auch
„ ein gleiches bey ihrem Kinde, so achtzehn
„ Tage alt war, und vor fünf Wochen ge-
„ storben, gezeiget hat.

„ 7. Nicht weniger befand sich ein Mägd-
„ lein von zehen Jahren, welche vor zwey
„ Monaten gestorben, im obangezogenem Zu-
„ stande ganz vollkommen und unverweset,
„ und hatte in der Brust viel frisches Geblüte.
„ 8. Hat man des Hadnucks Weib samt ihrem
„ Kinde ausgraben lassen, welche vor sieben
„ Wochen, ihr Kind aber, so acht Wochen
„ alt und vor ein und zwanzig Tagen gestor-
„ ben war, daß sowol die Mutter als das
„ Kind völlig verweset, ob sie wohl in glei-
„ cher Erden und nächstgelegenen Gräbern be-
„ graben worden.
„ 9. Ein Knecht des hiesigen Heyduckenkor-
„ porals, Namens Rhade, so drey und zwan-
„ zig Jahr alt war, ist in einer dreymonat-
„ lichen Krankheit gestorben, und nach ei-
„ nem fünfwöchentlichen Begräbniß völlig ver-
„ weset gefunden worden.
„ 10. Des hiesigen Bariackters Weib samt
„ ihrem Kinde, so vor fünf Wochen gestor-
„ ben, war gleichermassen völlig verweset.
„ 11. Bey dem Stanka, einem Heyducken,
„ so sechszig Jahr alt, und vor sechs Wochen
„ gestorben war, habe ich ein häufiges Ge-
„ blüte, so gleich dem andern liquide in der
„ Brust und Magen gefunden, und der gan-
„ ze Leib war in oftbenannten Vampyrstande.
„ 12. Milloe, ein Heyducke, 25 Jahr alt,
„ so sechs Wochen in der Erde gelegen, fand
„ sich gleichfals in mehr gemeldetem Vampyr-
„ stande.
„ 13. Stanjoika, eines Heyducken Weib
„ zwanzig Jahr alt, ist an einer dreytägigen
„ Krankheit gestorben, und vor achtzehn Ta-

„ gen begraben worden. Bey der Secirung habe
„ gefunden, daß sie in dem Angesicht ganz
„ roth und von lebhafter Farbe war, und,
„ wie obgemeldet, sie von des Heyducken
„ Sohn, Namens Milloe, sey um Mitternacht
„ um den Hals gewürget worden, sich auch
„ augenscheinlich gezeiget, daß sie an der
„ rechten Seite unter dem Ohr einen blauen
„ mit Blut unterloffenen Flecken, eines Fin-
„ gers lang, gehabt. Bey Eröfnung ihres
„ Sarges floß eine Quantität frisches Ge-
„ blüts aus der Nasen. Nach der Secirung
„ fand ich, wie oft gemeldet, ein rechtes bal-
„ samisches Geblüte, nicht allein in der Höh-
„ le der Brust, sondern auch in ventriculo
„ cordis. Die sämtlichen Viscera befanden sich
„ in vollkommenen gesunden und guten statu.
„ Die Unterhaut des ganzen Körpers samt
„ den frischen Nägeln an Händen und Füssen,
„ waren gleichfalls frisch.
„ Nach geschehener Visitation sind denen
„ sämtlichen Vampyrs die Köpfe durch das-
„ ge Zigeuner heruntergeschlagen und samt
„ den Körpern verbrannt, die Asche davon
„ in den Fluß Morava geworfen, die verwe-
„ sete Leiber aber wieder in ihre vorhergehab-
„ te Gräber geleget worden. Welches hier
„ samt den mir zugegebenen Unterfeldscherern
„ bekräftige. Medovegya in Serbien, den 7
„ Jan. 1732.
 „ Joh. Flickinger, Regimentsfeldscherer des löb-
 „ lichen Baron Fürstenbusch. Regimens zu Fuß.
 „ Isaak Siegel, Feldscherer des löblichen Ma-
 „ ragl. Regiments.
 „ Johann Friedrich Baumgärtner, Feldscherer
 „ des löbl. M. R.

"Dieses war auch von denen Offiziers,
"so dabey gewesen, unterschrieben, und zwar
"kam die Nachricht aus Belgrad den 26ten
"Jan. 1732 datirt.

Lieder
für die Kolmarische Kriegsschule. (*)

Bey Eröfnung einer feyerlichkeit.

Schaut froh herab in unsern Kreis,
Ihr Genien der Jugend!
Euch, deren Athem frühen Fleis,
Und frühe Lust zur Tugend
Dem Jüngling in die Seele flößt,
Euch feyern wir dies Jubelfest,
Ihr Genien der Jugend!

Beym Schlusse derselben.

Komm oft zurück, du Erndtetag
Des Fleißes und der Tugend!
O haucht mit jedem Seigerschlag,
Ihr Genien der Jugend,
Das fröhliche Gelübd uns ein,
Der Wahrheit unsern Geist zu weyhn
Und unser Herz der Tugend!

(*) Nicht nur zur Ehre des vortreflichen Instituts des Hrn. Hofraths Pfeffel werden diese neuen Lieder hier eingerückt; sondern auch ihres Werthes und des Nutzens wegen, den sie durch öffentliche Bekanntmachung haben können.   d. H.

Bey Einweihung eines neuen Jöglings.

Auf, Brüder, auf, schließt einen frohen Reihen;
Laßt euer Herz den Freuden offen stehn!
Kommt, eilet ihn zum Bruder einzuweihen,
Den neuen Freund, den wir im Kreise sehn.

V. A.

Bey Uebergebung der Gesetze.

Nimm, Bruder, diese Regeln hin;
Sie helfen dir, die Thorheit fliehn,
Die stets auf unsern Pfaden wacht
Und oft den Jüngling elend macht.
Nimm froh sie hin, sie sind nicht schwer,
Dein eignes Herz verbeut dir mehr;
Der war schon Sklave, welcher glaubt,
Daß ihm dieß Blatt die Freyheit raubt.

Bey der Umarmung.

Freund, lebe hoch, komm, laß dich dreymal
küssen:
Nim unser Herz, es schwebt auf unserm Mund!
Und wenn wir einst uns wieder trennen müssen,
So denke stets an unsern Freundschaftsbund.

V. A.

Bey der Aufnahme eines Unteroffiziers.

Glück zum ersten Schritte,
Bruder, nach dem Ziel!
Sporne seine Tritte,
Göttinn, Ehrgefühl!
Zeig ihm stets die Kronen,
Die den Edlen lohnen!
Aber mehr als Erz,
Mehr als Band und Kronen,
Bruder lohnt das Herz.

Bey der Aufnahme eines Kadeten.

Sey willkommen auf der Schwelle
Des Ehrentempels, trauter Freund!
Sieh wie lieblich, sieh wie helle
Die Sonn in seinen Vorhof scheint.
Sieh die Göttin- reicht die Krone
Schon von ihrem stetten Throne
Und winket dir mit holdem Blick.
Freund, hier must du nicht verweilen;
Wer stille steht, der weicht zurück;
Im Wettlauf muß man eilen.

Bey Einweihung eines Offiziers.

Eilt, vereinte Brüderchöre,
An des neuen Führers Brust.
Heil dir, Freund! Nur Pflicht und Ehre
Sey dein Ziel und deine Lust.
Immer edel, immer bieder,
Fleuch die Thorheit, der du wehrst;
Wächter über deine Brüder,
Sey es über dich zuerst! bis.

Bey Einweihung eines Mitglieds der Ehrenkompagnie.

Schön ist der Held! Ein Lorberzweig umblühet
Glorreich die Stirne benarbt fürs Vaterland.
Schöner der Jüngling, dem seiner Brüder Hand
Die Krone der Tugend um seinen Scheitel ziehet.
  Heil dir, o Freund, durch unser Wahl er=
      kohren.
Muster und Richter der Sitten uns zu seyn!
Reich uns die Rechte: dem Himmel uns zu
        weihn,
Sey unser Gelübde; für ihn sind wir geboren.

Bey Austheilung des Groskreuzes.

Was wählt ein edler Sohn
Im Rath mit seiner Seele?
Wenn, wie dem Salomon,
Ein Gott ihm zuruft: — wähle!
Nicht eitle Lust, nicht Prunk der Welt,
Die Weisheit kiest der junge Held.
Wohl dir, Bruder, wohl dir, Bruder,
Auch du hast sie gewählt!

Bey Austheilung des goldenen Kreuzes.

Heil dem Jüngling, der die Tugend
Mit dem Fleiß vereinet!
Mann wird er im Lenz der Jugend
Durch dies edle Band.
Freudenthränen weinet
Ueber ihn sein Vaterland,
Und sein Haus umzäunet
Gott mit eigner Hand.

Bey Austheilung eines Sittenkreuzes.

Heil dem Jüngling, dessen Seele
Sich der Unschuld weihet,
Dessen Fuß die Schlangenhöle
Der Verführung flieht!
Jeder Morgen streuet
Rosen unter seinen Trit;
Freut er sich, so freuet
Sich der Himmel mit.

B. A.

Bey Austheilung des Fleiskreuzes.

Heil dem Jüngling, dem die Musen
Seinen Fleiß belohnen!

Ehre stralt auf seinen Busen,
Wie ein Sonnenlicht.
Aber ihre Kronen
Welken, wenn die Unschuld nicht
In den reinen Zonen
Des Olymps sie bricht.

V. A.

Bey einer öffentlichen Bestrafung.

Weh dir, Bruder, wehe, wehe
Dem Verächter seiner Pflicht!
Weint, ihr Zeugen in der Höhe,
Weinet, nur verlaßt ihn nicht! bis.

Bey der Aufnahme eines Hofmeisters.

Laß uns deine Wange küssen,
Edler Freund, das mußt du seyn;
Könntest du dich sonst entschliessen,
Unsrer Bildung dich zu weihn?
Dich zu Ehren, dich zu lieben,
Wird uns eine frohe Pflicht;
Doch auch — wenn wir dich betrüben,
Freund, entzieh dein Herz uns nicht.

Beym Abschied eines Hofmeisters.

Komm noch einmal drücke,
Freund, uns an dein Herz;
Lies in unserm Blicke
Mehr, als unsern Schmerz.
Jede dieser Zähren,
Freund, ist ein Gebet,
Das für deine Lehren
Segen auf dich fleht.

Spazierlied.

Singt, Brüder, beym Spazierengehn
Die Feste der Natur.
Wie groß ist Gott, und o wie schön
Ist er auf dieser Flur!

Der Winter deckte sie mit Schnee:
Es schwieg der Wasserfall.
Nun murmelt er im bunten Klee
Zum Lied der Nachtigall.

Hört wie auf dem besonnten Rein
Die muntre Grille schwirrt,
Und wie im dunkeln Erlenhain
Die Turteltaube girrt.

Hört, wie der Lämmer Lustgeschrey
Im hohlen Thale schallt,
Une wie des Hirten Feldschalmey
Am Felsen wiederhallt.

Mischt, Brüder, ihrem Wonneklang
Auch euern Jubel ein;
Gott schuf uns auch für den Gesang,
Die Vögel nicht allein.

Nur der sey traurig, dessen Herz
Ihn bey sich selbst verklagt:
Der frohe Tanz, der heitre Scherz
Bleib ewig ihm versagt!

Abschiedslied.

Stiller Sang
Töne bang
Dem Freund entgegen,
Der zu bald
Von uns wallt,
Tön ihm Segen!
Nimm hin, o Freund, zum Angedenken
Der Tugend Preis, der Liebe Pfand.
Kein König kann so viel dir schenken,
Ist seine Hand der Freundschaft Hand?
Fahre wohl,
Fahre wohl,
Freund unsrer Jugend!
Immer sey
Uns getreu
Und der Tugend!

Hymne.

Blühe fort, du kleines Beet
In Gottes grossem Blumengarten,
Seine Hand, die Sphären dreht,
Wird auch dein warten,
Du kleines Beet.
Vorsicht, die das All erhält,
Sonne für die Geisterwelt,
Dir, du Quell des Guten,
Sey Dank und Ruhm!
Geuß, o geuß in milden Fluthen,
Segen auf dies Heiligthum!

Mannheimer Schaubühne.

Der Raum ist zu klein, als daß noch die Beurtheilung eines Stückes beygefügt werden könnte. Der Herausgeber zeiget hier blos an, was das Publikum von der Mannh. Schaubühne in diesem Musäum zu erwarten habe.

1. Eine kurze Geschichte der Entstehung der jetzigen Schaubühne.

2. Eine Liste aller bisher vorgestellten Schauspiele mit kurzen kritischen Bemerkungen über die Vorstellung und die Stücke selbst.

3. Ausführliche Beurtheilungen der merkwürdigern Nationalstücken.

Nächstens über das Schauspiel die Räuber.

Die Räuber.

Ein Schauspiel,

Das, wie der Dichter in der Vorrede sagt, sein Inhalt von der Schaubühne verbannt, und das aufzuführen er selbst mißräth — also ein Schauspiel, das kein Schauspiel seyn soll. Doch er läßt die Entscheidung einem Dritten: und es ward für die Aufführung entschieden. Er selbst kürzte es hiezu ab, änderte vieles, verfertigte neue Scenen, und wir sahn ein Stück, dem der von dem Verfasser in der Vorrede so sehr gegeisselte Pöbel noch weit mehr als die Aufgeklärtern, zulief, grosses Lob sprach, das aber den leztern aus Gründen, die der Verfasser vielleicht am wenigsten muthmassete, nicht gefallen wollte, so sehr sie einzelne grosse Schönheiten des Schauspieles fühlten, und dem Talent des Dichters Gerechtigkeit wiederfahren ließen.

"Ein Mensch, der ganz Bosheit ist, sagt der Verfasser, ist schlechterdings kein Gegenstand der Kunst, und äußert eine zerrückstossende Kraft, Statt daß er die Aufmerksamkeit der Leser fesseln sollte. ec." (*)

Und was ist Franz von Moor?

Der obige Grundsatz des Dichters ist falsch. Aber sein Franz von Moor ist darum nicht gerettet. Es ist nichts in der Schöpfung, das nicht ein Gegenstand der Kunst seyn kann: Die Behandlung entscheidet. Ein Werk der Kunst kann den lasterhaftesten Menschen der Welt schildern, aber dies darf nicht jede Kunst in jedem Taumel eines eben Lasters ohne andre Rücksicht als der Schilderung wegen: Darstellung ist die erste Pflicht der Kunst, aber nicht

---

(*) Bey Anziehung der Stellen aus den Räubern bediene ich mich zu Zeiten der ersten Ausgabe, einen Charakter und dergl. in besseres Licht zu setzen.

ihre einzige, nicht ihre größte. Von jeder Sache sind Millionen Darstellungen möglich; unter tausend ist kaum eine das Werk wahrer Kunst — nicht wegen des falschen Darstellens; sondern wegen Mangel an Plan. Bloße Kopirung ohne Dichtung ist nur Handwerkskunst, nicht Kunst des Genies, geweiht der Göttinn, die aus dem Haupte des hohen Zevs entsprang. Darstellung zur Rührung ist der unmittelbare Zweck jeder Kunst, und nicht Darstellung um des richtigen Darstellens willen. Und dies ist der jetzt fast allgemein vergessene Sinn jenes Horazischen: non satis est pulchra esse poemata, dulcia sunto. Nicht jede richtige Darstellung rührt: sonst würde der Mensch, der auf der Schaubühne ein Geschäft des Thieres verrichtete, rühren. Auch nicht jede Rührung der Seele ist Zweck der Schaubühne. Rühren heist nichts als das Herz in Bewegung setzen, das Gefühl regen. Schwache gemeine Rührung ist unter dem Ziele; Empörung des Herzens ist über den Grenzen. Das Vergnügen bestimmet das Maaß; denn dies ist eigentlich der Zweck jeder Kunst, nicht Zeichnung, nicht Moral, nicht Sturz des Lasters, Sieg der Tugend (welches sogar der richtigen Zeich-

nung der Welt meiſtens entgegen geſetzt iſt)
Nein, nicht einmal Beſſerung der Sitten. Es
iſt Pflicht des guten Bürgers, ſo nach ſeinem
Zwecke zu ſtreben, daß Dämpfung oder gute
Richtung der Leidenſchaften, und Beſſerung
der Sitten Folgen ſeiner Stimmung werden;
aber es ſind nicht nothwendige Reſultate
ſeiner Kunſt. Rührung iſt die erſte Stuffe,
angenehme vergnügende Rührung die höchſte.
Rührung zur Erzeugung des Guten iſt der
Zweck, den ihm der Staat, nicht die Kunſt ſetzet. Das gewöhnliche kann den Pöbel vergnügen; das Uebertriebene, das wilde Aufferor-
dentliche iſt für das ungebildete Talent und
den Pöbel zugleich. Für den aufgeklärten,
geſitteten, gefühlvollen, höhern Menſchen ar-
beitet der theatraliſche Dichter. Seine Dar-
ſtellung muß dieſem ſo neu, ſo lebhaft, ſo
wahr; ſo im Ganzen zur Täuſchung geordnet,
ſo verhältnißmäßig in allen Theilen, ſo deſſen
Empfindungen angemeſſen, ſo nach den bey allen
aufgeklärten Nationen angenommenen Begriffen des Schönen vervollkommet ſeyn, daß das
reinſte edelſte Vergnügen ſich ſeines Herzens
bemächtige, und ſeine ganze Seele zur wärm-
ſten Theilnehmung angezogen werde. Gute

Wirkung auf Sitten und Denkungsart ist dann ohne der erste Zweck zu seyn, unverfehlbar.

Nach diesen Grundsätzen, die dem Wesen der Sache eigen sind, wie kann ein Mensch, der mit Kälte seinen Vater zum Tode des Hungers verdammt, der alles Gefühl der Natur verloren hat, der Gräuel auf Gräuel häufet, ohne eine einzige Seite zu haben, die anziehen könnte, ein vollkommener Bösewicht ohne Grösse, ein Freyer ohne Leidenschaft und Absicht, ein Räsonneur, der wie ein Nero mordet, und ein Atheist, den Träume wie Kinder einen Ball, von der Höhe schleudern, wie kann so ein abgeschmacktes Ungeheuer eine theatralische Person seyn?

Aber die Medea der Alten, sagt der Dichter, ist doch mit all ihren Gräueln ein grosses staunenswürdiges Weib. Freylich ist sie es — sie ist noch mehr — sie ist ein wahrer herrlicher theatralischer Charakter. Jedes Verbrechen der Medea ist vielleicht an sich selbst nicht geringer, als das grösste des Franz Moor. Und dennoch ist der Unterschied zwischen beyden so groß, als der zwischen einem edeln, gefühlvollen, erhabnen Mädchen, das ein schreckliches Verhängniß und eine ohne Maaß und Grenzen gereizte Leidenschaft in das unabsehbarste Verderben stürzet, und zwischen einem gemeinen Satan, der mit einem trägen Blicke die Welt vergiftet. Die Medea des Euripides und Seneka ist groß und erstaunungswürdig; Franz Moor ist niederträchtig, klein, feig, abgeschmackt. Euripids Medea rührt zum Mitleid, interessirt alle Herzen; das Chor mischt seine Thränen mit den ihrigen, und nimmt bis zu Ende Theil an ihrem Schicksal. Franz Moor zerreißt alle Fäden der Sympathie; sein ganzer Charakter stimmt nicht eine einzige Saite des Herzens; alle Kanäle des Interesse versiegen auf dem Sande seiner Gefühllosigkeit; sein Anblick erkältet alle Gefühle und empört die Menschheit. Man erwartet mit Sehnsucht seine Verbannung von der Scene wie die Entfernung einer Pest. Um den falschen Begrif, den sich der Dichter von der Medea der Alten gemacht haben mag, und noch mehr, um jene grossen Beyspiele des wahren Schönen, des einfachen Styls, des unfehlbar Rührenden, der unnachahmlich-hohen, dem Scheine nach, kunstlosen Einfalt und der sicheren Betrachtigung unsrer Herzen wieder vor die Augen zu bringen, gebe ich hier das Bild der Medea aus Euripiden selbst.

Medea war die Tochter des Königs Aetäs, von äußerst grossen Fähigkeiten, welches Gelegenheit zur Fabel von ihren Zauberkünsten gab. Ihre Liebe zu Jason war grenzenlos. Sie machte ihn zum Sieger über den schrecklichen Drachen und die Stiere mit dem flammenden Rachen, die das goldne Vlies bewachten. Sie richtete hiedurch ihren eignen Vater zu Grunde, dessen Schicksal davon abhieng; und verließ ihr Vaterland. Den Jason von dem grausamen Pelias zu retten, blendete sie dessen eigene Töchter, daß sie ihren Vater tödteten. Tausend Gefahren entriß sie ihren Jason, tausend Gefahren überließ sie sich selbst wegen ihm. Und in Korinth verläßt er sie, um sich einer neuen Liebe zu ergeben.

Gleich zu Anfange der Scene klagt dies ihre Vertraute den Göttern. "O! daß das Schiff der Argonauten nie in Colchos angelanget wäre! daß Pelions Fichten nie zu dessen Bäue gefällt, das goldne Vlies nicht wäre erobert worden! — Medea würde nicht strafbar, nicht unglücklich seyn — — Jetzt ist sie in Verzweiflung; sie ruft die Götter zu Zeugen ihres Hymens und der geschändeten Treue! sie welkt im Schmerze, und wird davon aufgezehrt. Sie gleicht einem Steine; nur dann scheint sie zu leben, wenn sie weinet über ihren Vater, ihr Vaterland, ihr Haus, das sie wegen einem Fremdlinge verrieth, der sie nun wieder hintergeht und verachtet. Zu spät lernet sie zu ihrem Unglücke, wie süß es ist, in seinem mütterlichen Lande wohnen."

Wo ist ein so kaltes Herz, das nicht schon hiedurch zur Theilnehmung an dem Schicksale dieser unglücklichen, verrathenen und verlassenen Königin gereizet wird? Als die kleinen Prinzen in das Zimmer der Königinn treten, hört man sie selbst; sie nennt sich mit entsetzlichem Schreyen das unglückseligste unter allen Weibern. 2c.

Die Frauen von Korinth, äußerst gerührt, verlangen sie zu sehen. Sie williget ein. Die Fürsten, sagt sie, sündigen oft, indem sie sich zu viel oder zu wenig zeigen. Aber mein Schmerz fodert Einsamkeit. — Verlassen von meinem Gemahl, das Spiel eines fremden Hofes, habe ich keine andre Zuflucht als zum Grabe." ꝛc.

Die Schaubühne verträgt das gröste Verbrechen: aber es muß verhältnißmäßige Masse von Leidenschaft, und verhältnißmäßiger Reiz derselben da seyn. Gleich in der ersten Scene sagt die Vertraute: "Sie hasset so gar ihre Kinder und kann ihren Anblick nicht mehr ertragen. Ich kenne Medea; ein so stolzes Herz wie das ihrige kann keine Schmach erdulden, ohne zur äußersten Rache zu schreiten." ꝛc. Wie fein und glücklich ist diese Vorbereitung zu der hohen Stufe ihres unmenschlichen Verbrechens! Nur grosse Seelen dörfen hier ein grosses Laster begehn. Der Stoß des Schicksals und der glühende Sporn der Leidenschaft theilen die Schuld. Eine Thräne des Zuschauers fällt dem Verhängniß der Menschheit, die andre dem Unglücklichen, der nun einmal über den Grenzen der Rettung in die Tiefen fortstürzet; die Bewunderung der Grösse erhebt die Seele, der Abscheu des Lasters veredelt sie; das moralische Resultat ist, wie das natürliche beym Anblicke eines grossen Brandes, Furcht vor dem ersten Funken der Leidenschaft. Dies ist die Wirkung die jeder Charakter hervorbringt, der jenem der Medea gleicht. Zwo Stellen werden diesen so sehr interessanten Charakter ins vollkommenste Licht setzen. Eine ist die Rede an ihre Kinder, die man aus Gnade nicht mit der Mutter verbannen will; die andre ist ein Monolog der lezten Augenblicke, ehe sie ihre Kinder tödtet. "Liebe Kinder, ihr habt also einen sichern Aufenthalt in diesem Palaste. Ihr werdet darin wohnen ohne Mutter. Denn ach! eure Mutter wird in fremde Länder irren. Ich werde das süße Vergnügen nicht geniessen, das ich von eurem höhern Alter erwartete. Man wird mich nicht sehen, euch Gattinnen aussuchen und die Fackel eures Hymens anzünden. Traurige Folgen meines Zorns wider Kreon! Vergebens trug ich euch also in meinem Schooße; vergebens kostete es mich so viele Sorgen, eure Kindheit zu erziehen. Ich hofte, daß ihr einst meine Stütze seyn, und daß so theure Hände mir die lezte Pflicht erweisen würden. Hoffnung, so süß den Sterblichen, was bist du für mich! Getrennt von meinen Kindern werde ich ein schmachtendes Leben fortschleppen. Ihr, eurer seits, gezwungen unter einer fremden Familie zu leben, werdet nicht mehr eine zarte Mutter sehen. Ach! warum richtet ihr eure Blicke auf mich, beweinenswürdige Kinder! Diese lezten Liebkosungen, dieses Lächeln wie zerreißet es mir das Herz! — Dieser Anblick erweicht und entwaffnet mich. Nein, ich kann meinen grausamen Entschluß nicht erfüllen! sie begleiten mich. Wie, um einen Undankbaren zu strafen, soll ich mich selbst elend machen? Nein! Aber soll ich hören, daß die Treulosen ungestraft der Medea spotten? Ha! meine Wuth kömt zurück. Wir wagen alles. Feige Zärtlichkeit! konntest du mir ein unwürdiges Mitleid erpressen? Gehet hinein, meine Kinder, ich folge euch. Wenn Götter Zeugen und Feinde eines solchen Opfers sind, was geht das mich an: ich werde nicht glauben, daß meine Hände damit befleckt sind. — Was wage ich? ach, mein Herz! laß mich eine so schreckliche That nicht begehen! laßt uns unser eigenes Blut schonen! sie werden wenigstens leben, und mich auf meiner Flucht trö-

sten. Nein, nein, bey allen Göttern der
Hölle, ich werde es nicht dulden, daß meine
grausamsten Feinde ihre Kindheit mißhandeln.
Meinen Kindern ist in dieser Lage der Tod
unvermeidlich. Wohl an, da dies ihr Schicksal ist: so sollen sie den Tod von derjenigen
empfangen, die ihnen das Leben gab. Es
ist beschlossen, ihr Urtheil ist gefällt. ꝛc."
Sie ruft ihre Kinder noch einmal und gebiet ihnen wieder, hinein zu gehn." Ich unterliege
dem Gewichte meines Unglücks. Ich fühle
die ganze Abscheulichkeit des Lasters, das ich
begehe. Aber die Wuth hat die Vernunft
verbannt. ꝛc."

Nun ihr lezter Kampf.

" Es ist mir also unmöglich, meine Kinder
Kreons Rache zu entreißen. Sie müssen sterben. Es kömmt der Mutter zu, ihr Herz
zu durchbohren. Wunden von ihr sind nicht
so schmerzlich, als von einer andern Hand.
Wohlan, mein Herz, waffne dich mit Grau-
samkeit. Was zitterst du? Verschieb nicht
länger ein schreckliches aber nothwendiges
Verbrechen. Unglückselige Hand, nimm den

Doch; nimm ihn; endige jammervolle Tage. Hör auf zu beben, und vergiß, daß du dich in meinem Blute badest. — O! meine Söhne! theures und grausames Andenken! Muß ich denn Mutter seyn! Aber nein, ich will es wenigstens an diesem Tage vergessen! Schmerz und Thränen werden ihre Zeit haben; denn sie sind mir nicht weniger theuer: ich werde nicht weniger unglücklich seyn."

Man halte nun eine Rede des Franz Moor dagegen. z. B. die, da er darauf sinnt, wie er seinen Vater tödten will.

"Und wie ich nun werde zu Werke gehen müssen, diese süsse friedliche Eintracht der Seele mit ihrem Leibe zu stören? Welche Gattung von Empfindnissen ich werde wählen müssen, welche wohl den Flor des Lebens am grimmigsten anfeinden? Zorn? Dieser heißhungrige Wolf frißt sich zu schnell satt — Sorge? dieser Wurm nagt mir zu langsam — Gram? diese Natter schleicht mir zu träge — Furcht? die Hofnung läßt sie nicht umgreifen — Was? sind dies all die Henker des Menschen? — Ist das Arsenal des Todes so bald erschöpft? (nach sinnend) wie? Nun? Was? Nein? Ja! (Auffahrend) Schreck! was kann der Schreck nicht 2c. wenn er auch diesem Sturm widerstünde. — O so komme du mir zu Hülfe Jammer, und du Reue, höllische Eumenide, grabende Schlange, die ihren Fraß wiederkaut und ihren eigenen Koth wiederfrißt 2c.

Die Medea des Seneka ist weit unter jener des Euripides; aber immer ist sie doch rührend, groß, der Schaubühne würdig, im auffallenden Abstich mit dem Franz Moor. Seneka gab so gar einige neue Züge, die das Interesse sehr erhöhen. Er läßt zum Beyspiele den Kreon die heiligen Rechte der Gastfreyheit verletzen, und Medea ganz allein zum Opfer des Hofes werden. Er läßt den Jason untreu werden, um seine Kinder vom Tode zu retten, den ihnen Akaste drohete. Dies erhebt die Wahl von Medeas Rache sehr, und giebt den Stof zu den vorzüglichen Schönheiten der Scene zwischen Jason und Medea, die nachher Korneil so glücklich entlehnte. Der lateinische Dichter läßt seine Medea freylich zu Zeiten über die Grenzen des Natürlichen ausschweifen; es sind Züge des fallenden Geschmack seiner Zeit. Aber, welche Grösse herrscht durchaus in ihrem ganzen Charakter! wie erhaben ist selbst die Anrufung der Götter um Rache gleich zu Anfange.

„O ihr Götter des geheiligten Ehebettes! Und du Lucina, Beschützerin der Gebärerinnen! Und all ihr Götter, bey denen Jason schwur! Und die Medea mit höherem Rechte anfleht, du ewige Nacht! du Hölle! und ihr Schatten der Hölle! Herrscher des traurigen Reiches, und du Proserpina, nicht mit solchem Meineide geraubt! Herauf, herauf, Furien, Rächerinnen des Lasters. ꝛc. Er lebe, irre durch unbekannte Städte dürftig, verbannt, von Furcht gejagt, gehaßt, unsichrer Stätte! Mich wünsch er zum Weibe! Er flehe an fremder Schwelle, jetzt gewöhnlicher Gast! Und dies ist das schrecklichste, was ich wünschen kann — Kinder, gleich dem Vater, gleich der Mutter! Ha! bereitet, bereitet ist die Rache: ich habe geboren.“ ꝛc. (*)

(*) Dii conjugales! tuque genialis tori Lucina custos & quocunque juravit mihi Deos Jason; quosque Medea magis

Die Scene zwischen ihr und ihrer Wärterin oder Pflegerin im 2ten Aufz. ist voll grosser rührender Züge; noch mehr jene zwischen ihr und Jason im 3ten Aufzuge.

W. Wenn alles verloren ist, dann ist auch die Hofnung verloren.

M. Wer nichts zu hoffen hat, verzweifle an nichts.

W. Die Kolcher verließest du; dein Gemahl ist meineidig; was ist dir noch übrig von so grosser Macht?

M. Medea.

W. Zittre vor dem König.

M. Ein König war auch mein Vater.

W.

Fas est precari; noctis æternæ chaos!
Aversa superis regna, Manesque impios,
Dominumque regni tristis, & dominam fide
Meliore raptam voce non fausta precor!
Adeste, adeste sceleris ultrices Deæ &c.
Vivat, per urbes erret ignotas egens,
Exul, pavens, invisus, incerti laris.
Me conjugem optet; limen alienum expetat
Jam notus hospes: quoque non aliud queam
Pejus precari, liberos similes patri,
Similesque matri, parta ultio est: peperi. &c.

W. Du bist des Todes.

M. Den verlang ich.

W. Flieh!

M. Wär ich nie geflohen! Medea soll fliehen?

W. Du bist Mutter.

M. Von Jasons Kindern. (*)

Medea zu Jason.

„Laßt uns fliehen Jason, laßt uns fliehen. Fliehen ist uns ja nichts so fremdes. Nur die Ursache zu fliehen ist neu. Sonst floh ich wegen dir. Jetzt geh ich, wandre

---

(*). *Nutrix.* Spes nulla monstrat rebus aflictis viam.
Medea. Qui nil potest sperare, desperet nihil.
Nut. Abiere Colchi, conjugis nulla est fides, Nihilque superest opibus è tantis tibi.
Med. Medea superest.
Nut. Rex est timendus.
Med. Rex meus fuerat pater.
Nut. Moriere.
Med. Cupio.
Nut. Profuge.
Med. Pœnituit fugæ. Medea fugiam?
Nut. Mater es.
Med. Cui sum, vides.

aus deinem Hause von dir verjagt. Wohin sendest du mich? Soll ich in das Land, wo ich meinen Vater verrieth? Wo das Blut meines Bruders fließt? Welches Meer, welche Erde zeigest du mir für meine Flucht? Alle Wege, die ich dir öffnete, schloß ich mir ꝛc. Bey der Hoffnung deiner Kinder, bey diesen Händen, die ich wegen deiner nie schonte, bey den überstandnen Gefahren, bey dem Himmel und den Meeren, den Zeugen unsrer Verbindung erbarme dich! — Glücklicher! vergilt der bittenden Medea! von so unermeßnen Schätzen bracht ich nichts aus meiner Vatererde, als die zerstückten Glieder meines Bruders; auch die verschwendete ich dir. Dir opferte ich Vaterland, dir den Vater, Bruder, Ehre, alles. Mit dieser Morgengabe war ich deine Gattin. Gib der Verlassenen das ihrige." ꝛc. (*)

Jason. Medea wirft mir neue Liebe vor?
Med. Und Mord und Verrätherey.

(*) *Med.* Ex opibus illis nil exul tuli, Nisi Fratris artus; hos quoque impendi tibi. Tibi patria cessit, tibi pater, frater, pudor. Hac dote nupsi. Redde fugienti sua.

Jaſ. wie? welches Laſters kannſt du mich beſchuldigen?

Med. Aller die ich that.

Jaſ. Was kann ich thun? rede.

Med. Für mich? Auch ein Verbrechen.

Jaſ. Der König droht von allen Seiten.

Med. Es iſt noch was gröſſers zu fürchten: Medea. ꝛc. (*)

Jaſ. Ich kann ehender des Tages, des Lebens entbehren, als meiner Kinder.

Med. Ha! ſo liebt er ſie? Wohlan ich habe geſiegt! der Platz der Wunde iſt gezeichnet. (**)

(*) *Jaſon.* Medea amores objicit?
Medea. Et cædem & dolos.
Jaſ. Objicere crimen quod potes tandem mihi?
Med. Quodcunque feci.
Jaſ. Quid facere poſſim, eloquere.
Med. Pro me? vel ſcelus.
Jaſ. Hinc rex & illinc.
Med. Eſt & his major metus, Medea. &c.

(**) *Jaſ.* Spiritu citius queam carere, membris, luce.
Med. Sic gnatos amat? Bene eſt, tenetur. Vulneri patuit locus.

Meine Leser mögen den ganzen lezten Auftritt nachlesen. Wenigstens seyn hier noch einige Stellen, die zeigen, daß auch Seneka's Medea vor ihrem Verbrechen zurückbebt.

Medea. Nun kommen mir alle meine Laster zu statten. Zu jeder That bringst du keine ungeübte Hand, Medea! — Welche Rache nimst du nun? Ich weis nicht, was ins geheim das empörte Gemüth beschloß, und sich selbst zugestehen kaum noch waget. Ich Thörin eilte zu sehr. Ach hätte er Kinder von diesem Kebsweibe! was dein ist von ihm, ist Kreusa's Brut. — O ihr einst meine Kinder, ihr müßt für die Lasterwerke eures Vaters büsen! — Schrecken ergreift mein Herz; kaltes Starren senkt die Glieder; hier ist kein Zorn mehr, ganz die Mutter, nichts von der Gattin. Soll ich meiner Kinder Blut vergiessen? Unsinnige Wuth! was ist ihr Verbrechen? Jason der Vater, noch mehr, Medea die Mutter. Sie sterben! sie sind nicht mein. Sterben? doch sind sie die meinigen, lasterfrey und schuldlos — Komt, einziger tröstender Rest meines zerrütteten Hauses! komt, schlingt euch in meine Arme, schmiegt euch an mein Herz; mögt ihr dem Vater leben, ihr lebet ja auch der Mutter. (*)

Dies ist die Medea des Seneka. Welche Aehnlichkeit hat sie nun mit Franz Moor?

(*) *Medea.* Ad omne facinus non rudem
            dexteram afferes.
Quo te igitur, ira, mittis? —
    Nescio quid ferox
Decrevit animus intus, & nondum sibi
Audet fateri. Stulta properavi nimis.
Ex pellice utinam liberos hostis meus
Aliquos haberet! quidquid ex illo tuum est,
Creusa peperit. — Liberi quondam mei,
Vos pro paternis sceleribus poenas date.
Cor pepulit horror. Membra torpescunt gelu,
Pectusque tremuit. Ira discessit loco.
Materque toto conjuge expulsa redit.
Egon' ut meorum liberum ac prolis meae
Fundam cruorem — quod scelus miseri luent?
Scelus est Jason genitor & majus scelus
Medea mater. Occidant! non sunt mei.
Pereant? mei sunt, Crimine & culpa carent —
Huc cara proles, unicum afflictae domus
Solamen, huc vos verte, & infusos mihi
Conjungite artus. Habeat incolumes pater,
Dum & mater habeat. &c.

Welche Rechtfertigung liegt für diesen in ihr? Beyder Laster sind etwa von einer Größe, nicht ihr Charakter. Der Dichter, der sich auf Euripiden und Seneka stützet, hatte bey weitem ihren Gesichtspunkt nicht. Medea ist Verbrecherin und Mensch; Franz Moor ist immer Bösewicht, nie Mensch.

Dem Franz Moor vergießt das Mitleid keine Thräne, auch seinem Schicksal nicht. Verachtung statt Bewunderung und vollkommnen Abscheu seiner Person wirkte er und dies ist der Schaubühne unwürdig.

Was soll ich nun erst von der gräßlichen Räuberrotte sagen, die sich hier aufs Theater lagerte, dem Gräuel und Unflate der Menschheit? Ist es möglich, daß dieß bey einer gesitteten Nation geduldet wird? Zwar sind nicht alle diese abscheulichen Reden, diese satanischen Gespräche verworfener entmenschter Geschöpfe, die das Werk selbst enthält, auf unsre Bühne gebracht worden: aber immer genug, um jedem Wohlgezogenen einen Eckel vor einer Scene zu wecken, die sich solcher Vorstellungen nicht scheuet. Die keuschen Musen wandten in diesen Augenblicken ihr Angesicht von unsrer Schaubühne weg. Es ist zu sehr über alle Maaßen verabscheuungswürdig; als daß ich die Beyspiele anführen mag. Wer lieber Mistsümpfe als die edlen Grazien sieht, lieber das natürliche Schweinegrunzen als Apolls Leyer hört, der mag die Scene, wo einer der Kerle vom Galgen kömmt, und andre dergleichen selbst nachlesen und seinen Geschmack erquicken.

Silvis deducti caveant, me Judice, fauni,
Ne velut innati triviis, ac pene forenses,
Aut nimium teneris juvenentur versibus unquam,
Aut immunda crepent ignominiosaque dicta.
Offenduntur enim, quibus est equus, & pater & res;
Nec, si quid fricti ciceris probat & nucis emtor,
Æquis accipiunt animis donantque corona.

Hats der Dichter der Räuber nicht bey der lezten Sylbe getroffen?

Von Karl Moor, sagt der Verfasser: ein Geist, den das äußerste Laster nur reizt um der Grösse willen, die ihm anhänget, um der Kraft willen, die es erheischet, um der

Gefahren willen, die es begleiten. Ein merkwürdiger wichtiger Mensch, ausgestellt mit aller Kraft, nach der Richtung, die diese bekömt, nothwendig ein Brutus oder ein Katilina zu werden. Unglückliche Konjunkturen entscheiden für das zweyte, und erst am Ende einer ungeheuren Verirrung gelangt er zu dem ersten. Falsche Begriffe von Thätigkeit und Einfluß, Fülle von Kraft, die alle Gesetze übersprudelt, mußten sich natürlicher weise an bürgerlichen Verhältnissen zerschlagen, und zu diesen enthusiastischen Träumen von Grösse und Wirksamkeit durfte sich nur eine Bitterkeit gegen die unidealische Welt gesellen, so war der seltsame Donquixote fertig, den wir im Räuber Moor verabscheuen und lieben, bewundern und bedauern."

Fürwahr ein seltsamer Donquixote, nur kein theatralischer, bey dessen Anblicke ein Weiser lächeln und ein Narr klug werden könnte. Der Donquixote unseres Dichters schwazt zu viel abgeschmacktes Zeug, erinnert zu sehr an unsre heutigen Kraftgenien, als daß wir wahre Grösse an ihm wahrnehmen; ist zugleich

zu ernsthaft, thut zu wichtige Dinge, als
daß er komisch genug wäre, Lachen zu erwecken. Was Amalia und andre von ihm sagen,
giebt uns freylich ein grosses Bild von ihm.
Aber er selbst tritt gleich anfangs auf als das
vollkommenste Muster der jetzigen Genieritter,
Seine Grundsätze und Kraftsprache sind aus
ihrem Munde entlehnt:

Der lohe Lichtfunke Prometheus ist ausgebrannot, dafür nimt man jetzt die Flamme
von Berlappenmeel — Theaterfeuer, das
keine Pfeiffe Toback anzündet. (Nun folgt
eine Sentenz, die mir die Grazien und der
Wohlstand abzuschreiben verbieten.) —

Da verrammeln sie sich die gesunde Natur mit abgeschmackten Konventionen, haben
das Herz nicht ein Glas zu leeren, weil sie
Gesundheit dazu trinken müssen — belecken
den Schußpatzer, daß er sie vertrete bey Ihro Gnaden. ꝛc.

Nein ich mag nicht drän denken. Ich soll
meinen Leib pressen in eine Schnürbrust, und
meinen Willen schnüren in Gesetze. Das Ge-

P 5

setz hat zum Schneckengang verdorben, was Adlerflug geworden wäre. Das Gesetz hat noch keinen grossen Mann gebildet. Aber die Freyheit brütete Kolossen und Extremitäten aus. Sie verpallisadiren sich ins Bauchfell eines Tyrannen. ꝛc. Ach daß der Geist Hermanns noch in der Asche glimmte, stelle mich vor ein Heer Kerls wie ich, und aus Deutschland soll eine Republick werden, gegen die Rom und Sparta Nonnenklöster seyn sollen. ꝛc.

Das ist wirklich schnurrig, und wenn es so fortginge; wenn der Pursche lauter solches Zeug spräche, und diesen angemessene Sprünge machte: so könnte er uns so gut als der spanische Donquixote von Anfange bis zu Ende belustigen. Aber er wird der Hauptmann von einer Räuberbande, würget und mordbrennet, daß einem das Blut erstarrt. Ist das Grösse? verdient dieser schwülstige Raisonneur, dieser ungeschliffene Renomist, dieser tolle Grosplauderer Männerbewunderung? da er keine Vergebung von seinem Vater erhielt, erbitterte er sich wider das Menschengeschlecht, und ward aus Verzweiflung ein Strassenräuber. Was ist grosses hierin? Aber er hatte Anlage, ein Brutus oder Katilina zu werden; Konjunkturen ꝛc. entschieden für das Lezte. Katilina war ein Bösewicht aber kein Donquixote. Es galt um Rom, um die Welt. Hier war der grosse Zweck den grossen Lastern, wie die grossen Kräfte dem hohen Zwecke angemessen. Erst als der ungeheure Geist des Katilina keinen möglichen Ausweg mehr hatte, war das Resultat: incendium meum ruina restinguam. Karl Moor, der mehr einen schiefen als ungeheuren Geist, und noch bey weitem kein ganz verderbtes Herz hatte, fängt bey der Aussicht in ein elendes Leben und auf die schändlichste aller Todesarten da an, wo der an ungeheure Laster gewöhnte Katilina mit der brennenden Seele nach der Herrschaft über die Welt endigte. Zusammenfluß aller Laster in einem Herzen; Verschwörungen und Nachstellungen der Feinde; der Reiz, die Reichtümer der Provinzen, und Königskronen zu seinen Füßen zu sehn; unbegrenzter Haß wider die Mitbuhler um die Welt und dergleichen trieben den Katilina zu Empörungen und Erschütterungen der Republick; Karl Moor kann die Schulden nicht zahlen, erhält des

Vaters Verzeihung nicht; fühlt sich zum grossen Manne geboren, wird also ein Mordbrenner, würget in den Wäldern, verbrennt Städte, die mit übertriebener Andacht zu Gott bethen, will die Strafruthe des Weltrichters seyn — ich schäme mich, daß ich in die Lage versetzt bin, einen Geniebrauser, einen verunglückten Universitätsschwärmer mit Katilina zu vergleichen.

Der Räuber Moor ist ein Bramarbas, dem der Dichter Ansehen zu verschaffen sich bemüht; ein schwankender Kopf, der nicht weis, was er thun soll, der bey jedem Schritte, den er thut, Reue hat, bey jeder Mordthat moralisirt; ein Prediger im Gräuel der Schandthaten, ein gutherziger Mordbrenner; ein bethender Atheist, ein sogenannter höherer Mensch, ein Engelteufel, ein Unding. Alles spricht von ihm eben so gros als er. Das Grösseste aber, was er thut, ist am Ende, um dem langen Stücke ein Ende zu machen, und in der Scene mit dem Kommissär, wo man die Großmuth des Raubgesindels noch mehr als ihn bewundert; besonders da es ihm in einem Augenblicke treu bleibt, wo es Freyheit und ———— erhalten soll, und er denselben unters

Gesicht sagt: "Ihr seyd nicht Moor. Ihr seyd heillose Diebe! Elende Werkzeuge meiner grössern Plane, wie der Strick verächtlich in der Hand des Henkers!"2c. Sie müssen wirklich das gewesen seyn, wenn sie's so anhören konnten, zugleich aber auch erhabne Menschen, um lieber sich selbst als einen andern zu opfern.

Amalia ist ein interessantes Mädchen, der einzige vortrefliche Charakter des Stückes. Sogar wird Karl Moor interessant durch sie, und die schönsten Auftritte des Schauspiels sind zwischen ihr und einem von den zween Brüdern. Schade daß dieser Charakter selbst nicht vollkommen ausgearbeitet, und daß der Dichter bey der Umarbeitung denselben und unsre Theilnehmung noch mehr geschwächt hat. So viel neue Schönheiten und metaphysische Feinheit die Scene zwischen ihr und Karl im Garten auch enthält, so thut es uns doch sehr wehe, daß sie ihrem Karl im Grunde untreu wird. Und warum mußte auch ihr Wesen oft überspannt seyn? Einigemal flucht sie so gut als sie betet, gibt Maulschellen, und sie küßt Franzen, weil er sich einen Augenblick verstellt, um die Uebermaaß ihrer Liebe gegen Karlen zu zeigen.

Nein dies that Amalia nicht. Dagegen that
sie aber auch zu ihrem Ziele nichts, oder vielmehr man weiß gar nicht, ob sie einen Zweck
hat. Und welch herrlichen Plan könnte sie
nach ihrem Charakter haben, wie mächtig in
den Plan des Ganzen wirken! Ihr Charakter
verliert durch nichts mehr als durch das Lied
im Garten, das nicht aus ihrem Munde kom=
men sollte, so poetisch schön es auch ist. Es
blieb ganz füglich bey der Aufführung weg."

Sein Umarmen — wütendes Entzücken!
Seine Küsse — paradisisch fühlen! —
Wie zwo Flammen sich ergreifen, wie
Harfentöne ineinander spielen zu der him=
melvollen Harmonie,
Stürzten, flogen, raßten Geist und Geist zu=
sammen,
Lippen, Wangen brannten, zitterten,
Seele rann in Seele — Erd und Himmel
schwammen
Wie zerronnen um die Liebenden.

Die Rolle des Vaters ist unbeteutend an
sich, dient doch einigemal zu grossen Situatio=
nen und herrlichen Zügen. Sie macht aber
die Rolle des Franz Moor noch unerträglicher

und unnatürlicher. Franz nimmt alle Furien der Hölle zu Hülfe, um ein schwaches Kind zu überwältigen.

Die Rolle Hermanns ist ganz schicklich in das ganze verwebt, und gewann bey der neuen Bearbeitung. Die neue Scene, da er Franzens Betrug und Zorn Troz bietet, ist sehr theatralisch.

Das Stück hat keine einfache Haupthandlung zum Grunde. Wir sind es an unsern Modestücken schon gewöhnt, dies nicht zu suchen. Das einem jeden guten Kunstwerke so unentbehrliche simplex duntaxat & ynum ist von jedem unfehlbar verbannt. Die meisten heutigen Stücke sehen so buntscheckigt aus, daß ich glauben möchte, die Dichter peinigen sich, allen guten Geschmack zu verderben, wenn ich nicht wüste, wie unendlich viel dazu gehöre, Geschmack zu erlangen. Auch verfliegen in den Paar Stunden unseres Zuschauens wie der Jahre; und böhmische Wälder, Gärten, Schlösser ꝛc. hüpfen vor unsern Augen wie in einem Guckkasten hin und her. Es wäre nöthig, daß immer einer dabey stünde und riefe: sezt werdet ihr sehen. ꝛc.

Dies thut der Verfasser alles, um, wie er sagt, keine Kompendienmenschen zu zeichnen. Einheiten und Ausmalung eines Charakters hält er schlechterdings unmöglich. Sind denn Euripids Medea und Iphigenie, des Sophokles Oedip, und Elektra ꝛc. Kompendienmenschen? Oder hat der Dichter seine Menschen ganz gezeigt, wie sie waren? Dies ist ja offenbar unmöglich, sonst müßten wir sie in allen ihren Launen, in jedem Alter, bey allen Veränderungen der Umstände und des Schicksales, in jeder Stimmung ihres Herzens, in jeder Lage ihres Geistes, so gar bey jedem Steigen und Fallen der Kraft ihres Körpers sehen. Nein, dies ist die Sache der Schaubühne nicht; sonst hätten wir oft Jahre lang an den Handlungen eines einzigen zu sehen. Die Schaubühne fodert Leidenschaften. Starke Leidenschaften wirken geschwind. Der Dichter zeige, wie die Leidenschaften eines Menschen, dessen Charakter zum voraus festgesetzt wird, wirke, und zwar in Situationen, die unter Millionen möglichen die vorzüglichsten sind, den Menschen auszuzeichnen und seiner Leidenschaft Schwung und rührende Größe zu geben.

geben. Dies ist das erhabne Geschäft des dramatischen Dichters; dies thaten die Griechen in einem so hohen Grade, und brauchten hiezu keine Jahre, keine laternas magicas, keinen Trödelmark von Dekorationen, keine Nebenrollen zu dutzenden, keine Ueberschwemmungen des Hauptgegenstandes mit Episoden, keine Banditentruppen, Soldatenregimenter, Schlachten u. dergl. Weil unsre Schauspielschreiber den Theaterzweck durch hohe Einfalt nicht erreichen, nicht, gleich jenen grossen Köpfen, die unfehlbar höchstwirkende Situation unter so viel tausenden herausfinden können: so überladen sie ihr Stück mit der Menge, plündern alle Tragödien, um ein Schauspiel tragisch zu machen, morden Menschen wie Frösche, pappen wie Kinder, Dekorationen zusammen, trommeln, schiesen, schlagen Märsche, und wenn sie vom ersten Range Genien sind, so verpfeffern sie ihr Stück mit philosophischem Geplauder, zersplittern recht metaphysisch jede Empfindung, bringen die ertappte Natur aus den Bierstuben, Ställen und Zigeunerhütten daher, und, damit die Stärke ihres Geistes nicht mißkannt werde, so lassen sie den Helden und den Stuhlträger ihres Guckkastenspiels mit einem pot pourri von Metaphern auftreten.

Die Räuber sind so sehr als irgend ein Stück mit Metaphern und Bildern überladen. Es kömt so viel schwülstiges Zeug, einige mal wahrer Unsinn vor, daß man in den ernsthaftesten Scenen sich kaum des Lachens enthalten kann. Oft fällt man auch auf unverständliche, undeutsche und ganz widersinnische Stellen, ohne an die Plattheiten, an die Hefe des Pöbelhaften, und an das äußerst Abscheuliche, alles gute Gefühl Empörende, die Sitten und die Menschheit Schändende zu gedenken, das aus dem Munde der Banditen, dieses räuberischen Lumpengesindels kömt, und das ich nicht mehr nachlesen mag. Nur einige Stellen aus andern Rollen führe ich zum Beweise an, wie oft Sprache, Geschmack und Menschenverstand beleidigt ist.

”Wenn die ganze Hölle bankerot würde”

Welcher Unsinn!

”Frevel, die zum Himmel hinaufstinken und das jüngste Gericht waffnen.”

Wohl gepaart! der Hanswurst im Puppenspiel brachte einst eine Rechnung, die so anfängt: zuerst eine Pastet und ein Nachtstuhl 16 fl.

"Blut sauffst du wie Wasser, Menschen wägen auf deinem mörderischen Dolch keine Luftblase."

Blut saufen, ist im uneigentlichen, Wasser saufen im eigentlichen Sinne. Und dann, auf einem Dolche Menschen und Luftblasen wägen!

Ein Anblick soll eine Grille gleich einer feuerhaarigen Furie aus dem Kopfe geißeln!!

"Die Gnade selbst würde an den Bettelstab gebracht, und die unendliche Erbarmung bankerot werden, wenn sie für meine Schulden all gut sagen sollte."

Welch rasender Unsinn!

"Meine arme Lippen sollen nimmermehr einen Vater ermorden."

Was soll ich bey armen Lippen denken?

Man sagt: ein Wort tödtet, aber arme Lippen morden?

" Er geht bey lebendigem Leibe um" — ist ganz undeutsch.

" So ist er Herr eurer Güter, König seiner Triebe. "

Dies sagt man von einem, der seine Triebe beherrscht, nicht von dem, der sich denselben überläßt.

" Laß dich von Ambrosiadüften begraben, die aus seinem Rachen dampfen! "

" Wenn mit dem Körper der Geist zum Krüppel verdirbt. "

" Müssen denn meine Entwürfe sich unter das eiserne Joch des Mechanismus beugen? "

Ein Mensch, der hohe Entwürfe macht, beugt sich unter ein eisernes Joch: aber Entwürfe, eisernes Joch, Mechanismus und beugen gehört nicht zusammen.

" Ich möcht es machen wie der gescheidt Arzt (nur umgekehrt) nicht der Natur durch einen Queerstrich den Weg verraunt, sondern sie in ihrem eigenen Gange den Weg befördert."

Wie künstlich, gezwungen und undeutlich!

" Wer sollte auch hier nicht seine Flügel versuchen?"

Nach dem Monde zu fliegen? Nein, es ist die Rede von Giftmischereÿ und dergl. Flügel die Pulsschläge zu berechnen!"

Dieser Blick hätt euch über die Sterne getragen."

Ist wahrer Schwulst.

" Daß der Tod deine verfluchte Zunge v e r siegle!"

Den Mund versiegeln, sagt man, aber die Zunge versiegeln ist falsch.

" Das Kreuz des Erlösers ist die Freystatt der betrognen Liebe."

Das Kreuz eine Freystatt!

" Blut wird deine ganze Seele fällen."

Was ist dies?

„Wer ist der Glückliche, um den sich das Aug eines Engels versilbert?"

Wie kostbar!

„Warum hat mein Perillus einen Ochsen aus mir gemacht, daß die Menschheit in meinem glühenden Bauche bratet?"

Dies sagt Moor mit Schauer geschüttelt, wir hörens vom äußersten Frost angewandelt.

„Wenn du mir irgend einen eingeäscherten Weltkreis allein ließest, den du aus deinen Augen verbannt hast, wo die einsame Nacht und die ewige Wüste meine Aussichten sind? Ich würde dann die schweigende Oede mit meinen Phantasien bevölkern, und hätte die Ewigkeit zur Muße, das verworrene Bild des allgemeinen Elends zu zergliedern. — Nein, ich will dulden; die Quaal erlahme an meinem Stolz."

Das heiß ich bramarbasirt!

Die ganze Scene nach dem Hamletischen: seyn oder nicht seyn? ist voll Phöbus.

Meynt ihr, dem Arm des Vergelters im öden Reiche des Nichts zu entlaufen?

Wahrer Nonsens. Im Reiche des Nichts findt weder ein Entlaufen noch ein rächender Arm Statt. Und was ist das öde Reich des Nichts?

Als Amalia im lezten Aufzuge Karlen sich um den Hals wirft, ruft dieser:

" Reißt sie von meinem Halse! tödtet sie! tödtet ihn! Mich! Euch! Alles! —

Dies würde große Wirkung machen; wenns die Räuber thäten; aber sie müssens eben so für Unsinn halten als die Zuschauer. So oft ich diese Stelle hörte oder las, komnt ich mich des Erinnerns an ein Stückchen aus dem Marionettenspiele nicht enthalten. Alle Personen wurden vom Könige zum Tode verdammt. Da die Geliebte des Königs unter den Verurtheilten war, so kniete der König sich auch, um gleichfalls zu sterben; endlich kniete sich der Hanswurst mit dem Beile auch, und so blieben sie alle beym Leben.

" Und wenn der Erzengel Michael mit dem Moloch ins Handgemenge kommen sollte"!!

"Hubst du nicht deine Hand zum eisernen Eid?"

Die mißhandelte Ordnung heilen! ꝛc.

Qui variare cupit rem prodigialiter unam, Delphinum Silvis appingit, fluctibus aprum.

Dies Denkspruͤchlein ist sehr oft bey unsrem Dichter eingetroffen; aber nirgends auffallender, als da der kalte Franz Moor eben so wie der feurige Karl in Bildern ohne Ende und Maaß spricht. Hieher gehoͤrt auch die Untereinanderwerfung der Gebraͤuche und Jahrhunderte, z. B. wenn der Verfasser Kutschen mit 4 Pferden daher rasseln laͤßt, den Edelleuten Schokolade auftischt ꝛc. Doch koͤnnte man auch ohne dergleichen ein aͤchter Nachahmer Schakespears seyn?

Wenn die Frage ist, wie ein Stuͤck, worin so viel Unedles, Ungereimtes, Scheußliches ꝛc. zusammenfließt, doch manchen Anhaͤnger, warme Vertheidiger, und einen groͤssen Zulauf haben konnte: so muß die Unpartheylichkeit und die schaͤrfste Kritick antworten, daß es immer ein außerordentliches Talent, viel Menschenkenntniß, das gluͤhendste Gefühl verräth, interessante Scenen, grosse Züge, erhabne Schönheiten habe. Es sind Perlen im Gassenstaube. Auch ein grosser Theil des Beyfalls vieler, den dies Schauspiel erhielt, gehört dem hohen Spiel Iflands und Böcks, den Dekorationen, und überhaupt der prächtigen Aufführung, und dann der Liebe zum Flittergold der gehäuften Metapher, der Neuheit der Ueberspannungen im Ausdrucke, dem Mangel an Bildung, dem falschen Geschmacke, und der Geistesschwäche ein Ganzes zu übersehen. Die schwelgerische Einbildungskraft eines Mäkers schuf einst ein Bild, vor dem eine halbe Nation staunte. Es hatte einen Leib von kolossalischer Grösse, mehrere Köpfe wie sie Raphael zeichnet, neben diesen Furiengesichter und Höllenfratzen von Brigels Pinsel; der untere Theil dieser Figur war halb Pferd, halb Schwein; Bourguignon und Sneyders malten diese Thiere nicht kühner; es war mit Blumen von Segers Kolorit ausgeschmückt; und hatte Adlersflügel von Hundergotter— lauter Theile von wahrer Schönheit, Meisterstücke der ersten Klasse — aber das Ganze war ein Ungeheuer. Indessen läßt auch der Kenner, der Mann vom feinern Gefühle so ein Ding nicht ungesehen und zollt dem Urheber auch unterm Lächeln Bewunderung. Betrachte ich die Schönheiten der Räuber: so ehre ich wirklich das Talent des Verfassers, bedaure ihn aber selbst, daß er nicht für die Unsterblichkeit gearbeitet hat.

Ich erfülle meine Pflicht, das Gute des Verfassers anzuzeigen, sehr gerne; weil ich hieben wahres Vergnügen fühle, da ich Fehler nur rüge, die zu belehren, die es bedarfen.

Gleich in der ersten Scene, deren Länge man zwar kaum aushält, sind einige schöne Züge; und wenn schon Franz Moor in der Folge unerträglich wird: so bringt doch seine Intrike wirklich Interesse.

Franz Moor. Nun sagt mir einmal — wenn ihr diesen Sohn nicht den euren nennen müßtet, ihr wärt ein glücklicher Mann!

" Der alte Moor. Stille, o stille! da ihn die Wehmutter mir brachte, hub ich ihn gen Himmel und rief: Bin ich nicht ein glücklicher Mann"!

Dies ist wirklich schön ohne Bilderglanz, einfach, natürlich, wahr, aus den Tiefen der Empfindung.

Die dritte Scene zwischen Franz und Amalia ist noch interassanter, der Dialog wie in obiger und in verschiedenen folgenden lebhaft. Aber auch diese, wie die meisten Scenen des Stückes, ist zu lang; die grossen unnatürlichen Monologen sind fast durchaus unerträglich; blieben doch größtentheils bey der Umarbeitung weg.

Franz. "Du siehst weg, Amalia! Verdien ich weniger als der, den der Vater verflucht hat?

Amalia. Weg! ha des liebevollen Vaters, der seinen Sohn Wölfen und Ungeheuern Preis gibt! Daheim labt er sich ꝛc. während sein grosser herrlicher Sohn darbt. — Schämt euch, ihr Unmenschen! Schämt euch, ihr Schande der Menschheit! — seinen einzigen Sohn!

Franz. Ich dächte, er hätt' ihrer zween.

Amalia. Ja er verdient solche Söhne zu haben, wie du bist. Auf seinem Todbette wird er umsonst die welken Hände ausstrecken nach seinem Karl, und schaudernd zurückfahren, wenn er die eiskalte Hand seines Franzens faßt. — O es ist süß, köstlich süß, von deinem Vater verflucht zu werden.

Franz. Du schwärmst, meine Liebe, du bist zu bedauren.

Amalia. O ich bitte dich — bedauerst du deinen Bruder? Nein, Unmensch, du hassest ihn! du hassest mich doch auch? 2c.

Franz. Allerliebste Träumerin! wie sehr bewundere ich dein sanftes liebevolles Herz! (ihr auf die Brust klopfend.) hier, hier herrschte Karl wie ein Gott in seinem Tempel! Karl stand vor dir im Wachen, Karl regierte in deinen Träumen, die ganze Schöpfung schien dir nur in dem Einzigen zu zerfließen, dem Einzigen widerzustralen, dem Einzigen dir entgegen zu tönen." 2c.

Herrschte durch das ganze Schauspiel diefer edle natürliche Ton, wie groß wäre das Verdienst des Verfassers!

Der Anfang der 3ten Scene des zweyten Aufzugs ist rührend.

Amalia trift den alten Moor träumend von Karln an.

Der alte Moor. (halb wach.) Er war nicht da? Drückt ich nicht seine Hände? Garstiger Franz! willst du ihn auch meinen Träumen entreissen? ꝛc.

Amalia. Wie ist euch? Ihr schlieft einen erquickenden Schlummer.

Der a. Moor. Mir träumte von meinem Sohne. Warum hab ich nicht fortgeträumt? Vielleicht hätt' ich Verzeihung erhalten aus seinem Munde.

Amalia. **Engel grollen nicht** — er verzeiht euch. (faßt seine Hand mit Wehmuth.) **Vater meines Karls! ich verzeih euch.**

Der a. Moor. Nein meine Tochter! die Todtenfarbe deiner Wangen zeuget wider dein Herz. Ich brachte dich um die Freuden deiner Jugend — o fluche mir nicht. ꝛc.

Am. Die Liebe hat nur einen Fluch gelernt. Diesen, mein Vater. (sie küßt seine Hand mit Zärtlichkeit).

Dergleichen Stellen nähern sich wirklich der erhabnen griechischen Einfalt, und sind unendlich schätzbarer als die bilderstrotzende Sprache, die die Leidenschaft nicht kennt.

Das Lied in dieser Scene, das bey der Vorstellung wegblieb, vermuthlich, weil die Schauspielerin nicht singt, ist sehr schön. Ich setze es hieher.

Andromachens und Hektors Abschied.

Andromache.

Willst dich, Hektor, ewig mir entreissen,
Wo des Anaciden mordend Eisen
Dem Patroklus schrecklich Opfer bringt?
Wer wird künftig deinen Kleinen lehren
Speere werfen und die Götter ehren,
Wenn hinunter dich der Xanthus schlingt?

Hektor.

Theures Weib, geh, hol die Todeslanze,
Laß mich fort zum wilden Kriegestanze,

Meine Schultern tragen Ilium;
Ueber Astyanax unsre Götter!
Hektor fällt, ein Vaterlands Erretter,
Und wir sehn uns wieder in Elisium.

Andromache.

Nimmer lausch ich deiner Waffen Schalle,
Einsam liegt dein Eisen in der Halle,
Priams grosser Heldenstamm verdirbt!
Du wirst hingehn, wo kein Tag mehr scheinet,
Der Cocytus durch die Wüsten weinet,
Deine Liebe in dem Lethe stirbt.

Hektor.

All mein Sehnen all mein Denken
Soll der schwarze Letheflus ertränken,
Aber meine Liebe nicht! —
Horch! der Wilde rast schon an den Mauren‒
Gürte mir das Schwert um, laß das Trauren,
Hektors Liebe stirbt im Lethe nicht!

Einer der schönsten Züge des Stückes ist das Wort der Amalia, als sie den Namen Franz auf dem von Herrmann gebrachten Schwerte liest, und Karls Hand zu erkennen glaubt.

"Heiliger Gott! es ist seine Hand. — Er hat mich nie geliebt.
(schnell ab.)

Wer kann aber folgendes anhören?

Franz. "Reizt meinen Grimm nicht. Ich verlaß euch im Tode! —

Der alte Moor. Scheusal! Scheusal! schaf mir meinen Sohn wieder! (fährt aus dem Sessel, will Franzen an der Gurgel greifen, der ihn zurück schleudert. (*)

Franz. Kraftlose Knochen, ihr wagt es — sterbt! verzweifelt!"

Die erste Scene des Dritten Akts ist desselben Inhalts wie die dritte des ersten. Nur ist Franzens Ton anders, weil er jetzt Herr ist. Auch in dieser Scene schlägt ihn Amalia; welches nicht die vortheilhafteste Wiederholung ist. Doch in der neuen Ausgabe blieb die erste Maulschelle weg. Die Entdeckung Herrmanns

das

––––––––––––––––––––

(*) Der ihm entspringt, nach der zweyten Auflage: und das lezte von Franz blieb weißlich weg.

daß Karl und ihr Oheim leben, macht gute Wirkung; die Scene ist kurz; der Dialog vortreflich.

Die Erzählung des Romans von Kosinsky gibt zu einem sehr vortreflichen Zuge Anlaß. Das Wort: "Ich muß sie sehen! auf!" ist ein herrliches grosses Wort, das Resultat unbegrenzter Empfindungen. Aber mit diesem Worte hätte sich die Scene schliessen sollen. Das folgende ist noch schwächer als das bekannte des Seneka! Hic mare & terras vides, ferrumque & ignes &c.

Karls Empfindungen beym Eintritt in dem Schloßhof gibt der Dichter in der ersten Ausgabe schön und rührend.

Ich möchte den ganzen Auftritt zwischen Karln und Amalien hier abschreiben; aber meine Leser kennen ihn — er ist sehr schön — nicht der schönste, aber vielleicht der vollkommenste; weil man nicht wohl etwas darin streichen kann. Die darauf folgenden Scenen zwischen Franz und Daniel sind von guter Wirkung, schildern Franzens Seelenunruhe im hohen Grade. Der Dichter hat eine grosse Situation verfehlt: die Zusammenkunft Karls und Franzens. Freylich würde die Schwierigkeit äusserst groß gewesen seyn: aber es foderte weiter nichts c's einen Meisterpinsel.

O daß die vierte Scene dieses vierten Aktes geblieben wäre, wie sie in der ersten Ausgabe war!

Hier ists, was mich vorzüglich rührt.

Amalia. "Wie beneid' ich ihre Amalia!

Moor. O sie ist ein unglückliches Mädchen, ihre Liebe ist für einen der verloren ist, und wird ewig niemals belohnt.

Amalia. Sagt man nicht, es gebe eine bessere Welt, wo die Traurigen sich freuen und die Liebenden sich wieder erkennen?

Moor. Ja eine Welt, wo die Schleyer wegfallen, und die Liebe sich schrecklich wieder findet — Ewigkeit heißt ihr Name — meine Amalia ist ein unglückliches Mädchen.

Amalia. Unglücklich und sie lieben.

Moor. Unglücklich, weil sie mich liebt! Wie? wenn ich ein Todtschläger wäre? wie mein Fräulein, wenn ihr Geliebter ihnen für jeden Kuß einen Mord aufzählen könnte! Wehe meiner Amalia! sie ist ein unglückliches Mädchen!

Amalia. (froh aufhüpfend.) Ja! wie bin ich ein glückliches Mädchen! Mein Einziger ist Nachstral der Gottheit, und die Gottheit ist Huld und Erbarmen! Nicht eine Fliege konnte er leiden sehen — seine Seele ist so fern von einem blutigen Gedanken, als fern der Mittag von der Mit.¹ nacht.

Moor. (kehrt sich schnell ab, in ein Gebüsche, blickt starr in die Gegend.)

Die Entdeckung des alten Moors in der Höhle von seinem Sohne Karl in den lezten Scenen des vierten Aufzugs ist von grosser Wirkung. Es ist ein schauerlicher Auftritt. Die Rührung entsteht noch mehr aus der Sache selbst, als aus der dichterischen Behandlung. Denn neben den wahren natürlichen Schönheiten kömmt wieder viel übertriebnes vor; so gar eine der schönsten und rührendsten Stellen wird mit einem Zuge beschlossen, der freylich dem Scheine nach erhabner als das vorhergehende, im Grunde aber nichts als Schwulst ist.

Moor. " Steh auf Schweizer! und rühre diese heilige Locken an! (er führt ihn zu seinem Vater und gibt ihm eine Locke in die Hand) Du weist noch, wie du einsmals jenem böhmischen Reuter den Kopf spaltetest, da er eben den Säbel über mich zückte, und ich athemlos und erschöpft von der Arbeit in die Knie gesunken war. Dazumal verhieß ich dir eine Belohnung, die königlich wäre, ich konnte diese Schuld bisher niemals bezahlen — Jetzt will ich bezahlen. Schweizer, so ist noch kein Sterblicher geehrt worden wie du! — **Räche meinen Vater.**

Hörten wir dies lezte aus dem Munde eines grossen ruhmvollen Menschen, der eines Volkes Retter wäre, und einem edlen erhabnen Freunde die Rache seines Vaters vor den Augen einer weinenden oder bebenden Nation empfiele — dann wäre es eine der ersten Schönheiten, die je ein glücklicher Dichter der Eingebung seiner Muse dankte. Auf den Lippen

Moors ist es falsch. Wir glaubens nicht, können uns auch nicht täuschen es zu glauben. So sehr können alle Erhabnen, Unsterblichen nicht vor uns verschwinden, daß es uns wahr sey, wenn ein Räuberhauptmann zu einem Räuber sagt:

"*So ist noch kein Sterblicher geehrt worden, wie du!*"

In den Augen Moors selbst ist es nicht einmal wahr; es sey denn, man nehme an, daß er durchaus ein Bramarbas oder Donquixot bleibe.

Man möchte wegen der einzigen ersten Scene des 5ten Aufzugs dem Verfasser den Gedanken verzeihen, ein so scheußliches Ungeheuer als Franz ist, auf die Schaubühne zu bringen. In der schwärzesten Mitternacht von den Gespenstern seiner Laster aufgepeitscht, von allen Schrecknissen einer nahen verzweiflungsvollen Ewigkeit umgeben, von allen Qualen eines rächenden Gewissens ergriffen und hin und her geschleudert, erscheint Franz

Moor, sucht Zuflucht in der Helle angezünde-
ter Lichter, in dem strafenden Anblick eines
ehrlichen Bedienten, in Trugschlüssen, die
sein gepreßtes Herz nicht erleichtern können.
Schauer durchlief die Adern der Zuschauer
bey diesem Auftritte. Die Stärke der dichterischen Darstellung, und das Spiel Jflands
wirkten gleich mächtig. Diese einzige Scene
rechtfertigt den Dichter wider jeden Vorwurf,
den man seinem moralischen Gefühl der Räuber wegen machte. Es ist in diesem Stücke des
Sittenlehrens und Predigens nur zu viel.
Seine Fehler sind wider die Natur der Schaubühne; seine Absichten sind die besten. Auch
diese Scene ist bey all ihren Schönheiten zu
lange, und hat wieder vieles überspannt. Der
Traum von Franz Moor ist fürchterlich, schreck-
bar wirkend; aber wird ihn Franz Moor in
seiner Lage so umständlich erzählen? Man
müßte diese Erzählung hier nicht als Erzählung nehmen, sondern als ein wirkliches ge-
genwärtiges Gesicht der Phantasie: sonst hat
es keine Wahrscheinlichkeit. Denn ist Franz
noch bey sich, so erzählt er solchen Traum nicht;
hat ihn Verstand und Geistesgegenwart verlassen: so ist ihm das Gedächtniß so treu nicht,

kann das Vergangne so wohlgeordnet, weitläufig und richtig nicht wiedergeben.

Der Pastor Moser blieb bey der Vorstellung weg. Dies ist besser als die Veränderung des Mönchen im Walde in einen Kommissär, der eine jämmerliche Figur spielt. Mit dem Pastor Moser verlieren wir aber einige Züge von der höchsten theatralischen Schönheit. Hier ist das Ende der Unterredung zwischen ihm und Franzen.

Franz. Sag mir, was ist die gröste Sünde, und die ihn am grimmigsten aufbringt?

Moser. Ich kenne nur zwo. Aber sie werden nicht von Menschen begangen; auch ahnden sie Menschen nicht.

Franz. Diese Zwo! —

Moser. (sehr bedeutend.) Vatermord heißt die eine, Brudermord die andre — was macht euch auf einmal so bleich?

Franz. Was Alter? Stehst du mit dem Himmel oder mit der Hölle im Bündniß? Wer hat dir das gesagt?

Moser. Wehe dem, der sie beyde auf

dem Herzen hat! Ihm wäre besser, daß er nie geboren wäre! Aber seyd ruhig, ihr habt weder Vater noch Bruder mehr!

Franz. Ha! — was? kennst du keine drüber? Besinne dich nochmals — Tod, Himmel, Ewigkeit, Verdammniß schwebt auf dem Laut deines Mundes — keine einzige drüber?

Moser. Keine einzige drüber.

Franz. (fällt in einen Stuhl.) Zernichtung! Zernichtung!

Moser. Freut euch, freut euch doch! preißt euch doch glücklich! — Bey allen euern Gräueln seyd ihr noch ein Heiliger gegen den Vatermörder. —

Des Räubers Moor Erklärung vor seinem Vater, daß er sein Sohn Karl sey, Franzens Gericht, Amaliens letzter Auftritt, und des Räuberhauptmanns Entschluß, einen Bedürftigen mit Hingebung seines Lebens vom Elend zu retten, sind rührend und erreichen eine hohe Stufe theatralischer Wirkung. Und hiemit will ich die Beurtheilung dieses Stückes schliessen. Jeder, der gebildetes Gefühl hat, wird in diesem Schauspiel noch weit mehr Schönheiten, besonders in den zween lezten Aufzügen, und weit mehr Fehler finden als ich hier anzeigte. Den Werth desselben zu bestimmen, denk ich, ist genug gesagt. Nur will ich am Ende das herrliche Lied Moors aus der ersten Scene des 4ten Aufz., das bey der Vorstellung wegblieb, noch ganz hersetzen; Nie sah ich an einem Kunstwerke zwischen so viel und so ungeheuren Mängeln so vorzügliche und grosse Schönheiten; nie hab ich das Vergnügen, Schönheiten zu bewundern, so unvollkommen genossen.

Das

Decipimur specie recti : brevis esse laboro,
Obscurus fio : sectantem lævia, nervi
Deficiunt animique : professus grandia, turget

war das Schicksal des Verfassers, ist das Schicksal aller, die bey allen glänzenden Geistesgaben Erfahrung, und lange Uebung nicht darüber hingesetzt haben. Ich bitte den Dichter der Räuber zu bedenken, daß edler Ausdruck, natürliche Einfalt, Reinigkeit, Rundung und

Wohlklang der Sprache, schöner Vers, einfache Handlung, zweckmäßige Charaktere, Wahrheit ohne Prunk, erschöpfende Kürze, Wohlstand, sittliche Bescheidenheit, Eigentum ohne sichtbare Nachahmung, glückliche Anwendung des schon vorhandnen, Feilung und Glättung jeder Zeile, Gesetze aus der Natur der Sache, Grazie, mit einem Worte, daß Schönheit — Vollkommenheit keine Kleinigkeiten sind.

Von den Räubern kenne ich zwo Beurtheilungen. Die in der allg. deutschen Bibliothek und eine französische. Jene ist ein schöner Machtspruch, wie die meisten Urtheile dieses Werks, ohne Beweise, ohne Belehrung, ohne Erklärung.

Die Zweyte siehe, Pot Pourri volume II. N. 12. p. 368. Der Urtheiler hat das Stück weder gesehen, noch gelesen; was er davon anführt, soll aus einem Schreiben voll Gedanken seyn. Aber auch der Briefschreiber muß entweder in jenem Falle, oder der deutschen Sprache nicht kundig seyn. Er sagt: On y voit sans émotion sur la *moindre alterca-*

tion *le fils empoisonner le pere, le frere assassiner son frere.*

Hievon sah und las ich wirklich nichts.

"La Noblesse n'y a point paru."

Hieraus sieht man, daß auch des Briefschreibers Nachrichtgeber die Sache nicht weis.

Dem, der schweigt, kann man Unwissenheit verzeihen; aber Urtheile von Dingen in der Welt bekannt zu machen, die man gar nicht kennt! was soll ich erst von folgendem ungereimten Schluß sagen?

"Il est surprenant qu'une ville si long tems renomée pour la beauté de ses spectacles, aie laissé sitôt corrompre son gout.

Ist denn der Adel, der, wie der Verfasser glaubte, bey der Vorstellung nicht erschien, und dadurch den schlechten Werth des Schauspiels nach seinem Sinne zu erkennen geben wollte, nicht ein wichtiger Theil der Stadt, der die Schauspiele besucht? Und ist dies Beweis, daß der Geschmack von Mannheim verdorben ist, wenn der letzte Pöbel, der die

Henkersgerüste umgibt, einem Schauspiele seinen Beyfall gibt?

"Comment peut on prendre pour succès le suffrage du peuple? il entoure aussi les echaftauts" sagt der Rezensent selbst. Und sogar der Pöbel soll nach dem Verfasser nur aus flüchtigem Vorwitze zugelaufen seyn, und dem Schauspiel bald Gerechtigkeit wiederfahren lassen.

Ce n'est qu'une curiosité passagere, encore quelques Representations de cinq heures & le Parterre fera lui même justice &c.

Welche Schlußfolgen!

Der Beyfall des Pöbels ist unbedeutend, sagt der Rezensent, der Adel war nicht bey der Vorstellung; Nur ein vorübergehender Vorwitz verursachte den Zulauf;

Und dennoch ist der Geschmack von Mannheim verdorben!

Mich deuchts, wenn ein schlechtes Stück

gegeben würde, könnte man zur Ehre Mannheims nicht mehr sagen: als Leute von Stande (dies versteht doch Rezens. unter dem Adel: denn sonst ists vollkommner Unsinn was er sagt) gingen nicht hinein, und der Pöbel selbst wirds nur einige mal sehen mögen.

Aus den Schlüssen dieses Rezensenten folgte ganz offenbar, daß der Geschmack von Paris in den blühendsten Zeiten seiner Bühne verdorben gewesen wäre.

Le theatre françois, sagt er, a auſſi une mauvaiſe comedie dont Cartouche eſt le heros & le ſujet, mais on ne la repreſente pas.

Nein jetzt nicht, aber im Jahr 1721 den 21ſten Oktob. wurde ſie vorgeſtellt. Die Ungedulb des Parterres, dieſes erbärmliche Luſtſpiel zu ſehen, war ſo groß, daß die Schauſpieler das erſte Stück: Eſop am Hofe nicht endigen konnten. Man mußte es unterbrechen, und dem Geſchreye des Parterres nachgeben, das immer Kartuſch rief.

Nein ſo etwas erlebten wir in Mannheim

nicht. Der Pöbel hat hier eine zu schwache Stimme. Pöbel und Parterre sind hier nicht einerley. Die Einrichtung ist so gemacht, daß Adel, Gelehrte und Bürger im Parterre so wohl als in den Logen sich vertheilen. Auch gibt der Stand den Grad der Einsicht nicht.

Das schöne Stück Les voleurs oder Cartouche wurde dreyzehnmal auf der Pariser Schaubühne vorgestellt, ohne die Vorstellungen zu zählen, die von einem noch weit schlechtern unter demselben Titel auf dem Italienischen Theater in Paris gemacht wurden. (*)

Das allerabgeschmackteste ist der Vergleich der Räuber und des französischen Kartusches- sie haben so viel Aehnlichkeit, als ein Gassenlied und Crebillons Katilina. Aber so armseliges französisches Gewäsche, wie dieser Rezensent über die Räuber machte, wird noch

---

(*) Siehe Dictionaire portatif des Theatres &c. à Paris. 1754. Cartouche.

vieles in Deuschland gelesen und stimmt leider! oft den Ton in grossen Gesellschaften. Eben da ich mein Mpt. in den Druck geben will, erhalte ich noch eine Beurtheilung der Räuber, im Wirtenbergischen Repertorium, worin viel Schönes und Wahres gesagt wird. Karl Moor wird aus einem andern Gesichtspunkt als hier betrachtet; Amalia gefällt dem Rezensenten weniger. Mich deuchts, es sey mehr Rezension eines Romans als eines Theaterstückes. Auch verfährt der Verfasser mit dem Dichter einige mal sehr ungerecht. Z. B. Von Amalia, sagt er, läßt ihr Geliebter bis zur lezten Zeile des dritten Aktes kein halbes Wörtchen fallen". Gleich im ersten, als Moor das erste mal erscheint, sagt er zu Spiegelberg: Im Schatten meiner väterlichen Haine, in den Armen meiner Amalia lockt mich ein edler Vergnügen." Als Moor das dritte mal auf der Schaubühne erscheint, kömt schon das große Wort: "ich muß sie sehen". Dies ist von unendlich größerer Wirkung, als wenn er vorher vieles von ihr gesagt hätte. Hier erhält das Stück, wie der Rezens. selbst bemerket, neuen Schwung.

Tiefe Stille

Moor. (nimmt die Laute und spielt..)

Brutus.

Sey willkommen friedliches Gefilde,
Nimm den Lezten aller Römer auf,
Von Philippi, wo die Mordschlacht brüllte,
Schleicht mein gramgebeugter Lauf.(*)
Kaßius wo bist du? — Rom verloren!
Hingewürgt mein brüderliches Heer,
Meine Zuflucht in des Todes Thoren!
Keine Welt für Brutus mehr.

Cesar.

Wer mit Schritten eines Niebesiegten
Wandert dort vom Felsenhang? —
Ha! wenn meine Augen mir nicht lügten?
Das ist eines Römers Gang! —
Tybersohn! von wannen deine Reise?
Dauert noch die Siebenhügelstadt?
Oft geweinet hab ich um die Waise,
Daß sie nicht mehr einen Cesar hat.

Brutus.

───────────────────────────

(*) Ein gramgebeugter Lauf, der schleicht!

Brutus.

Ha! du mit der drey und zwanzigfachen
    Wunde!
Wer rief Todter dich ans Licht?
Schaudre rückwärts zu des Orkus Schlunde,
    Stolzer Weiner! — triumphire nicht!
Auf Philippis eisernem Altare
    Raucht der Freiheit leztes Opferblut;
Rom verröchelt über Brutus Bahre,
    Brutus geht zu Minos — kreuch in
        deine Flut!

Cesar.

O ein Todesstoß von Brutus Schwerte!
    Auch du — Brutus — du?
Sohn — es war dein Vater — Sohn —
        die Erde
    Wär gefallen dir als Erbe zu;
Geh — du bist der größte Römer worden,
    Da in Vaters Brust dein Eisen drang,
Geh — und heul es bis zu jenen Pforten:
Brutus ist der größte Römer worden
    Da in Vater Brust sein Eisen drang;
Geh — du weists nun, was an Lethe's
        Strande
    Mich noch bannte —
Schwarzer Schiffer stoß vom Lande!

Brutus.

Vater halt! — im ganzen Sonnenreiche
    Hab ich einen nur gekannt,
Der dem grossen Cesar gleiche;
    Diesen Einen hast du Sohn genannt.
Nur ein Cesar mochte Rom verderben,
    Nur nicht Cesar mochte Brutus stehn,
Wo ein Brutus lebt, muß Cesar sterben,
    Geh du linckwärts, laß mich rechtwärts gehn.

Erinnerung an mein achtzehntes Jahr.

Holde Dämmerung der Jugend!
Herzensfülle! Herzenszuversicht!
Unversehrter Glaube an die Tugend!
Ha! wo bist du, liebes Zauberlicht?

Das auf leichten Rosengängen
Mir gestreuet seinen Purpurschein?
Alle Büsche rauschten von Gesängen;
Jedes Wäldchen war Cytherens Hain:

Und umschwebt von goldnem Frieden
War mein Herz beseeltes Harfenspiel;
Früchte lachten mir in allen Blüten,
Und ich träumte reiner Freuden viel;

Trank aus Platons Nektarschaale
Vorgefühle höh'rer Seeligkeit:
Und wie Eden unterm Schöpfungsstrale,
Lag vor mir die Erde weit und breit.

Ha! gefallen, ha! auf immer
Ist der Schleyer, weg das Zauberlicht:
In der Wahrheit heissen Mittagsschimmer
Hingeschmolzen jedes Traumgesicht!

Stille, feyerliche Schatten
Wo Begeist'rung einsam mich umfing!
Ihr des Lenzen tausendfarbe Matten,
Wo die Freude mir zur Seite hing!

Thal, wo an geweih'ten Quellen
Ihren Wunderkreis die Dichtkunst schloß;
Voll und rein, wie ihre Silberwellen,
Die Empfindung aus der Seele floß!

Hügel, wo die Blumendüften,
Seegenvoll der Hauch der Liebe wallt!
Graue Gipfel, wo in Morgenlüften
Gottes Stimme in mein Inn'res schallt!

Euerm sichern Heiligtume
Flieh' ich, Armer! izt vergebens zu,
Unerquicket, wie die welke Blume
In dem Bache! find' ich keine Ruh!

Ha! was sollte dieses Herzens
Warmer Schlag in einer kalten Welt?
Mitgefühle brüderlichen Schmerzens?
Hoher Sinn, der meinen Busen schwellt?

Wenn kein Herz für mich geboren
Gleiche Freundschaft mir entgegen schlägt,
Güte, Großmuth sind der Spott der Thoren,
Und mein Arm der Knechtschaft Fesseln trägt?

Was ist Liebe, dein Entzücken,
Das so mächtig durch die Adern fleußt,
Wenn die Falschheit lau'rt in Wonneblicken,
Oder Schicksal deinen Bund zerreißt?

Der gerühmte Kelch der Freuden,
Mir gereicht aus Hebens Rosenhand?
Süßes Gift, das nur zu schärferm Leiden,
Tieferm Kummer jede Sehne spannt!

Nun so komm', o Glück der Seele,
Stolz des Weisen, Unempfindlichkeit!
Schütze mich in deiner Winterhöle,
Wo gestählter Brust kein Unfall dräut!

Egoistin, zieh zusammen
Alle Sinne, daß ich unbewegt
Lächle, wenn die Wuth erzürnter Flammen
Halbe Reiche in die Asche legt;

Kalt beim Schwerte der Barbaren,
Taub dem Röcheln der Verzweiflung steh,
Ungerühret, mit zerstreuten Haaren
Die entweih'te Unschuld bangen seh';

Ungestört den Becher leere,
Wenn der Sturz des Weltalls um mich kracht,
Und gesetzlos Thier und Geist und Sphäre
Wieder stürzen in die alte Nacht.

Ah! wo führen schwarze Klagen
Düst'rer Schwermuth mich Verlornen hin?
Soll ich Menschheit, deinem Zug' entsagen,
Weil ich nicht des Glückes Günstling bin?

Will ich weichlich Rosen pflücken
Ohne Dornen, welk und unverdient?
Ach! bey Nektar schmachtet, wem Entzücken
Aus des Herzens Urquell nicht mehr rinnt!

Bestes Loos der Erdensöhne,
O Empfindung, weiche nicht von mir!
Alle Wonne, alles Gut' und Schöne,
Kind des Himmels, fließt ja doch von dir.

Mag das Schicksal mir bescheiden
Trübe Stürme, heitern Sonnenschein;
Laß mich schmecken deine Himmelsfreuden,
Laß mich dulden deine Höllenpein!

E—l.

Frühlingslied,

nach dem Horaz. I B. 4 Ode.

Die wiedererwachte verjüngte Natur
Entwekt schon Violen und Rosen der Flur,
Schon tränket Ambrosia duftender Thau
Das Gras und den Klee und die Blüten
der Au.

Der Vögel vereintes frohlockendes Chor,
Singt Lieder der Wonn' und des Dankes
empor,
Auch schlägt schon die Nachtigal traurig und
klagt,
Wenn nächtlicher Schatten den Titan verjagt.

Die Stiere und Kühe verlassen den Stall
Und folgen des Hornes gebietendem Schall;
Sie springen der Ketten entledigt umher
Und trinken der Freuden ergiebiges Meer.

Die Menschen von Kummer und Elend ge-
drückt,
Entschleichen den dumpfigen Kerkern gebückt;
Sie wieget der spielende Zephir im Arm,
Und scheuchet urplötzlich tiefbeugenden Harm.

Freund! folge dem lächelnden Ruf der
Natur,
Sie führt dich des Lebens erfreulichste Spur;
Geh! reiß von den Fesseln der Sorgen dich
los,
Und wirf dich der Freud' in den rosigen
Schooß.

Der Sensemann ist ein gewaltiger Mann,
Den Kaiser und König nicht bändigen kann;
Er achtet nicht Hoheit, noch Ehre, noch Geld,
Will senden er dich in die andere Welt.

Dort schenkst du nicht Mosler, nicht Rhei-
nischen Wein
In Rebenumkränzte Pokale dir ein;
Dort küßt dir nicht Lyda's begeisternder Kuß,
Vom Auge die Wolken, vom Herzen Ver-
druß.
      Lvtr.

Sinngedicht,

nach dem englischen des Priors.

Daß alle Dichter Narren sind,
Hat Knipps mit Schlüssen fest bewiesen;
Doch gröser wär nach meinem Sinn,
Das Glück für ihn,
Könnt' er den Gegensatz erschliessen,
Daß alle Narren Dichter sind. (*)

Christmann.

(*) Yes, every poet is a fool
By demonstration Ned can Show it
Happi, could Ned's inverdet rull
Prove every fool to be a poet,

Auf ein Stück der heutigen Bergstraße. (*)

Sieh Wandrer, brüderlich steh hier
Das Bild der Vorwelt und der unsern gatten,
Die Nußbaumreihe dort, der alten Straße Zier,
War unsrer Väter Werk; die Pappeln pflanzten wir,
Hoch, schwankend, ohne Frucht und ohne Schatten.

(*) Im Darmstädtischen sieht man die alte Bergstraße in einiger Entfernung neben der neuen mit jungen Pappeln besezten Chaussee.

Die Sonne und ein Mädchen.

Das Mädchen.

Du Riese, der durchs Wolkenmeer
So mächtig trägst den Flammenspeer,
Was gibst du deinem Feuersohne
Dem Morgenstern, zu seinem Lohne,
Daß er dir willig zieht voran,
Und zeichnet um die Welt die Bahn?

Die Sonne.

Ich wälz um ihn sein Stralenkleid,
Deck ihn mit meinem Schilde,
Geb tausend Meilen ihm zur Weid
Im himmlischen Gefilde.

Das Mädchen.

Behalte Titan deine Himmelsweid,
Und schenk mir nur sein Stralenkleid,
Dann zieh ich ewig dir voran,
Und zeichne um die Welt die Bahn,
So leucht' ich doch im Mädchenchor
Aus allen vor.

Kobell.

An die Mamsel C. K.
von J. G. Jacobi. (*)

Einst im May, vom Abendwind
An der Mutter Brust umfächelt,
Und von Rosen angelächelt,
Schliefst du, noch ein zartes Kind;
Von dem Glanz in Westen glühten
Alle Blätter, alle Blüthen;
Goldne Wolken, Lämmern gleich,
Sah man still am blauen Himmel weiden,
Spiegeln sich im hellen Teich;
Und aus ihrem Zauberreich
Kam, gelockt von jungen Freuden,
In der Hand den Wunderstab,
Göttin **Phantasie** herab.

(*) Die grösser gedruckten Namen in diesem Gedichte sind Zeichnungen dieses Frauenzimmers, die den grösten und keuschesten Geschmack anzeigen und die dem Verfasser Anlaß zu diesem Gedichte gaben. Kenner zeugen, das dieses sehr liebenswürdige Geschöpfe im Ausdrucke der schönsten und reinsten Empfindungen einen noch unerreichten Grad erlangen werde, wenn es nach dem Maaße seiner Kräfte die Kunst studirt.

Langsam trugen sie die Purpurfarbnen Flügel
Durch das weite Paradies,
Wo zulezt auf grünem Hügel
Sie den Fittig ruhen ließ.
Auf dem grünen Hügel machten
Amoretten um den Reihentanz
Froher Nymphen einen Kranz;
Und die Huldgöttinnen lachten
Beifall ihren Spielen zu.
Leise schlummernd, so wie Du,
Von der jüngsten Grazie gewiegt,
Lag, an ihre Brust geschmiegt,
Einer von den holden Knaben.
Mit dem Auge, welches Götter laben,
Und den Sterblichen zum Gott erhöhen kann,
Sah die Grazie den kleinen Liebling an.
Plözlich tönte von den Bäumen
Nachtigallenmelodie;
Plözlich schwebte Phantasie
Um das Kind mit lauter Frühlingsträumen;
Und es gab der **Venus** Tochter ihr
Schwesterlich den schönsten Kuß dafür.
Mit dem Kuße flog die Zauberinn zu dir,
Gab ihn deinen Lippen wieder;
Und da kam auf dich hernieder
Jene süße Wunderkraft,

Die sich eine Welt nach Wohlgefallen schaft,
Bildet, ordnet, trennt, und wiederum vermählt,
Dann mit Lebenshauch den todten Stoff beseelt.
Und es kam auf dich hernieder
Jenes Graziengefühl,
Das in jedem Blick, in jedem Lockenspiel,
In dem kleinsten Schwung der Glieder,
In der Hebung einer Hand,
Selbst im flatternden Gewand
Aechten Reiz der Schönheit finden will,
Der, voll Einfalt, leicht und still,
Aus dem Innersten der Schönen Seele geht;
Wie ein Zephyr, wenn er Blüten weht,
Durch das Haar geschürzter Nymphen säuselt,
Und den Schleyer der Vestale kräuselt.

So empfiengst du, in der Liebe Schooß,
Himmelab das seltne Loos,
Geistern unbekannt, die nur den Sinnen fröhnen;
Warst durch einer Huldinn Kuß
Eingeweiht zum seeligen Genuß,
Alles Guten, alles Schönen;
Sahst die Tugend sich mit Rosen krönen,
Sahst die Unschuld, arm, und doch beglückt,
Welche Lilien mit Hirtenmädchen pflückt;
Die Bachantinn auf der freyen Wiese,

Wo sie jauchzend ihre Cymbeln hebt,
Gras und Blume bang vor ihren Füßen bebt;
Aber, wie vom Winde weggeführt,
Sie des Grases Spitzen kaum berührt.

Und den Schmerz der jungen **Heloise**,
Die, gelehnt an einen Leichenstein,
Bey der Lampe mattem Schein,
Blaß und stumm, auf Gräber sinkt,
Und mit Gott, und ihrer Liebe ringt.

Heilig ganz, in jungfräulicher Wonne,
Wie der Himmel rein, erquickend wie die Soñe,
Zeigten Engel dir das **Mutterbild**,
Das, in Niedrigkeit gehüllt,
An dem Busen, der voll Demuth schlägt,
Aller Völker Hofnung trägt.

Aber ach! dir nachzumalen
Ist umsonst! Mich küßte nie,
Sanft umleuchtet von den Stralen
Einer Grazie, die Phantasie.
Glücklich nur, daß eine Muse mich geweiht,
Deiner Bilder Lieblichkeit
Zu verstehn, mich ihrer zu erfreuen,
Und auf deinen Weg dies Rosenblatt zu streuen!

Düsseldorf, den 10ten Merz 1783.

Geschichte der Deutschen für alle Stände.

Teutschland hat jezt einige vortrefliche Geschichtschreiber, welche an Fleiß und Genauigkeit die meisten auswärtigen übertreffen; an Scharfsinn und gutem Vortrag, ihnen zum Theil gleich kommen.

Dennoch werden die Schriften über die ganze Geschichte Teutschlandes selten von andern als Gelehrten gelesen. Vielleicht einige dieser Werke zu weitläuftig, oder zu sehr mit lateinischen Stellen, mit gelehrten Untersuchungen und mit Bemerkungen; welche zwar für Rechtsgelehrte nüzlich, aber nicht für alle unterhaltend sind; angefüllt.

Unstreitig kömmt die Schmidtische Geschichte der Teutschen dem Ideal einer vollkommen guten teutschen Geschichte am nächsten; aber dennoch wird sie, wegen ihrer zunehmenden Weitläuftigkeit und wegen vieler hauptsächlich nur für Gelehrte unterhaltenden Bemerkungen, vielleicht nicht so allgemein gelesen werden, als sie verdiente.

Ich habe bei Entwerfung einiger Versuche über einzelne Gegenstände und Zeitpunkte der teutschen Geschichte, welche von dem Publikum mit mehr Nachsicht als ich hoffte aufgenommen wurden, gefunden, daß immer noch vieles in ein besseres Licht gesezt werden könnte.

Durch alle diese Ursachen bewogen wär' ich entschlossen eine Geschichte der Teutschen für alle Stände herauszugeben, wenn mein Plan Beifall erhalten sollte. Mein Wunsch ist, in einer deutlichen und angenehmen Schreibart, so kurz als möglich, diejenigen Umstände, welche besonders den Charakter der Teutschen, die Verfassung ihres Reiches, und ihre berühmtesten Männer darstellen und überhaupt die Begebenheiten, welche für alle Arten von wißbegierigen Menschen unterhaltend oder nüzlich seyn können, zu erzählen. Das ganze Werk wird aus drey kleinen Bänden, die zusammen ohngefähr 60 Bogen ausmachen werden, bestehen. (*)

(*) Der H. Verfasser ist ein schon bekannter Schriftsteller Deutschlands im historischen Gefache.

Bei dieser Kürze des Raums, die ich, um die Aufmerksamkeit der Leser zu erhalten, für nöthig erachte, und bei meiner Absicht, werden weitläuftige philosophische und kritische Untersuchungen, vollständige Erzählung aller Begebenheiten und der minder beträchtlichen Veränderungen der teutschen Verfassung nicht erwartet werden.

Ich benutze zwar die Werke eines Hahns, Mascovs, Häberlins und Schmidts und werde selten Beweise der von diesen allgemein bekannten Schriftstellern schon bewiesenen Umstände anführen; aber ich habe zugleich aus den Quellen, die, wo es nöthig ist, angezeigt werden, geschöpft, und kann aus denselben unterschiedene nicht sehr bekannte Dinge vortragen.

Lateinische Stellen werden ganz vermieden. Wo es nöthig ist, die Worte eines lateinischen Schriftstellers einzurücken, da wird dieses in teutscher Uebersetzung geschehen.

Vielleicht wird, um den Geschmack jedes Zeitpunkts anschauender darzustellen, aus jedem Jahrhundert ein Brief, eine Urkunde, ein Gedicht, eine Stelle aus einer Chronik und aus einem wissenschaftlichen Werk eines berühmten Verfassers beigefügt werden.

Ich lege eine Probe bei, welcher zufällig mehrere Anmerkungen als bei den meisten andern Abschnitten nöthig waren nebst dem Inhalt des ersten Abschnits bei, und erwarte den Ausspruch des Publikums.

v. G.

Inhalt.

Iter Abschnitt. Ursprung und Namen der teutschen Gränzen und alte natürliche Beschaffenheit Teutschlandes, Rhätiens, Noricums und Galliens.

IIter Abschnitt. Sitten, Gedenkungsart, Verfassung und Religion der alten Teutschen und Gallier.

IIIter Abschnitt. Geschichte der Gallier und Teutschen vor den Kriegen mit dem Römer Julius Cesar, im Jahr der Welt 3926.

IVter Abschnitt. Kriege des Julius Cesar mit den Helvetiern, Belgiern und Teutschen, bis auf das Jahr der Welt 3935.

Vter Abschnitt. Geschichte der Teutschen zu den Zeiten der Römischen Kaiser August und Tiber bis auf das Jahr nach Christi Geburt 37.

VIter Abschnitt. Geschichte der Teutschen von dem Tod des Kaisers Tiberius an, bis zu Ende des Markomannischen Kriegs vom Jahr 37 bis 180.

VIIter Abschnitt. Bemerkungen über die Kriege der Teutschen mit den Römern. Würkungen derselben auf die Teutschen; Entstehung neuer Namen und Bündnisse der teutschen Völker.

VIIIter Abschnitt. Teutsche Geschichte vom Ende des Markomannischen Kriegs bis auf die Zeiten des K. Constantins des Großen. vom Jahr 180 bis 306.

IXter Abschnitt. Geschichte der Teutschen von Constantin dem Großen an, bis zu der Theilung des Kaiserthums. 306 bis 395.

Xter Abschnitt. Theilung des Römischen Kaiserthums; Völkerwanderungen; Untergang des Abendländischen Kaiserthums; Ursachen, welche den Teutschen dessen Besiegung möglich machten. v. J. 395 bis 476.

XIter Abschnitt. Veränderungen in Italien bis auf die Stiftung des Longobardischen Reichs. Sitten und Verfassung der Teutschen Völker in Italien, Spanien, Afrika und Burgund.

XIIter Abschnitt. Zustand Teutschlandes unmittelbar nach den großen Völkerzügen.

XIIIter Abschnitt. Zustand und Geschichet

der Franken von ihrem erſten veſten Aufenthalt in Gallien und Belgien an, bis auf ihren König Chlodowich den Großen. Vom Ende des 4ten Jahrhunderts bis ohngefähr 482.

XIVter Abſchnitt. Geſchichte des fränkiſchen Königs Chlodowichs und der Teutſchen zu ſeiner Zeit. v. J. 482 bis 511.

XVter Abſchnitt. Geſchichte der Teutſchen und Franken von der Theilung des Fränkiſchen Reichs unter Chlodowichs des Großen Söhnen, an, bis zu der erſten Wiedervereinigung deſſelben unter Chlotar. v. J. 511 bis 558.

XVIter Abſchnitt. Geſchichte der Teutſchen, beſonders der Franken von Chlotar I. bis auf die zweite Wiedervereinigung unter Chlotar dem II. v. J. 558 bis 613.

XVIIter Abſchnitt. Geſchichte der Teutſchen von Chlotar dem II. bis zur Thronbeſteigung Pipins. v. J. 613 bis 752.

XVIIIter Abſchnitt. Zuſtand und Verfaſſung Teutſchlandes unter den Merovingiſchen Königen der Franken. Nachrichten vom heil. Bonifacius.

XIXter Abſchnitt. Geſchichte der königlichen Regierung Pipins des Kurzen. 752 b. 768.

XXter Abſchnitt. Geſchichte des Fränkiſchen

Königs Karlomanns und des Kaysers Karls des Großen. v. J. 768 bis 814.

XXIter Abschnitt. Geschichte des Kaisers Ludwigs I. und seiner Söhne bis auf den Verduner Vertrag. v. J. 814 bis 843.

XXIIter Abschnitt. Geschichte Lothars I., Ludwigs II., und ihrer Söhne vom Verduner Vertrag bis auf die Absetzung Karls des Dicken. v. J. 843 bis 888.

XXIIIter Abschnitt. Geschichte der teutschen Könige, Arnulfs und Ludwigs IV. vom Jahr 888 bis 911.

XXIVter Abschnitt. Zustand und Verfassung Teutschlandes unter den Karolingischen Kaisern und Königen.

Dreyzehnter Abschnitt.

Die Franken erlangten unter allen teutschen Völkern die größte Macht. Als das römische Reich zu zerfallen anfing, verliessen viele von ihnen ihre alten Wohnungen. Einige, we‥ ‥en Namen Ripuarier (1) erhielten, bewohnte‥ ‥ beiden Ufer des Rheins, von

---

(1) Von dem lateinischen Wort ripa das Ufer. Vermutlich sind sie unter den Ripariolen zu verstehen welche Jornandes c. 36. schon bei den Kriegen des Attila zu den teutschen Völkern zählt.

der Lahn bis gegen das Clevische. Andere, die Salier genennt und für die tapferſten gehalten wurden, waren an dem Niederrhein weit in Belgien eingedrungen und beſaſſen ſchon zu Anfang des fünften Jahrhunderts die Gegenden von Dornick und Cambrai. Die, welche vormals Chatten hieſſen, blieben in ihren alten bis an das Thüringiſche Königreich ſich erſtreckenden Wohnſitzen zurück.

Die Gränzen der den Franken gehörigen Länder waren ſehr veränderlich, weil dieſes Volk oft große Stücke Galliens hinwegnahm; oft aber von den Römern zurückgetrieben ward, und weil auf der andern Seite die Sachſen jede Gelegenheit benuzten, um das Land der Franken, ihrer beſtändigen Feinde, zu ſchmälern. Anfänglich hatten dieſe nur Heerführer. Als ſie aber ihr Land ſo ſehr vergrößert hatten, daß nicht mehr, wie vormals, alle freie Männer ſich zu Berathſchlagungen leicht verſameln konnten, und ſo bald zu Behauptung dieſer Eroberungen eine beſtändige Wachſamkeit nöthig war, unterwarfen ſie ſich einigen von einander unabhängigen Fürſten. Dieſe waren zwar immer aus einem Geſchlecht, (2) wurden aber

---

(2) Deswegen konnte Aimonius de geſtis Fran-

ohne Rücksicht auf die Nähe der Verwandschaft gewählt. Eines ihrer Unterscheidungszeichen war, daß sie allein ihr Haar lang wachsen lassen dürften und deswegen die Könige mit langen Haaren genennt wurden (3). Sie wurden immer von tapfern ihnen ganz ergebenen Kriegern begleitet; sie hatten auf die Austheilung der gemachten Beute Einfluß; sie konnten sich leicht durch Wohlthaten unter ihren eigenen sowohl als unter den besiegten Völkern noch mehrere Anhänger verschaffen; sie wurden deswegen dem ganzen Volke furchtbar: niemand durfte, so lange sie nicht offenbare Ungerechtigkeiten begingen, es wagen, sich ihnen zu widersetzen; aus Furcht, daß entweder das siegende oder das besiegte Volk ihnen beistehen werde. Jeder Franke blieb zwar ein Kriegsmann, durfte in seinem Hauswesen und Eigenthum nicht eingeschränkt werden, war von Abgaben frei; aber er hatte weit weniger als vormals, Ein-

---

corum L. 1. C. 12. sagen: "durch Erbrecht ward Chlodowich nach Childerichs Tod, König der Franken."

(3) Die Unterthanen des Königs der Franken lassen sich das Haar rund um den Kopf abschneiden; man erlaubt ihnen nicht leicht es lang wachsen zu lassen," sagt Agathias in hist. L. 1 p. 14. Man sehe auch die Vorrede zu dem Salischen Gesetz.

fluß auf die Regierung des Staats (4). An den König, nicht wie in ältern Zeiten an eine Versammlung des Volks wendeten sich fremde Fürsten und Gesandte 5); ihm ergaben sich die besiegte Völker (6); bei ihm wurden die, welche den Richtern nicht gehorchten, angeklagt; die an seinen Sachen begangene Diebstähle bestraft man schärfer als andere (7). Er ließ zwar jährlich in dem Märzmonat die Kriegsleute, welche ihre Wohnplätze verlassen konnten, zusammen kommen (8), aber nicht um aus Schuldigkeit ihren Rath einzuholen, sondern um sie zu mustern, zuweilen ihre Meinung zu hören, ihnen seine Entschließungen bekannt zu machen, und wenn es nöthig war, beim Anfang der gelinden Witterung, einen Feldzug mit ihnen zu unternehmen (9). Der König sezte in je=

---

(4) Schon die Vorrede des Salischen Gesetzes versichert, daß dasselbe nicht von einer Volksversamlung, sondern von den Großen die das Volk regierten, gemacht worden sey.

(5) Man sehe das Schreiben des Gothischen Königs Theodorichs an den König Chlodowich. Cassiodor: Variae epist. Lib. II. ep. 41.

(6) Die Allemannier unterwarfen sich dem König Chlodowich: "Jezt sind wir darin" sagten sie. Gregor. Turon. Lib. II. Cap. 30.

(7) Lex Salica Tit 41 59.

(8) Dies hieß Märzfeld (Campus Martius) Gregor. Turon. L. II. C. 27.

(9) Runde von der Reichsstandschaft der Bischöffe

den Bezirk oder Gau einen Graben: dieſer mußte mit Zuziehung der Rathbürger, Schöffen oder Beiſitzer, Recht ſprechen, jährlich eine Verſammlung aller ſeiner Untergebenen, die Mallum hieß, halten, (*) ſorgen, daß niemand unterließ bei dem Heer ſich einzufinden, und die Bewohner ſeines Bezirks in dem Krieg anführen.

Der Kriegsſtand und die obrigkeitliche Würden waren alſo nicht von einander abgeſondert; jeder Franke war Kriegsmann; jede obrigkeitliche Perſon, Richter und Heerführer zugleich. Der König ſelbſt ſaß zu Gericht. (10)

Auch bei den Franken erhielt jeder freie Mann ſeinen Theil an den gemachten Eroberungen, der Saliſches Land genennt und nur auf den Mannsſtamm vererbt ward (**). Ueber-

---

und Aebte Iter Abſchnitt §. 4. "Alles was wir ſehen, ja wir ſelbſt ſind deinen Befehlen unterworfen" ſagte ein Frank zu dem König Chlodowich. Gregor. Turon. L. II. C. 27. Dieſer König redete ſein Heer alſo an: "Der Ordnung nach hat ein Fürſt ſeinen Unterthanen zu befehlen, nicht ſie zu bitten; dennoch will ich lieber von eurem freiem Willen als durch Strenge etwas von euch erhalten." Aiman. de geſt. Francor. L. I. C. 12. (*) die Berufung zu dem Mallum hieß Mannius; wer nicht erſchien ward geſtraft.

(10) Fortunati carmen ad Charibertum Regem in Bouquet recueil des hiſtoriens de France T. II. p. 506.

(**) Unter mehrern Meinungen von Beſchaffenheit des Saliſchen Landes iſt dieſes die wahrſcheinlichſte.

dies bekam jeder Feldherr; Richter oder sonst besonders verdiente Mann, gewisse Güter aus welchen in der Zeitfolge Lehen entstunden, zum Genuß.

Solche Vorteile, Begierde zu neuen Eroberungen und Nachbarschaft mächtiger Feinde unterhielten den kriegerischen Geist des Volks. Jeder Knabe dachte an künftige Schlachten; die Franken konnten durch größere Macht überwältigt und getödet, aber nicht geschreckt werden (11). Die Edelleute von welchen der spätere hohe Adel abstammte (12), hielten es für ihre Pflicht, sich durch vorzüglichen Muth eben so sehr, als durch Geburt auszuzeichnen. Zur Belustigung diente die Jagd, weil sie dem Krieg am nächsten kam. Bei dem königl. Hofstaat waren deswegen die an andern Höfen unbekannte Stellen der Falkenmeister und Jägermeister in Ansehen. Einige Arten der Kampfspiele (ludi circenses) lernten die Franken von den Römern.

Die alte teutsche Treue blieb nicht wie die Tapferkeit, den Franken eigen. Sie werden

---

(11) So sagt Sidonius in panegyr. Majorian. v. 249 sq.

(12) Daß die Franken erblichen Adel hatten, beweiset unter andern das Leben des h. Bonitus beim Bouquet T. III. p. 623. wo ein Mann von edler Geburt vorkommt.

von den Geschichtschreibern zwar gastfrei, aber treulos genennt (13), und ihre Geschichte beweiset daß sie diesen Vorwurf verdienten: vielleicht waren ihr Eroberungsgeist, die Herrschsucht ihrer Könige und das ansteckende Beyspiel der Römer, Ursachen eines so entehrenden Verderbnisses.

In der Gegend von Trier und Cölln wo schon vormals viele Teutsche waren, führten die Franken ihre Sprache ein (14); in andern Teilen Galliens nahmen sie nach und nach die meisten Wörter aus der lateinischen Sprache in die ihrige auf, woraus eine dritte, die Romanische Sprache entstand.

Die Franken nahmen durch ihren Aufenthalt in Gallien und durch die Kriegsdienste welche viele von ihnen den Römern leisteten, mehr verfeinerte Sitten an. Sie fiengen an sich etwas mehr an Wohnungen in Städten und vesten Schlössern zu gewöhnen. Doch zogen sie noch lang die Wohnungen auf dem Land, denen in der Stadt vor. Sie hatten jezt besser eingerichtete Häuser, Mühlen, eigentümliche

---

(13) Salvianus de gubernatione Dei L. VII. Eumen. in panegyr. VI. c. 10. Das Heldengedicht Walther von Aquitanien nach Hrn. Hofr. Molters Ueberf. S. 32.

(14) Sidonius Appollinar. L. IV. ep. 17.

Waldungen, Weinberge und Baumgärten; sie
sie zogen viele Bienen; sie trieben den Feld=
bau mit grösserm Fleiß (15); sie prägten Mün=
zen welche dem Werth nach mit den Römischen
übereinkamen, Schillinge (Solidi) und Dena=
rien genennt wurden und sehr schlecht geprägt
waren (16). Bei den Römern selbst waren
Künste und Wissenschaften sehr gesunken, bei
den Franken die zum Theil von ihnen lernten,
mußten sie in einem noch schlimmern Zustand
seyn. In einer Zeit wo beinahe ganz Europa
durch blutige Kriege verheeret ward, und die
Franken fast nie im Frieden lebten, konnte die=
ses Volk das damals noch wenig Geld hatte,
an Handel, Fabriken und Anstalten für Kün=
ste und Wissenschaften nicht denken. Viele
Franken konnten zwar lateinisch schreiben; aber
noch scheint die Kunst die teutsche Sprache zu
schreiben unbekannt gewesen zu seyn (17).

(15) In dem Salischen Gesez, besonders Tit. 10.
und 27. sind viele, die Beschädigung der Bäume,
Weinberge und Feldfrüchte betreffende Verord=
nungen.

(16) Die erste bekannte fränkische Münze ist von
dem König Teudomer der zu Anfang des fünften
Jahrhunderts lebte. Daniels Geschichte von Frank=
reich II Theil 8. 109.

(17) Noch im sechsten und siebenten Jahrhundert
wurden teutsche Worte und Namen auf sehr unter=
schiedene Art geschrieben und man findet keine Nach=

Die Salische Franken sahen die Nothwendigkeit ordentliche Gesetze zu haben, mehr ein, so bald sie reicher, mächtiger und gesitteter wurden. Sie liessen, vermutlich in der Mitte des fünften Jahrhunderts ein hauptsächlich von Verbrechen und Strafen handelndes Gesezbuch zusammentragen, das, von unterschiedenen Königen verändert, noch jezt in lateinischer Sprache übrig ist. Es enthält die sichersten Beweise ihrer Gedenkungsart. Alle Verbrechen, sogar Todtschläge wurden mit Geld, welches damals sehr selten war, gebüsset. Wer einen Salischen Franken tödete oder beleidigte ward weit härter gestraft, als wer sich an einem Römer vergieng. Wer weder Franke noch Römer war, ward nach Römischer Art Barbar genennt, und sein Leben immer noch höher, als das Leben eines zinsbaren Römers geschäzt (18). Für jede Art der Verwundungen und andere Verbrechen, für

---

richt von ältern teutschen Schriften: denn es ist sehr ungewiß ob damals die in den nördlichen Ländern gebräuchliche Runen oder besondere Buchstaben, in Teutschland üblich waren.

(18) Wer einen Franken oder Barbaren umbrachte, mußte 200; wer einen zinsbaren Römer (worunter auch die Eingeborne verstanden wurden) tödete, nur 45 Schillinge bezahlen.

jedes abgehauene oder beschädigte Glied des Leibes, ist eine besondere Geldstrafe vestgesezt. Die Hand galt hundert, ein Daume fünf und vierzig, der zweite Finger fünf und dreißig, ein anderer Finger, fünfzehen Schillinge. Wer die Hand einer freien Frau berührte, mußte fünfzehen, wer ihren Arm angrif, gar dreißig Schillinge zur Strafe bezahlen. Wer falsches Zeugnis ablegte oder einen Meineid schwur, gab dafür nur fünfzehen Schillinge. Eben so ward der bestraft, welcher ohne Beweis, einen freien Mann beschuldigte, daß er mit Zurücklassung des Schildes aus der Schlacht geflohen sey. Leibeigene hatten keine bürgerliche Ehre; sie konnten gefoltert, an Leib und Leben gestraft werden.

Bei dem gerichtlichen Verfahren selbst war viel Sonderbares; wer einen Eid ablegen sollte, mußte gemeiniglich noch mehrere andere Leute, die mit ihm schwuren, stellen. Die Unvollkommenheit der Geseze, der Haß gegen weitläuftige Verhandlungen und das Vertrauen auf die göttliche Mitwirkung ware so groß, daß man, wenn wegen zweifelhafter Rechtsfragen, oder wegen Mangel des Beweises, ein Rechtsstreit schwer zu entscheiden war, denselben durch

Proben

Proben mit dem glühenden Eisen, mit dem Wasser oder mit Kämpfen entschied. Wer durch Verührung des glühenden Eisens nicht beschädigt ward, wer seine Hand unverlezt aus einem Kessel mit siedendem Wasser herauszog; wer in dem Wasser untergieng, wer im Kampf siegte, ward für unschuldig erkannt. Man erfand bald geheime Mittel diese Proben glücklich auszuhalten. Bei dem Kampfe konnte das Bewußtseyn einer gerechten Sache gemeiniglich beträchtlichen Vortheil über die Gegner geben. In der Zeitfolge wurden kriegerische Völker hierdurch gewöhnt, mit Zweykämpfen jeden Streit, wobei es auf Ehre und guten Ruf ankam, auszumachen.

Jenes Gesetz ward den besiegten Völkern nicht ganz aufgedrungen; sie mußten sich nur, wenn sie sich gegen einen Franken vergiengen, den darin vestgesezten Strafen unterwerfen, und durften unter sich die römische Gesetze behalten.

Ueberhaupt beherrschten die Franken die besiegten Völker mit großer Gelindigkeit. Sie erhoben nicht einmal von ihnen alle unter den Römern gewöhnliche Abgaben.

Die Geschichte dieser alten Franken ist sehr dunkel. Man weiß nicht ob ein König Faramund, der von vielen für den Stifter des Fränkischen Reichs gehalten wird, jemals über sie geherrscht habe. Die merkwürdigste unter ihren ältern Königen sind: Clodio, welcher zu Dispargum wohnte(19), und Gallien bis an die Somme sich unterwürfig machte; Merovanus, von welchem die folgende Könige aus seinem Geschlecht, den Namen Merovinger haben sollen, und Gilberich, dessen sonderbares Grabmal, in dem vorigen Jahrhundert zu Tournai gefunden worden ist.

---

(19) Es ist sehr zweifelhaft ob dieses Dispargum in den Niederlanden, oder in dem heutigen Franken lag.

Uebersetzung des Gedichts: Gedächtnisfeyer des Astronomen Mayer ꝛc. im vorhergehenden Hefte S. 179.

Ein lateinisches Gedicht, sagt Herr W. in des diesjährigen deutschen Merkurs 2 Heft S. 192, ist aus mehr als einem Grunde eine seltene Erscheinung, und ein lateinisches Gedicht, das ein Tibull und Properz für das seinige zu erkennen nicht erröthen dürfte, eine schätzbare Seltenheit.

In unseren und anderen Gegenden, wo vorhin die Jesuiten ihre Lehrstüle hatten, sind die lateinischen Gedichte nicht so selten. Nur der verdorbene Geschmack unserer heutigen Litteratur, welcher der deutschen Sprache, die leichter erlernt wird, überall den Vorzug gibt, ist Schuld, daß sie seltener auftreten.

Meine Zeitgenossen, die mit mir die Hörsäle der Jesuiten besucht haben, werden mir beistimmen, wenn ich behaupte, daß unter dreißig Schülern zum wenigsten sechs gewesen sind, die es, ich will nicht sagen mit einem Tibull oder Properz, doch wenigstens mit dem Gelegenheitsgedichte des D'Ansse de Villoison (*), welches nach der Meinung des Herrn W. diesen Dichtern keine Schande machen würde, aufgenommen hätten.

Eben dieses so hoch angepriesene Gedicht war es, das mich reizte meine schon längst an den Nagel gehängte und vergessene Leyer noch ein-

---

(*) S. dieses Gedicht weiter unten.

mal zu ergreiffen, und — nicht mich mit dem belobten Dichter des Herrn W. zu messen, sondern nur — um zu versuchen, obs noch klinge? Und dann —— ob es möglich sey, dem kraftvollen Ausdrucke eines begeisterten deutschen Dichters, der etwas mehr als das alltägliche Gänsegeschrey von sich hören läßt, in lateinischer Sprache nachzusingen? und endlich — mein Scherflein beizutragen, dem Andenken des seligen Mayers, meines Freundes, ein auch noch so kleines Ehrenmal zu stiften.

Uebrigens will ich als Juris Practicus mich mit der allerfeierlichsten Protestation verwahret haben, daß ich auf nichts weniger als auf den Namen eines Dichters Anspruch mache.

Epicedium Mayero (*) Astronomo sacrum.

 Lacryma nulla fluit, nullum tibi stat monumentum!
Virtutem didicere Sophi, Christique Sequaces
Ingentes stupuere animos, & robora mentis,
Dum mortis ferrata manus tua lumina clausit.
Gentibus ex variis grates mœrorque virorum,
Lugubre Musarum sacro de culmine carmen,
Planctus ubique sonat luctusque æternior ære.
 Te Tiberis, te Danubius teque aurea Rheni
Littora, te marium Regina superba, Britannis
Insula, Brittorumque cliens, quam perdidit olim,
Nunc libertatis vindex, Philadelphus in orbe

(*) S. die Lebensbeschreibung des Hrn. Mayer im ersten Hefte, ohne welche weder das Original, noch diese Uebersetzung verstanden werden kann.

Ignoto quondam medii victoribus orbis,
Auroræ populi tellusque Erymanthidos ursæ
Proxima, gens Mavorte ferox Lunæque flagellum
Te pietate fovent, gemitu tua funera plangunt.

   Mens non ficta tibi, puerilis corde sedebat
Simplicitas, juvenilis adhuc accenderat ardor
Effœti tua facta senis: Sapientia lucrum,
Virtutisque modestus honos tibi solus amictus,
Serviciis prodesse homini tua vita, voluptas.

   Librabas orbes & metabaris Olympum,
Numinis ignitos numerando per æthera testes;
Dilatans omnis præ scrutatoribus ævi
Æthereos campos, errantes axe catervas
Hactenus invisas revocans ex nocte, coruscis
Quemque satellitibus stipabas æthere solem:
Mundorum illorum sine ferro & nave Colum-
                        bus! . . . .
Ecce novos vobis, o Provida Numina, testes
Harmoniamque novam sphæris sine fine canen-
                        tem: ,

Est Deus! . . . .
               En notis nunc exspatiaris
                  in astris!
Terra tibi punctum, quosque ignea puncta vi-
            debas,
Nunc subito flammati orbes per inane feruntur.
Qualis cymba levis turritam in marmore claſ-
     sem:
Grandia sic sphæræ circumnant astra minores
Lucis in oceano. — Soles moriuntur & instar
Plantarum superique hominis, nascuntur in auris!
Verum m...ades annorum vivere sueti.

Vah! elementorum concentum interritus audis!
Axe boante ruens tonitru — fymphonia concors,
Sphærarumque fragor — tenuis titubatio chordæ!

Luciferi ſtellæ Cuſtos, novioris Homeri
Meſſiados vatis Genius; ſeptemque planetas
Et ſolem cujus vis attractiva ligavit
Fœdere perpetuo, Neuto, te ſuave ſalutant.
Qui olim lanigeras duxere in paſcua turmas,
Luſtrantes noctu curſum ſtellantis olympi,
Ægypti, Syrii, Græci, Copernicus, aſtris
Zodiaci dominans Kepplerus, cujus habenis
Stridens ore Leo, Taurusque Ariesque reguntur,
Aurea nunc omnes inclinant ſceptra Sodali.

Divino adſtantes ſolio, Proceresque Tonantis,
Integra queis orbis ſyſtemata — parvula vallis,
Te fratrem appellant, ſuavi te nomine fratris
Compellat Deus humano velamine cinctus.

Jamque tuum, æternum felix! conſcendis
  olympum,
Orbes, nuper adhuc atomos, nunc ſidera vaſta,
Nomine condecorata tuo ſceptroque regenda
Unde vides placidus noſtræ vaga ſomnia terræ,
Semideorum hominum graviora crepundia ri-
  dens;
Unde ſtupes inſectorum ratione valentum
Magnum, aſt heus! procul ingrata de mente
  fugatum
Finem: — Noſſe Deum! . . . .

Jg. Reichert.

IN ORTUM
SERENISSIMI PRINCIPIS
CAROLI FRIDERICI
RRINC. HÆREDIT. SAXON. VINAR.
ET ISENAC. AUTHORE
D'ANSSE DE VILLOISON.

Sieh des deutsch. Merk. Febr. 1783. S. 194.

Omnia jam dederant Lodoicæ Numina: Natus
  Tantum aberat: Natum nunc Venus alma
  dedit.

* Aberat sagt zu wenig für einen so lang und so sehnlich gewünschten Erbprinzen, der nicht abwesend war, sondern gänzlich fehlte. Die Alma Venus giebt heut zu Tage keine Kinder mehr, noch die Liebe allein, wie der Uebersetzer verdollmetscht hat. Das Bild der Venus ist hier zu profan.

Nulla igitur patriæ aut Lodoicæ vota, nec ipsis
  Munera cœlicolis jam superesse queunt.

* Ist zu übertrieben. Ich glaube, die Erhaltung des jungen Prinzen sey noch etwas, was das Vaterland zu wünschen, und der Himmel zu gewähren hätte.

Principis optati felicem cernite Matrem:
  Virtutis tantæ præmia digna tulit,

* Heil dir, glükliche Mutter! dir wird die
  schönste Belohnung
Deiner Tugenden izt in dem erbethenen Sohn.

Wie erhaben schön, wie klingend in der Uebersetzung! Man halte das Principis optati felicem &c.

dagegen, und sehe, ob diese Worte das ausdrücken, was der Dichter in diesem Augenblicke gedacht haben mag. — Virtutis tantæ, wo nichts vorausgeht, worauf sich das tantæ bezieht, hat wenig Sinn.

Effigiem*que* suam duplicari Numina gaudent,
  Numina, queis semper Weimara cara fuit.

* Man sieht es dem angehängten que nur zu sehr an, daß es blos zum ausfüllen da stehe. — Queis semper Weimara cara fuit, ist zu prosaisch.

Jlmiades Nymphæ, læto nunc æthera cantu
  Mulcete, atque novum nunc celebrate Ducem!

* Jauchzet, Nymfen der Jlm, dem Neugebohrnen entgegen,
  Unter dem süsen Gesang wachse der Sprößling empor!

So etwas läßt sich in der Uebersetzung mit Gefühl lesen: aber novum *nunc* celebrate Ducem ist so leertönend, so empfindungslos, und auf das vorhergehende zu schwach.

Surculus accrescit, seramque nepotibus umbram
  Facturus, vestris lene fovetur aquis.

* Was heißt sera umbra? später Schatten! das wäre nicht gut. Man sagt: seri nepotes, und vielleicht soll es seri-que nepotibus heisen: allein auch das wäre nicht gut, wenn dieser Prinz erst den späten Enkeln zum Schutz wäre. Er kann und soll es schon als Jüngling seyn; Serus steht also hier am unrechten Orte. — Umbram facere ist nicht lateinisch, vielweniger dichterisch. — Surculus *accrescat*, und lene *rigetur* aquis hätte den Wunsch besser ausgedrückt.

Di sævam venti rabiem prohibete, nocentes
  Di prohibete imbres horriferumque gelu.
Innocuis, Zephyri, circum incunabula pennis
  Ludite, & implicitis nectite serta comis:

* Sind sehr gute Verse; ich habe sie aber, wo

nicht ganz, doch zum gröſten Theil mit einer kleinen Veränderung ſchon in einem alten Dichter geleſen: wo? kann ich wegen Länge der Zeit nicht ſagen, auch in meinem Sommeraufenthalt, da ich meine Bücher nicht bei Handen habe, nicht nachſchlagen. Unterdeſſen iſt die Anwendung ſehr wohl gerathen.

Serta triumphali quondam Victoria curru
 Afferet, & lauros quas tulit ante Duci
Bernardo; primis naſcenti arridet in horis
 Saxonicae Heroi gentis & Haſſiacae.

* Bernardo iſt aus dem vorhergehenden Pentameter in das folgende diſtichum hinüber geworfen worden. Eine Freiheit, die man in guten Dichtern gar nicht, oder ſehr ſelten findet, und nur alsdann verziehen werden kann, wenn ſonſt der ganze Gedanke darüber zu Grunde gegangen wäre. Hier brauchet er dieſen Zwang nicht. Serta und lauros ſagen das nämliche; eins iſt alſo überflüſſig. Warum nicht: Serta triumphali quondam Victoria curru — Nectet, Bernardo quae tulit ante Duci. — Eſt ea, quae primis &c. wie die Ueberſetzung ſagt: denn ſie iſts, die &c. So weiß man auch, worauf ſich das Zeitwort arridet beziehet. —— Gentis & Haſſiacae iſt keine gute Cäſur.

Jamque manu fingit robuſta & grandia membra,
 Brunsviaca immiſcens fulmina luminibus.

* Robuſta & grandia ſind zwei epitheta zu einem Hauptworte. —— Fulmina luminibus, die nämliche Cäſur, wie die vorhergehende.

Arminii proles quam fortis ſurgit & alta?
 Quae tanti creſcet corporis hoſpita mens?

* *Fortis & alta*, abermal zwei epitheta. *Qua* deutlicher quo oder quam. — Corporis hoſpita mens zum drittenmal eine widerliche Cäſur.

Qui fragor insolitus totam circumsonat urbem?
  Fridricum terris nunciat hic alium.

  * *Nunciat hic alium*: also viermal hintereinander eine ekelhafte Cäsur; eine unausstehnlicher als die andere. Dergleichen Freiheiten, die bei guten Dichtern so selten vorkommen, sind hie und da, in einem grosen Gedichte, wo tausend andere Schönheiten herrschen, leicht zu übersehen, aber in einem so kleinen Gedichte, wo Schönheit, Niedlichkeit hervor schimmern muß, sind sie desto auffallender, und erwecken Widerwillen.

Est Deus in nobis, afflato credite vati:
  In vitæ Alcides limine talis erat,
Cum primo vagitu infans conterruit angues,
  Præludens hydræ, Tiresiasque Jovis
Agnovit sobolem; talis Semeleia proles
  Fulmineos tenera combibit aure sonos.

  * *Est Deus in nobis &c.* Auf eine solche Ankündigung erwartet man etwas ausserordentliches. Um uns glauben zu machen, daß *Alcides* als Kind die Schlangen geschrekt, und &c. braucht es nicht das Ansehen eines Gottes, der durch den begeisterten Dichter spricht. Wir haben dieses und noch tolleres Zeug auf Treu und Glauben der Götterlehre schon lange geglaubt — Agnovit sobolem ist abermal ein Ueberschuß des vorhergehenden Verses.

R.

Herr Professor Kübel in Heidelberg wird eine Vorlesung aus den gemeinnützigsten Theilen der Mathematik noch dieses Jahr und auch im Jahr 1784 halten. Hier ist die Vorerinnerung zu seinem Entwurf.

Da zu Heidelberg nur die Philosophen (*) die mathematischen Vorlesungen anhören, von welchen mehrere theils wegen Kürze der Zeit, theils auch weil sie mit andern Wissenschaften zu viel beschäftigt sind, eben nicht viel mehr, als die nöthigsten Theorien mit einigen Anwendungen erlernen können; so habe ich mich entschlossen, ein Mathematisch-Praktisches Kollegium zu lesen; um sowohl das zu ergänzen, was in der Philosophie angefangen worden ist, als auch diese Wissenschaften gemeinnütziger zu machen. Als ein Lesebuch habe ich mir Polaks Mathesin Forensem gewählet; weil er mehr als andere, die ich kenne, von dem beisammen hat, was in dem bürgerlichen Leben unumgänglich nothwendig ist.

Ich werde aber nicht ermangeln, dasjenige einzusetzen, was ich aus andern Mathema-

---

(*) Das heißt: die Studenten der Philosophie. d. H.

tischen Schriften dieser Art besonders aus
Reinholds Geometria Forensi, aus Maiers
Praktischer Geometrie und andern sowohl neu-
en als alten gesammelt habe. In der Baukunst werde ich mich bemühen, meine Zuhörer
mit den berühmtesten Baumeistern als Palla-
bio, Vignola, Goldmann, Sturm und vorzüglich mit dem, was Belidor in die bürgerliche Baukunst Einschlägiges hat, bekannt zu
machen. Dieses mathematische Kollegium wird
sich mit den Juridischen anfangen und auch
mit denselben endigen. Die Lesestunden werden noch nach Zeit und Umständen der Liebhaber bestimmt werden. Schlüßlich erkläre ich,
daß ich bereit bin in allen Theilen der Mathematik so wohl Theoretischen als Praktischen
für einzele oder mehrere Liebhaber zugleich besondern Unterricht zu geben.

Mannheim, den 23ſten Auguſt.

Das Zutrauen, das mir verſchiedene junge Freunde der ſchönen Wiſſenſchaften bisher ſchenkten, indem ſie ihre litterariſchen Verſuche theils in eignen Aufſätzen, theils in Ueberſetzungen mir zur Beurtheilung gaben, und danach aufs neue bearbeiteten; und der gröſſere Nutzen, den ich hiedurch als durch theoretiſche Vorleſungen, entſpringen ſah, ermuntert mich, eine gewiſſe Zeit zu beſtimmen, wo jeder ſeine Aufſätze, aus welchem Gefache der Litteratur ſie ſeyn, entweder ſelbſt bei mir vorleſen, oder zum Leſen und zur freundſchaftlichen Beurtheilung mir übergeben kann. Die Art der Beurtheilung ſoll ſo beſchaffen ſeyn, daß die theoretiſchen Grundſätze zugleich erläutert und in gehöriges Licht geſezt werden. Die hiezu beſtimmte Zeit iſt jeden Samſtag von Morgens 10 bis 12 Uhr. Sollten ſich die Aufſätze häufen: ſo werden an verſchiednen Tagen mehrere Stunden zur Prüfung derſelben beſtimmt werden.

Meine Vorlesungskollegien habe ich seit 6 Jahren als gesellschaftliche und freundschaftliche Versammlungen angesehen, und also wird auch dies Kollegium unentgeltlich gehalten. Auf Verlangen wird bey Ablesung und Beurtheilung eines Aufsatzes der Namen des Verfassers verschwiegen. Männer von Einsicht und patriotischem Gefühle ersuche ich, Jünglinge von Fähigkeit zu ermuntern, daß sie in einem Gefache, dessen Kenntniß unter aufgeklärten Menschen unentbehrlich ist, ihre Kräfte versuchen, und durch Uebungen bei dieser Gelegenheit ihre Schreibart und überhaupt ihr Gefühl für das Schöne zu bilden sich beeifern.

Professor Klein.

Das weitaussehende Göckingische Journal, von dem nun die Ankündigung jedem wißbegierigen bekannt seyn wird, verdient um desto mehr Empfehlung bei dem Publikum und Unterstützung durch Beiträge von Gelehrten, da es aus dem edelsten Beweggrund, aus dem reinsten Gefühle der Menschenliebe zu einem Zwecke, der jede fühlbare Seele rühren muß, veranstaltet wird. Der Herausgeber dieses Museums hoffet eine umständliche Beschreibung des Vorfalls, durch den der Entwurf zu diesem Journal veranlasset wurde, und die erhabne Handlung eines schönen menschlichen Herzens bald bekannt machen zu können.

Man hoffte, den 1ten Septembr. dieses Jahrs den ersten Band von den Leben und Bildnissen der grossen Deutschen liefern zu können. Da aber ganz neue Lettern von dem berühmten Schriftgiesser Fournier in Paris zu diesem Werke gegossen werden, und wir unvermuthet von demselben die Nachricht erhalten, daß diese vor 3 Monaten noch nicht geliefert werden: so zeigen wir dem Publikum nebst diesem Aufschub an, daß die Subscriptionszeit noch bis auf 4 Monathe ausgesetzt sey. Da das Publikum bey diesem Aufschube durch Verschönerung des Druckes gewinnt: so hoft man, daß ihm derselbe nicht unangenehm sey. Man wünschet, daß diejenigen, die dieses Werk verlangen, in der bestimmten Zeit es anzeigen, da nur wenig Exemplarien über die bestellten gedruckt werden.

Mannheim den 1ten Sept.
1783.

Die Herausgeber der Werke ausländischer schöner Geister.

Druckfehler.

1 Heft S. 73. lies komm, Menschenfeind, nicht Menschenkind.
3 Heft S. 236. lies wohlan, nicht wohl an.
= S. 239. = quoscunque, nicht quocunque.
= S. 265. = Von Breughels Pinsel, statt Brgels.
= = = Von Hondekoeter, nicht Hundergötter.
= S. 267. = interessanter, nicht interassanter.
= S. 270. = Die Liebe hat, statt Die Liebehat.
= S. 282. = Jene ist nicht blos ein schöner Machtspruch, statt, ist ein schöner Machtspruch. (Ein abscheulicher Druckfehler, der desto auffallender ist, da diese Rezens. mit Wärme und vielem Scharfsinn, so kurz sie auch sey, geschrieben ist. Da das Mus. nicht in dem Wohlorte des Herausgebers gedruckt wird: so ist kein Wunder, daß manche Druckfehler einschleichen.
3 S. 291. = herzbeseeltes Harfenspiel, statt Herz beseeltes.
= S. = = pflückt, nicht plückt.
= S. = = aliud, nicht alind.

Anhang

zu dem dritten Hefte des pfälzis. Museums.

Ueber den
Gebrauch der in Eis abgekühlten Getränke.

Aus dem Französischen des Herrn C**
ins Teutsche übersezt von Hrn. O**

Der Gebrauch frischer, und in Eis abgekülter Getränke scheint in Deutschland so wenig bekannt zu seyn, daß ausser einigen reichen Häusern sich niemand, auch von bemittelten Personen, dieses Vergnügen in den heisen Sommertagen zu verschaffen gedenkt. Wie könnte man aber hier zu Lande diese Gewohnheit einführen, da vielleicht in keiner einzigen Stadt Eis um's Geld zu haben ist?

Es würde der Mühe nicht lohnen, die Einführung der Eisgetränke zu wünschen, wenn blos von dem Vergnügen, das sie gewähren, die Frage wäre.

Sie haben einen heilsamen Einfluß auf die Gesundheit; er ist aber so wenig in Teutschland bekannt, daß man sie zeither eher für schädlich angesehen zu haben scheint.

Die mittäglichen Völker in Europa, bei welchen solche Getränke häufig gebraucht werden, sind durch die Erfahrung belehret worden, daß sie vor gewissen Krankheiten schützen, und für andere ein wirksames Heilungsmittel sind.

In Italien hat man überhaupt die Bemerkung gemacht, daß, seitdem sich der Gebrauch des Eises und Schnees darin verbreitet hat, die faulen Fieber beträchtlich abgenommen haben.

Kaltes und in Eis gestandenes Wasser ist vortreflich in abwechselnden, hartnäckigen, und Gallenfiebern. Der berühmte Doktor Cirillo von Neapel hat ein Werk herausgegeben unter dem Titel: von dem Gebrauche des kalten Waſſers in hitzigen Krankheiten: worin er verschiedene Heilungen anführt, die durch dieses Mittel sind bewirket worden. Man liefet bey Zuccato Lusitan (von der Praktik ꝛc.) daß ein junger Mensch, der von einem hitzigen, mit starkem Durst und schwarzer Zunge vergesellschafteten Fieber befallen war, durch häufiges Eiswaſſer geheilt wurde. Auch bey der Colera morbus, bey hypochondrischen, und Nervenzuständen hat man mehr als einmal die guten Wirkungen kalter Getränke empfunden.

Wenn es, zum Beweise ihres Nutzens in gewissen Krankheiten, des Ansehens eines berühmten Arztes aus dem Alterthume bedärfte, so könnte man den Hippokrates anführen, der in seinem zweiten Buche von den Krankheiten kaltes Waſſer bey Gallenfiebern empfielt.—

Italien liefert uns Beyspiele von Kranken, die vom gemeinen Gallenfieber, das mit Bitterkeit im Munde, und Erbrechen begleitet ist, blos durch kaltes Wasser geheilet werden, das man ihnen nach Durst zu trinken gibt. Eben dort bedient man sich auch solchen Wassers bey gewissen Krankheiten, als bey hartnäckigem Hüftweh ꝛc. äusserlich, indem man Tücher damit benetzet, und Ueberschläge davon macht.

Alle diese Thatsachen sind historisch, und es ist eben nicht nöthig ein Arzt zu seyn, um solche zu sammlen und anzuführen. Eben so wenig braucht man ein Arzt zu seyn, um zu erklären, auf welche Art und Weise das in Eis abgekülte Wasser, den Körper gesund erhalten, oder von einigen Krankheiten herstellen kann. Die Naturlehre gibt folgende Auslegung davon. Der freie Kreislauf des Geblüts erhält die Gesundheit; dieser Kreislauf hängt von einem richtigen Gleichgewichte unter den flüßigen und festen Theilen des Körpers ab: er befördert die Absonderungen und Auswürfe; schützet den Körper vor Fäulniß, und ordnet alle seine übrige Verrichtungen an.

Dieses Gleichgewicht der festen Theile kann leicht durch die grosse Hitze im Sommer, deren Eigenschaft ist, solche Theile durch die Verminderung der Schnellkraft ihre Fäsern schlaff zu machen, gestöret werden. Daher entstehet jene Atonie oder Mangel des Tons, der den freien Umlauf der flüßigen Theile hemmet, und Ungemächlichkeiten und Krankheiten erzeuget. Abgekültes Wasser kann diesem Uebel vorbeugen, indem es mitten in der brennenden Hitze des Sommers diese Erschaffung verhindert; denn es zieht die Fäsern mit Gewalt zusammen, gibt ihnen mehr Stärke, und vermehret dadurch die Springkraft aller Gefäse. Folglich besitzet es eine stärkende Kraft, die in den heisesten Tagen die fortschreitende Bewegung des Gebluts zu erhalten fähig ist.

Dieser Gegenstand ist in einer Abhandlung des Herrn Chatillon les Dombes, unter dem Titel: Ueber den Nutzen der in Eis abgekülten Getränke, zu Erhaltung und Wiederherstellung der Gesundheit, welche vor mehreren Jahren in der Gesundheitszeitung zu Bouillon erschienen ist, ausführlicher bearbeitet anzutreffen. In dem wenigen, was man so eben von dieser Materie gesagt hat, ist man dieser Abhandlung genau gefolgt.

Wäre es nicht möglich, daß durch den Gebrauch der in Eis abgekülten Getränke in Teutschland gewisse Krankheiten, die aus einer Hemmung der flüssigen Theile entstehen, als Verstopfungen, Gelbsucht, Wassersucht, auch jene abwechselnde und hartnäckige Fieber, welche im Herbste nach der grossen Hitze zu grassiren pflegen, seltner würden? Diese Krankheiten sind um so gemeiner in einigen Städten, als es schwer ist, gutes und von Natur frisches Wasser darin anzutreffen.

Man will dadurch nicht behaupten, daß das nemliche Mittel für verschiedene Länder gleich wirksam sey. Man weiß gar wohl, daß die zerrüttete Gesundheit eines Teutschen eine ganz andere Behandlung fodert, als jene eines Franzosen oder Italieners. Es gibt aber Arzneien, welche auf die Körper aller Bewohner Europens mit gleichem Erfolge wirken. So reiniget die Rabarbara den Teutschen wie den Italiener, und einer wie der andere genieset die stärkende Tugend der Peruvianischen Rinde. Warum sollte denn das Eiswasser einem Teutschen die verlorne Schnellkraft nicht wieder herstellen?

Vielleicht wird man einwenden, die Hitze sey in Teutschland nicht beträchtlich genug, um alle diese üblen Wirkungen hervorzubringen. Dies ist ein Vorurtheil. Es gibt wenige Gegenden in Deutschland, wo man im Sommer nicht eben sowohl schwitzet als in Italien. Die Kälte oder Wärme einer Stadt, ohne Rücksicht auf den Grad ihrer Breite, hänget meistens von ihren besonderen physischen Umständen ab, die auf die nahe gelegenen Gebürge und Waldungen, auf die Beschaffenheit ihres Erdreichs und dessen Anbau einen Bezug haben. Freilich, wenn man Teutschland mit Italien vergleichet, wo der Gebrauch des Eises bey den Getränken so allgemein ist, so könnte man schliessen, daß überhaupt in jenem die Hitze nicht so empfindlich seyn müsse, als in diesem; aber die besondern Umstände, deren man so eben erwähnet hat, müssen diese allgemeine Folgerung einschränken.

Noch engere Schranken muß ihr folgende Bemerkung setzen: die Teutschen und Italiener als gesittete Völker suchen der grossen Hitze in dem innersten ihrer Wohnungen auszuweichen; und es ist gewiß, daß ein Italiener im stärksten Sommer weit weniger Hitze in seinem Hause fühlet, als der Teutsche in dem seinigen zur nämlichen Jahrszeit. Der eine bauet sein Haus, um kül zu wohnen, der andere, um sich Wärme zu verschaffen. Der

Italiener erdenkt alles, was ihm die brennende Hitze des Sommers vermindern kann, der Teutsche sucht sich die grimmige Kälte des Winters erträglich zu machen. Italien hat die Oefen, und Teutschland das Gefrorene nicht erfunden. Aus diesem Bestreben, das beide Völker anwenden, sich in ihrem Lande gegen die Ungemächlichkeiten dieser beiden Jahrszeiten zu verwahren, folget, daß der Italiener im Winter Kälte und der Deutsche im Sommer Hitze empfindet. Es ist ein durch die Erfahrung bewährter Satz, daß man, um sich erfrischen zu lernen, in ein warmes, und um sich erwärmen zu lernen, in ein kaltes Land reisen müsse.

Ein jedes Volk, das unter einem warmen Himmelsstriche wohnet, sucht und entdecket Mittel, sich vor der Hitze zu schützen, und schmecket eine besondere Wollust bey den verschiedenen Arten sich zu erfrischen Einige asiatischen Völker, welche die brennenden Gegenden zwischen dem 23ten und 25ten Grade mitternächtlicher Breite bewohnen, haben es sogar dahin gebracht, künstliches Eis in einem Lande zu machen, wo man niemals natürliches sieht. Jedes Mittel gegen die Hitze ist Wollust: nicht aber jedes Mittel gegen die Kälte. Es ist ein ziemlich trauriges Vergnügen, des Winters in einem Zimmer eingesperrt, hinter dem Ofen, oder vor einem Kamine eine Flasche Wein auszuleeren: hingegen ist es süße unnennbare Wonne, im Sommer bei heiterm Himmel unter dem grünen Gewölke einer schattigten Laube, oder in einem Gartensale sein Schälgen Gefrorenes einzuschlürfen. Diejenigen Völker, welche 8 oder 9 Monate des Jahrs eines oder das andere dieser beiden Vergnügen geniessen, müssen nothwendig von verschiedener Gemüthsart seyn. Daher ist der Teutsche gemeiniglich ernsthaft, und der Italiäner aufgeräumt.

Die Teutschen kennen also das Vergnügen, sich während der grossen Hitze zu erfrischen, sehr wenig. Wir haben gesehen, daß man es in der Natur ihrer Gebäude nicht findet. Ein Glas Bier löscht ihnen freilich manchesmal in der heisen Jahrszeit auf eine angenehme Art den Durst. Zieht aber dieses Getränke nicht Blähungen und sonstige unangenehme Folgen nach sich?

Um den Gebrauch der abgekülten Getränke in Teutschland einzuführen, müste man in den grossen Städten zur Aufbewahrung des Eises Behälter anlegen, wo ein jeder für Geld nach Nothdurft damit versehen werden könnte. Davon weis man aber noch nichts: nur der Eigennutz kann es früh oder spat veranlaßen.

Die Erfrischungen, welche in Teutschland die Stelle der Eisgetränke der Italiener vertreten, sind die mineralischen Wasser, womit es bis zum Ueberflusse versehen ist. Selzer = Schwalbacher und Fachinger Wasser wird in ganz Teutschland versendet, und im Sommer bei der grossen Hitze entweder pur, oder mit Wein vermischt getrunken. Es ist auch in der That, besonders für jene, die es gewohnt sind, ein sehr angenehmes Getränke. Kann es aber wirklich mit den in Eis abgekülten Getränken in Vergleich gesetzet werden? oder hat es sich der nemlichen stärkenden Kraft zu erfreuen, als das Eiswasser? Dies ist eine andere Frage, wovon ich die Untersuchung jedem gerne überlassen will.

Das Gefrorene, so die Italiener Sorbetti nennen, ist zwar in Teutschland bekannt; es ist aber nur ein Gegenstand des Ceremoniels und des Luxus. Man gebrauchet es nur in einigen Schauspielhäusern, bei Feierlichkeiten oder bei Gastmalen. Aber es ist sehr theuer, ein Schälgen von solchem Gefrornen, von welcher Gattung es sey, kostet auf dem Kaffehause zu Florenz 3 3/4 kr. ein solches zu Mannheim im Schauspielhause kostet 12 kr., obschon zwei solche kaum ein einziges zu Florenz ausmachen.

Sollte das, was man so eben von dem Gebrauche des Eises bey Getränken gesagt hat, den Beifall eines oder des anderen Lesers erhalten, und besonders den Einwohnern der Stadt Mannheim Vergnügen gemacht haben; so wird man sich eine Freude daraus machen; sie bey einer anderen Gelegenheit mit der Cantimplora, deren man sich in Italien zu Erfrischung des Wassers bedient, bekannt zu machen, und ihnen von der Art, wie die Eiskeller gebauet werden müssen, einige Nachrichten zu geben.

Ueber
Epictets Charakter und Denkungsart.

Am ersten des Heumonats 1782 in der öffentlichen Sitzung der Kurpfälzischen teutschen Gesellschaft

vorgelesen

von Johann Friederich Mieg,

derselben Mitgliede.

Daß du Moulin in seiner Anatomie des Arminianismus S. 288. sagen konnte: "warlich, nach meinem Urtheil, ist der heidnische Richter, der, wenn er das Urtheil spricht, und die Güter theilet, billig und recht urtheilet, vor dem Richterstuhl Gottes nicht gerechter, als die Diebe, die ihren Raub billig und richtig theilen." Hat schon vieler Verständigen Erstaunen erregt, und läßt nichts besseres darauf sich erwiedern, als was Norris in der

Vorrede zu seiner Uebersetzung des Hierocles über diese Stelle angemerkt hat. "Man siehet also, daß Gerechtigkeit keine Tugend in einem Heiden ist. Eine Uegereimtheit, mit welcher ich keine ähnliche vergleichen kann, es müßte denn die seyn, daß Ungerechtigkeit keine Sünde in einem der Auserwählten ist. Daß man aber noch öfters dergleichen ungerechte Ausfälle auf die Tugenden der Heiden in unseren aufgeklärteren Tagen anhören muß, erregt mehr als Staunen, erreget gerechten Unwillen, und lautes Gelächter der besseren Menschen. Haben diese Gattung Leute wohl je sich die Mühe genommen den wahren Charakter der alten Philosophen zu untersuchen, aus ihren Handlungen, Erzählungen, und eigenen Schriften zu untersuchen, sich die Mühe genommen ihr Richteramt im reinen Spiegel der Warheit zu prüfen? Man hat Grund daran sehr zu zweiflen. Die Ungereimtheit der Ausfälle, der Streit derselben mit der gesunden Vernunft und dem guten Geschmack wird ihnen einleuchten, wenn ich nur den Charakter und die Denkungsart des einzigen Epictets ihnen rein, ungekünstelt darstelle. — Epictet hing den Stoikern, der strengsten Sekte der Philosophen an, gab der Vernunft die Herrschaft über den ganzen Menschen, wieß den richtigen Vorstellungen die Gewalt an über alles, was der Mensch that und leidet, ausstehet und unternimmt; ein philosophisches Lehrgebäude, das mit der Würde des Menschen, mit den Grenzlinien von Tugend und Laster, mit der Ehre der Vernunft sich am besten reimet; und eben so feurig den Menschen zu hohen, edlen Thaten antreibt, als es ihn gegen bittre Leiden, Schiksale und Verfolgungen abhärtet, und fast unempfindlich macht. Alles, worauf dem Menschen in diesem Leben etwas ankömmt, ist sein Leiden, oder sein Thun, seine Empfindungen, oder seine Handlungen. Beide, die Beschaffenheit des äussern Dings, welches die Empfindung erregt, und die Handlung veranlaßt, und die Beschaffenheit seiner selbst, welche die Art des Eindrucks bestimmt, und die Art der Handlung entscheidet, treten hier zusammen und da fragt sich's, durch welches von beiden wird es eigentlich bestimmt, wie die Empfindungen und wie die Handlungen des Menschen seyn sollten; kommt es darauf an, was der Mensch selbst sey, oder darauf, was für Gegenstände ihn umgeben. Die Stoiker und mit ihnen Epictet wählten das erste. Die Handlungen, die der Geist thut, sind das höchste: die Empfindungen, welche er bekömmt, sind von der Natur als Mittel bestimmt jene zu veranlassen. Die Handlungen entspringen eigentlich aus dem Zustande des Geistes selbst, kündigen ihn an, oder machen vielmehr denselben aus. Die Empfindungen entspringen nur aus dem Zustande des Körpers, sind blosse Anzeigen von gewissen Veränderungen einer materiellen Natur, in der an und für sich nichts gut, und nichts böse seyn kann; die Handlungen machen die Kraft, den Werth, und die Einwirkung des Menschen im Ganzen aus; die Empfindungen sind unstät, abwechselnd, bei zarten Körpern schneller, lebhafter, heftiger, bei schwereren kälter, langsamer und ruhiger. Eben so ist es klar, daß Gewohnheit des Körpers, und Abhärtung der Seele die Eindrücke der nemlichen Dinge sehr abändert; daß Gedult und Muth den Schmerz unglaublich mindert, und mildert; daß männliches Wesen und Gelaßenheit, Furcht und Hofnung, Freude und Traurigkeit, Lust und Unlust sehr mäßiget. Der Grad, bis wie weit der Mensch, indem er sich selbst ändert, auch die Empfindung der äusseren Dinge ändern könne, kann nicht bestimmt werden, aber so viel ist doch gewiß, daß der Tugendhafte mehr Gewalt über seine Umstände habe sich dieselbe angenehm, wenigstens erträglich, als die Umstände über ihn haben, ihn böse zu machen, und so viel ist durch die Geschichte und Erfahrung bewiesen, daß der Sklav oftmals weiser und zufriedener als sein Herr, der Gefangene in seinen Ketten heiterer als sein Despot, der Tiefniedergedruckte im Schweiß seines Angesichts froher, als sein Blutsauger, und seine Geißel. Epictet war Sklav, aber geleitet und geläutert durch seine Philosophie, war er gelassen, ruhig, heiter, und vergnügt. Sie ersehen, meine Herrn! aus diesen Grundsätzen und Beispiel, daß im Grund der Stoizism dem Menschen an seiner Würde, Kraft, Muth und Entschlossenheit nichts raube, aber im Gegentheil dieselbe sehr erhöhe, und zur Bewirkung großer und edler Thaten aufspanne. — Epictet hatte die Tugend zu seiner Natur gemacht, und an die Natur so fest sich angeschlossen, daß wir unmöglich ihm unsere Bewunderung versagen können; ich will gerne zu=

geben; Es gibt Umſtände, wo man in der Anwendung ſeiner Begriffe von Recht und Unrecht behutſam ſeyn, auf die beſondere Lage der Sachen Achtung geben, und ſeine Begriffe, in ſo weit ſie Grundſätze der Handlungen ſind, mildern muß; wo das höchſte Recht in wahre Ungerechtigkeit ausarten könnte, aber wer dieſe Fälle in ſeinem Leben zu leicht und zu oft ſiehet, von den Umſtänden jedesmal lebhafte Eindrücke erhält, oder doch wenigſtens vorgibt, und von denſelben ſeine Entſchlüße regieren läßt, der ſteht in der größten Gefahr ſchwach, wankelmüthig, kraftlos und tugendleer zu werden. — — — So würdig Epictet von der Tugend dachte, eben ſo richtig von der Freiheit; ein Begrif, der in Ausbildung des moraliſchen Charakters gewaltigen Einfluß hat. Nicht Entſagung vom Geſetz; nicht Losreiſſung von der Vorſchrift iſt es, was ich die Menſchen lehre, ſagt er; nein, ich lehre nur die Freiheit ihrer Meynungen zu behaupten, denn ſie allein hat Gott zu Herrn derſelben gemacht. Wie wahr, wie richtig, und wie vortreflich gedacht! ſie allein hat Gott zu Herrn ihrer Meynungen gemacht. Wer kann dem Menſchen dieſe Freiheit rauben,

oder die geraubte durch etwas anderes erse=
zen? Der freie, ungestörte Gang der Ideen
ist dem denkenden Geist, was dem körperli=
chen Leben der freie Umlauf des Bluts, ist
Quelle und Triebrad der Thätigkeit, des Be=
wußtseyns, der Freude und der Glückseligkeit.
Frei heißt, was in seinen ihm zu Theil gewor=
denen Kräften und Thätigkeiten nicht gestört
und gehindert wird, und dieser Begriff dehnt
sich aus auf alles in der Natur, nicht nur auf
jede ungehinderte Befolgung aller Ideen, Trie=
be und Bestrebungen beim Menschen; nicht
nur auf das ungehinderte Spiel aller Kräfte
und Thätigkeiten bei unvernünftigen Thieren;
nicht nur auf den ungestörten Wachs im Pflan=
zen= und Steinreich, selbst auf den freien Gang
einer Maschine, auf den Stand und nöthigen
Platz für jede Sache. Wir sagen, ein Schrank
Hauß, Pallast stehe oder liege nicht frey; eine
Maschine könne sich nicht frey bewegen; ein
junger Baum, der unter dicht zusammenste=
henden hohen Bäumen steht, habe nicht Frei=
heit genug zu wachsen; ein Hund, der an die
Kette gelegt wird, verliere seine Freiheit;
hätten Moralisten und Volkslehrer auf den
Sprachgebrauch schärfere Acht gegeben, viele

unnöthige und unnüße Streitigkeiten wären vermieden worden. Die Freiheit ist auf keine Weise ganz dem Menschen eigen; wo die einer Sache oder einem Wesen von der Natur oder von den Menschen beigelegten Kräfte eingeschränkt, und in ihren Aeusserungen gehindert werden, da ist nach dem gemeinen Sprachgebrauch Mangel der Freiheit, und wo diese Einschränkungen, Störungen nicht statt finden, ist das Vermögen einer jeden Sache ihren Kräften gemäß zu wirken, ist wahre Freiheit: schon die Stoiker nannten die Freiheit ἐξουσίαν αυτοπραγων Kraft und Macht der Selbstwirksamkeit, und sie haben den bejahenden Begriff von Freiheit eben so festgesezt, wie der Sprachgebrauch und die innere Natur der Sache es erfoderten. Jedes Geschöpf hat Kraft, Werth, Tugend, Freiheit, Bestimmung, nur in verschiedenen Grad, Zweck, Aeusserung, und Maaße; ein großer und ermunternder Sporn dem Menschen seine Natur zu erforschen, und durch ungehinderten Gebrauch seiner Kräfte sich zu heben und zu veredeln.

Die Freiheit eines Baums ist geringer, als die des Thiers; des Thieres weit geringer, als die des Menschen; des Menschen geringer, als die erhabenen Geister des Himmels, und so steigen die Stufen in der unermeßlichen Kette der vernünftigen und unvernünftigen Geschöpfe. Wie verächtlich wir auch auf die Thiere herabsehen! so ist es doch schon etwas höchst wundervolles, daß nicht Druck, nicht körperliche Anziehung und Schwerkraft wie bei der Maschine, und im Stein= und Pflanzenreich, sondern ein Bild der Zuträglichkeit, das die Sinne bemerkten, den Bewegungskräften der Thiere Spiel und Richtung gibt. Freilich das Maaß der menschlichen Freiheit ist von viel weiterem Umfang; der Mensch kann über das ganze Gehalt des Guten und Bösen, das in der Sache liegt, nachdenken; kann in Absicht auf sich selbst, und auf die Gesetze der Gerechtigkeit Berechnungen anstellen; kann nach erhaltenen angenehmen Eindrücken der Sinne und der Einbildungskraft nochmals alles mit seinem Verstande prüfen, kann jede unbemerkte Seite der Sache aufsuchen, und die ganze Summe der Folgen mit dem gegenwärtigen Genuß zusammenhalten; dies kann der Mensch, und wer seine Freiheit so weit treibt, verdienet den Namen eines freien

Mannes, und weisen Bürgers der Erde. Die neuesten Philosophen und unter diesen Martin Ehlers über die Lehre von der menschlichen Freiheit, und über die Mittel zu einer hohen Stufe moralischer Freiheit zu gelangen (Dessau. 8. 1782.) sprechen von der menschlichen Freiheit nicht anders, als die alte Stoiker, als unser Epictet. "Die Sklaverei des Körpers, sagt dieser, ist ein Werk des Schikfals, die Sklaverei der Seele ist ein Werk des Lasters. Wer die Freiheit des Körpers genießt, ist ein Sklav, wenn er dabei eine gefesselte Seele hat. Umsonst wird der mit Banden belegt, der die Seele frei behält. Die Sklaverei des Körpers endigt die Natur durch den Tod, oder das Laster durch Reichthum, aber die Sklaverei der Seele endiget einzig und allein die Tugend." Willst du nicht mehr unter der Zahl der Sklaven seyn, so zerbrich deine Bande, mache dich frei, entsage Furcht und Begierden. Aristides, Epaminondas, und Lykurg sind nicht, der eine der Gerechte, der andere der Erretter, der dritte ein Gott genennt, weil sie reich waren, und viele Sklaven hatten, sondern weil sie, an sich arm, Griechenland in Freiheit sezten." — ἀρεχε,

και ἀπεχȣ sey enthaltsam und dulde, war der Innbegrif seiner ganzen Philosophie, der Grund seines festen Sinns, und seiner in der Tugend ausdaurenden Beharrlichkeit; eifrig vor Wahrheit und gute Sitten, widerlegte und verabscheuete er am lebhaftesten jene Lehrgebäude, die die Grundfeste von beiden untergraben; er tadelte die Sceptiker, Pyrrhons Schüler, die an allem zweifelten, und zeigte das Ungereimte des Pyrrhonismus mit wenig Worten. "Was sie vorgeben, ist entweder wahr oder falsch. Dies ist also eine erkannte Wahrheit." Noch eifriger äusserte er sich wider Epikurs Grundsätze: "Gedenkt euch, sag-
" te er bei seinem Kommentator, Arrian B.
" III. k. 7., eine nach den Grundsätzen des
" Epikurs beherrschte Stadt. Alles wird dar-
" in verkehrt, alles in der äussersten Unord-
" nung seyn. Keine Ehe, keine Obrigkeit,
" keine Schulen, keine Polizei, keine Erzie-
" hung. Frömmigkeit, Heiligkeit, Gerechtig-
" keit und Schaam werden daraus verbannt
" seyn; man wird nur niedrige unedle Mey-
" nungen darin herrschen sehen, die dem
" Staat gefährlich sind, die selbst Weiber nicht
" dulden würden." Und in eben dem männ-

lichen Ton eifert er an manchen Orten wider Epikurs Sittengebäude. Ich muß gestehen, daß Epictet wie Cicero (lib. 2. de finibus) entweder das ächte System des Epikurs misverstanden, oder dasselbe aus seiner Schüler verdrehten, und fälschlich angenommenen Grundsätzen gezogen habe. Die Quelle beim Meister war unschuldiger, reiner, als die Bächlein der Schüler, und daher sind ohne Grund manche schrekliche Folgerungen dem Epikur auf die Rechnung geschrieben. Wer Epikurs Meynung aus der Quelle schöpft, einen denkenden Garve in seinen Anmerkungen über Fergasons Sittenlehre, oder den scharfsinnigen Bolingbroke in seiner Abh. von der Verbannung darüber ließt, muß dem Epikur diese Gerechtigkeit widerfahren lassen; muß eingestehen, daß sein Lehrgebäu mehr schwach, und trostlos, als gefährlich sey. ,, Das Gefühl des Körpers, sagt Epikur, ist meine einzige Empfindung; sein Zustand ist die einzige Quelle meiner Glükseligkeit, und meines Elends. Dieser Zustand ist verschieden; das Wohlbefinden des ganzen Körpers ist die eine Quelle des Vergnügens, ist im Grund genommen indolens, Schmerzlosigkeit; die ergötzende Bewegung einzelner

Glieder ist die andere Quelle, ist die eigentliche sinnliche Lust, ist die sogenannte Wollust, voluptas in motu. Eben so verschieden ist die Art der Vorstellung: ich stelle mir die Bewegungen meines Körpers vor, entweder wie sie jezt sind, oder wie sie gewesen sind, oder wie sie seyn würden. Ich genieße, ich erinnere mich, ich hoffe. Der Genuß des Gegenwärtigen ist das Körperliche, die Erinnerungen und die Hofnungen sind die geistigen Vergnügungen. Dies war der Gesichtspunkt, aus welchem Epikur die Vergnügungen des Menschen berechnete, aus welchem er den Körperlichen die Geistigen so oft vorzog, aus welchem er tugendhaft und glücklich gewesen, und da seine Schüler denselben ganz aus den Augen verloren, sanken sie zur sinnlichen groben, niedern Wollust gänzlich herab.

Ein Schicksal, das zu allen Zeiten Philosophie und Religion in gleichem Maaß betroffen hat; je näher man in einem Lehrgebäu, es mag fast seyn, wessen es wolle, bis zur Quelle zurückgeht, desto mehr Sinn, Harmonie, Uebereinstimmung im Ganzen zeiget sich in der ersten Idee des Schöpfers, und je tiefer man mit seinen Schülern und der Zeit sich hinab=

wälzt, desto weitere Entfernung von Reinheit, Einfalt und Warheit. Auch von den Systemen der großen Männer gilt, was Epictet vom Leben des Menschen erinnert. "Das Leben, das sich mit dem Schikfal fortwälzt, gleicht dem Wasser eines Stroms, das ist allezeit trüb, unrein, gefährlich, heftig, aufrührerisch, unstät: die Seele hingegen, die sich mit der Tugend nährt, gleicht einer Quelle, die allzeit reines, helles, und gesundes Wasser in Menge gibt, und nie versiegt. — — Ausser seinem Widerwillen gegen Pyrrhonismus, und Abscheu gegen die Wollust bestritt Epictet mit vielem Eifer die Eitelkeit, als ein Geschwür, das um sich frißt, alle Säfte verderbt, allen Fortgang des Guten verhindert, und alles, was sie auf der einen Seite Gutes schaft, oder veranlaßt, auf der anderen Seite wieder über den Haufen wirft und verwüstet; Entfernt vom niederen Stolz, den viele den Philosophen so gerne auf die Rechnung setzen, kannte er die Natur viel zu gut, daß er einen eitlen, immer von sich eingenommenen Menschen für einen sonderlich guten, festen und nützlichen hätte halten können. —

Epictet durchdrungen vom Geiste des Stoizismus bewieß in seinen Beziehungen sich, als einen edlen, festen, entschlossenen und vortreflichen Mann. Wie er nach Rom gekommen, oder Sklav geworden, weiß man nicht; aber dies weiß man, daß er Epaphrodits Sklav war, in Niedrigkeit lebte, über seinen Stand nie murrte, über Unglücksfälle sich nie beklagte, Gott und seiner Führung in allen Vorfällen sich gehorsam bewieß, durch die Ruhe seiner Seele die Achtung und Liebe seiner Zeitgenossen sich erwarb, und mitten in seiner Armuth sich von den Göttern geliebt zuversichtlich glaubte, nach dem schönen Distichon.

Δοῦλος ἐπίκτητος γενομην, καὶ σώματι πηρός,

καὶ πενίην Ἴρος, καὶ φίλος ἀθανάτοις.

Ich bin Epictet, ein Sklav, ein Krüppel, ein anderer Irus an Armuth, und Elend, doch aber von den Göttern geliebt.

Er schätzte den Werth der Dinge nicht nach dem Schein, sondern nach dem innern Gehalt, beherrschte seine Begierden, bändigte seine Leidenschaften, bezwang Furcht und Hofnung, und war auch in den widrigsten Begebenheiten Meister seiner selbst. "Es steht nicht bei dir reich zu seyn, sagt er, aber glücklich zu seyn steht bei dir." Reichthum ist nicht immer ein Gut, und sicher ist er nur von kurzer Dauer, aber ewig dauert das Glück, das die Weisheit gewährt. Es ist nicht die Armuth, die niederschlägt, sondern die Begierden: ebenso sind es nicht Reichthümer, was von aller Furcht befreiet, sondern die Vernunft." Epictet ertrug, was ihm vom Schicksal, oder von Menschen Böses widerfuhr, mit Größe der Seelen im philosophischen Licht der Selbstverleugnung. Er war durch einen Fluß, in sein Bein gefallen, und völlig unheilbar, von Jugend auf lahm. Man erzehlt, daß Epaphrodit, sein Herr, einmal sehr ungeschickt mit ihm spielte; so ungeschickt, wie gar öfters die Herrn mit ihren treuen Dienern zu spielen pflegen. Epictet sagte ihm etlichemal: Du wirst mir gewiß das Bein zerbrechen. Der Herr fuhr fort, zerbrach ihm endlich sein krankes Bein; sagte ich dir's nicht, daß du mir das Bein zerbrechen würdest? erwiderte Epictet, Da ist es nun zerbrochen. Mehrere Gelassenheit in einem solchen Falle konnte je ein Christ nicht beweisen, oder ihn von dieser Seite übertreffen. Eben so gelassen betrug er sich in

der

der allgemeinen Verfolgung der Philosophen; er lebte zu Rom, bis auf die Zeit, wo Kaiser Domitian durch einen gnädigen Befehl aus Rom und ganz Italien alle Philosophen verjagte. Verbannung, wenigstens anhaltende Verfolgung war das Loos nicht blos Merciers, Rousseau's, Montesquieus, auch der alten Philosophen, der Socrate, des Aristotels, des Epictets, aber er war dabei ruhig, schlug seine Wohnung zu Nikopolis auf, belehrte Unerfahrne, und legte den Rest seiner Tage heiter und nützlich zurück. Seine Worte und sein Leben rührten edle Seelen gewaltig, weil er sie aus dem Zustand seines Lebens, aus seiner Erfahrung herholte, und nicht aus der Begierde etwas Ausserordentliches zu sagen, und der Welt Bewunderung auf sich zu ziehen. Aber, wird man sagen, war er hart gegen sich, so war er vielleicht eben so gegen die Schicksale seiner Brüder gesinnet, vielleicht kalt, störrig, ungesellig, aller edlen Theilnehmung entblößt, unbesorgt um Brüder Thorheit und Elend. Nicht so, meine Herrn! Er lebte zwar einsam in seinem Zimmer, aber so bald eine Handlung voll Menschenliebe sich darbot; so bald eine Gelegenheit zur wirksamen Theilneh-

mung ihn auffoderte, verließ er seine Hütte,
half seinen Brüdern, und wirkte auf die Welt.
Einer seiner Freunde, beraubt aller Mittel
um ein Kind zu ernähren, womit seine Frau
vor kurzem niedergekommen, sezte es aus;
Epictet erhält Wink davon, lief auf die Stelle, hob das Kind auf, nahm eine Amme an,
um es zu säugen, und erfüllte mit Wonne die
Pflichten der Menschheit und der Freundschaft.
Eines Tags wurde ihm erzählt, daß ein anderer seiner Freunde beschlossen hätte, sich zu
tode zu hungern. Er eilte zu ihm hin, und
fand, daß er schon seit drei Tagen keine Speisen zu sich genommen hätte. Was, fragte er
auf der Stelle, beweget dich, einer solchen Verzweiflung dich zu überlassen? "Ich habe es beschlossen, antwortete sein Freund. Das ist
kein Grund, versezte Epictet, man muß nicht
alle seine Entschliessungen ausführen, sondern
nur diejenigen, die gerecht sind; die man mit
Klugheit, Wahrheit und Vernunft gefaßt hat.
Warum willst du uns eines guten Freundes
berauben, deinem Vaterland einen guten Bürger entziehen, und einen Menschen tödten, der
nichts verbrochen hat? ist das nicht eine grosse
Ungerechtigkeit? du hast es beschlossen! aber

wenn du nun beschlossen hätteſt mich zu tödten, müßte es geſchehen, weil du es beſchloſſen hättest?" Der Freund kehrte in ſich, die Kraft der Wahrheit gewann ſein Herz, ſiegte über ſeinen thörichten Entſchluß, und errettete einen Misvergnügten. Epictets Herz ſtand dem Gefühl, der Achtung, und der Freundſchaft offen, und nahm Theil an allem, was ſeine Freunde, beſonders arme und unglückliche Freunde betraf. Dieſer Philoſoph iſt es, meine Herrn, den ich ihnen und mir zur Liebe und Bewundrung aufſtellen wollte; gehorſam gegen Gott, zufrieden mit ſeinem Stand, gelaſſen im Unglück, redlich gegen ſeine Freunde, eifrig für Wahrheit und Tugend, ſaumlos gegen ſeine Verfolger; mehr will ich nicht zu ſeinem Vortheil ſagen. Sprechen ſie ſeinem Charakter, ſeiner Tugend das Urtheil, ich will gerne das Meinige unterdrücken. — Alexander, Cäſar, Pompeius wurden bewundert, beſungen, Große genännt, aber waren ſie es, weil ſie Länder eingenommen, Städte zerſtört, und viel Menſchenblut vergoſſen; ſie ſchienen nur groß im ſchimmernden Lichte ihrer Zeitgenoſſen; Socrat, Plato, Epictet wurden von du Moulins, Götzens, Hoffſtedens verurtheilt, verdammt, in's Register unseliger Geister verwiesen, aber verdienten sie dies, weil sie das Laster zerstöret, die Menschheit angebauet, und gerechte Gesinnungen verbreitet haben?

"So wie Leuchtethürme, sagt Epictet, die man in den Haven anzündet, Schiffen, die ihre Fahrt verloren haben, grosse Hülfe leisten, eben so ist ein Redlicher in einer Stadt, die ein Ungewitter trift, seinen Mitbürgern zu grossem Vortheil." Dies ist der Gipfel, auf den uns Herz, Fürst und Vaterland rufen! dies ist der erhabene Gesichtspunkt, aus dem auch wir unseren Mitbürgern dienen sollen, und dienen können! Heil jedem, der dem Rufe folget, auf ihn wartet Verdienst, Achtung und die Ehre der Unsterblichkeit.

Die Tugend.

Ode.
An Göckingk. *

Der flüchtgen Freud' entstürzt der goldne
    Nektarbecher;
  Zur Wermutschaale wird die Rosenwelt;
Sieh! hinter jedem Wollustreize lauert ein
    Rächer;
  Ein Schritt vom Scheideweg: die Maske
    schwindt, die Furie quält.

Ein Welttheil sinkt; von Zepterthrümmern
    schimmert
  Der Gräuelthron, von dem der Schre-
    cken in die Länder fliegt;

---

* Der sterbende Hölty übergibt der Sorge Göckingks
seine arme Familie. Göckingk kündigt hierauf
das bekannte deutsche Journal mit Verwendung
grosser Kosten an; und bestimmt die Frucht sei-

Der Weltkreis staunt: der Kronensammler wimmert
    Auf Purpurpolstern von der Tugend nicht zur Ruh gewiegt.

Ha! welche Höll' entschüttelt dich den Göttermträumen,
    Du ruhmberauschter königbändiger Octavius!
Warum seh ich Verzweifelung auf deinen Lippen schäumen?
    Hemmt eines Adlers Raub des Erdeherrn Triumphgenuß?

O Tugend, einzge Himmelseligkeit der Erdgebornen!
    Dem Herzen Gotteszeugin! Sonne in des Zweifels Nacht!
Der Schöpfung Trauerwüste wird dem Tiefverlornen
    In deinem Stral' erneute Paradiesespracht!

---

nes grossen und ungeheuer mühsamen Unternehmens der dürftigen Frau mit noch unerzognen Kindern seines Freundes. D. H.

Hört, Könige! Hört Welten meiner Harfe
    Töne!
Hört den Gesang, der nie den Lippen ei-
    nes Sterblichen entglüht!
Ich sah der Gottheit Braut, der Schöpfung
    einzge Schöne!
Ich hörte aller Himmel und Elysen Lied!

Als Gott Unendlichkeit zum Raume
    Den Sphärenwelten ausgespannt,
Den Cherub, und im Gräbchenschwimme
    Das Würmchen Kind genannt;

Als Sonnen seiner Hand entquollen,
    Sein Athem allgewaltig durch das Chaos
    drang,
Des Lebens Stimmen plötzlich Myriadenfältig
    schollen,
    Myriadenfältig Morgenroth' aus Näch-
    ten sprang;

Als er die Fülle seines Reichthums ausge-
    gossen,
    Zu zeugen seiner Allmacht Kraft verwandt,

An Weltgebäude Welten angeschlossen,
 Ein fallend Härchen an des Weltalls
  Grenzgestirne band; *

Goldlockigten Kometen winkte, nie zu gleiten
 Aus ihrer ungeheuren Labyrintenbahn
Den Sphärentanz mit sicherm Schritte zu
  durchschneiden,
 Von Sonnenkreis zu Sonnenkreis hinan,

Dem Donner, Meer' und tausend Feuer-
  schlünden,
 Die Zwietracht sandt, den Tod zur Har-
  monie angereiht,
Das lezte Stäubchen wog, zu gründen
 Der stolzen Schöpfung Ewigkeit:

Da dacht er Tugend! dich zum Ziele;
 Dich Schönere, als seiner Werke Pracht;
Denn Weltenschöpfungen sind Spiele,
 Bekrönung du, nicht Tochter seiner Macht!

---

* Man wird sich hier an Neuto's Lehre von der An-
ziehungskraft erinnern, durch die ein Sandkorn
auf das ganze Weltgebäude wirket, und umgekehrt.

Dem Staube gab er Freiheit, ihn zu lästern,
 ihn zu preisen,
Gott bringt dies Opfer, Tugend! dir,
 der Gottheit Schatz;
Der Anblick eines tugendhaften Weisen
 Ist ihm für aller Höllen Lästerung Ersatz.

❦❦❦❦❦❦❦❦❦❦❦❦❦❦❦❦

Die Degenscheiden der Gelehrten.

Warum die Herren von der Feder zur De-
 genscheide
Die weisse Farbe gewählt,
Geschah, wie Doctor Sancho weislich er-
 zählt,
Zu zeigen, wie sich die Unschuld kleide. *

Y 5

---

* Dieser Gedanke ist, soviel ich weis, von Hrn.
 Hofrath Kästner entlehnt. d. H.

Amors und des Todes Pfeile. *

Wie Tod und Amor einst zusammen
In eines Waldes Höhle kamen,
Erzählet die Geschichte nicht.
Doch dies erhellt aus dem Bericht,
Daß beide, Tod und Amor blind
Schon dazumal gewesen sind.

---

* Dieses Gedichtchen ist aus dem Lateinischen des Alciat.

Errabat socio Mors juncta Cupidine, secum
    Mors pharetras, parvus tela gerebat Amor,
Divertere simul, simul una nocte cubarunt,
    Cæcus Amor, Mors hoc tempore cæca fuit.
Alter enim alterius male provida spicula sumpsit,
    Mors aurata, tenet ossea tela puer.

Man hat einen schönen Kupferstich von Job. Sadeler nach Matth. Bril von dieser Scene. Uebrigens ist der Gedanke nichts mehr, als ein italienischer Concetto, oder falscher Witz. Er ist nur von einer einzigen Seite wahr. Die Pfeile des Todes sind vergöldet, das ist, diejenigen Dinge, wodurch die Menschen ihre Gesundheit verderben, und also ein Opfer des Todes werden, haben gewöhnlich eine angenehme reizende

Zu träumen schlummert dieser jezt, aus lan=
 ger Weile
Der andre, und ertappt erwachend Amors
 Pfeile;
Und daher kömmts: daß von Cytherens losem
 Kind
Die Pfeile tödtlich, die des Tods vergoldet
 sind.

Aussenseite. Aber die Pfeile Amors sind gewiß in dem Sinne, den das Gedichtchen hat, nicht tödtlich, oder deutlicher: Die Wunden der Lie= be sind keine wirkliche (physikalische) Wunden, tödten nicht wirklich; welches doch seyn müßte, wenn Amor mit den Pfeilen des Todes schösse. Ausserdem ist hier die Veranlassung zu den ge= fährlichern Pfeilen des Todes ein Scherz, ein unbedeutendes Ungefehr, das gar nichts zu den= ken gibt; da es in der Natur ein grosses Werk der Fürsicht ist. Und ohne Wahrheit kann kein Gedanke schön seyn. Endlich, welcher Gegen= satz ist in den tödtlichen und vergoldeten Pfei= len? Spicula ossea & aurata? Die vergoldeten sind ja auch tödtlich. Alciat war ein grösserer Rechtsgelehrter als Dichter; aber eben darum weil er Dichter war, behandelte er sein Gefach selbst mit Geschmacke. Er war der erste, der dies nach Wiederaufblühung der schönen Wissen= schaften that.

Reich mir deine Wange
O, sie schmekt so süs!
Ist es gleich schon lange,
Daß ich selbe küß?
Ha, der Jugend Rose
Blüht stets neu auf ihr,
Wächst bis in die grosse
Braune Augen dir;
Sonnt sich dort im Strale
Der Milchstreifigt glüht
Aus dem Augenthale
Auf ihr weiches Blüth;
Reich mir sie die Wange
Mädchen die, und die!
Ach, wie schüchtern bange
Küßt ich einstens sie!
Einst war auch die reine
Wollustwange hier
Noch nicht ganz die meine,
Sie gehörte dir —
Nun seitdem sie meine,
Meine Wange ist;

Weißt du's ganz alleine,
Wie ich sie geküßt.

von Herrn Hofgerichtsexpeditor
Kobell.

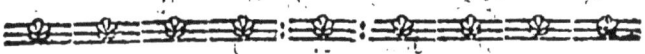

Der Löw und der Bär.

Eine Fabel.

Dem Fuchse, seinem neuen Liebling sagte
Sir Löwe, mit der langen, langen Nase:
Nimm dich in Acht: der Plan, den ich mit
    dir ausdachte,
Den alten Rath zu stürzen, war eine Wasser-
    blase.
Der Bär entdeckt' es wider all Vermu-
    then,
Zerriß im Grimme die Verschwornen, schonte
Nicht eines; sieh dort Affen, Hund und
    Wolf verbluten.
Ich mit dem Hasen zog mich heraus so gut ich
    konnte.

366

* * *

Dies wár ein Mährchen, von dem Thierge-
    schlechte?
Dem Thiermonarchen wäre dies geschehn?
O nein, o nein! so toll kanns dort nicht gehn:
Das klänge wahr von einem Könige und sei=
    nem Knechte.

F — l, den 5. Nov. 1783.

Ich bringe Ihnen von meiner Reise ein Geschenk, das Ihnen Vergnügen machen wird.
Es ist das hierbeikommende Gedichtchen, das
schon der Umstände wegen aufbewahrt zu werden verdient. Machen Sie es durch Ihr Museum bekannt. Der Vorbericht ist von mir.
Ich stehe Ihnen für die Wahrheit jeder Sylbe.
Ich kenne alle Personen dieser Scene; und sie
wird nicht ohne Theilnehmung von dem Publikum angeschauet werden.

E —

Herr D., ein junger Student, kömmt durch Zufall nach L.; fällt in die Hände einiger verkleideter Werber; glaubt sich in ganz andrer Gesellschaft, und erschrikt zum Sterben, als man ihn förmlich für einen Angeworbenen erklärt. Er widersezt sich äusserst; man raubte ihm sein weniges Geld; Rock, Schuhe, Hut ꝛc. und sperret ihn in ein Zimmer im zweiten Stockwerke. Um 10 Uhr Nachts springt er mit Gefahr des Lebens zum Fenster hinaus, läuft ohne Schuhe, Rock und Hut, in der schrecklichsten Kälte, im Sturmwinde, mit Schnee bedekt, durch die Gassen, sucht unter Dach zu kommen, und wird allenthalben abgewiesen. Auch lutherische Geistliche, vor deren Thüren man ihn hingeführt, thaten dies. Endlich trift ihn ein Schauspieler an, dessen Namen mir, leider! entfallen ist. Dieser führt ihn in das Wirthshaus zur Stadt H.... Der Wirth nimmt ihn liebreich auf, sorgt väterlich für den Unglücklichen, läßt ihn ruhen, gibt ihm den andern Morgen einen Rock, Schuhe ꝛc. und räth ihm, die Hülfe des Hohenpriesters anzuflehen. Da geht er hin; aber Priester hin Priester her. Ein armer Schauspieler hatte ihn von der Gasse aufgenommen, ein Wirth liebreich versorgt, ein Priester mit reichen Pfründen, sechs Fuß fünf Zoll hoch und anderthalb Ellen im Durchschnitt, jagt ihn mit schnöden Worten, mit bittern Vorwürfen — mit Hohn die Stiege hinab. (Mit dem möchte ich nicht unter einem Dache wohnen!) Betrübt kam D. zu seinem Wirthe zurück: — O mein lieber Freund, sagte dieser — nur Muth gefaßt! bei mir sind Sie versorgt, ich bin kein Priester, ich bin Wirth; bleiben Sie hier, bis der Himmel etwas anders schift — und das wird sich finden. Ich schenk Ihnen nichts; aber ich borge Ihnen hundert Jahre; die Zeche können Sie selbst machen. Sechs Wochen genoß er diese samaritische Pflege; sein Schicksal änderte sich: den Abend vor seiner Abreise sprach L.: Gast! Sie sind ja ein Stück von einem Dichter, machen Sie mir doch etwas auf Ihre Umstände passend, und vergessen Sie den Stamm Levi dabei nicht. — Ich habe Champagner zum Abschiedstrunk und so entstand in einer halben Stunde dies Gedichtchen.

P. S.

An

An
Herrn L.
von
seinem Freunde D.
bei
seiner Abreise aus L.
den 12. Dec. 1782.

Nein reden kann ich nicht! — dies dankende
Entzücken,
Das meine Brust durchströmt und Dir entge=
gen glüht,
Kann keine Dichterkraft — kann nur ein Gott
ausdrücken,
Den jede Dunkelheit, gleich leichten Nebeln
flieht.
Ich kann nur fühlen, nur für Dich im Stil=
len beten,
O Du, für den mein Herz vom wärmsten
Danke schwillt!
Wie mancher müste nicht beschämt vor Dir er=
röthen!
Der seinen Bruder stets voll frommer Galle
schilt.

Mit lauten Seufzern klagt, daß auf der bösen
　　Erde
Der Glückliche sein Herz dem Mitleid oft
　　verschließt,
Von Pflicht und Menschlichkeit mit heiliger
　　Geberde,
Wie ein Apostel spricht, und doch ein Un=
　　mensch ist;
Und doch den Leidenden, den ehrner Kum=
　　mer drücket,
Nicht menschenfreundlich schüzt; nein mit ge=
　　stählter Brust,
Und schielem Stolz herab auf seine Thränen
　　blicket:
Der Heuchler! spricht nur das, was Du,
　　o L - -! thust.
Wenn fromme Schurken dort mit kaltem Her=
　　zen beten:
Hilfst Du mit warmer Brust, die Menschen=
　　liebe fühlt.
Ha! mich hat mein Geschick, wie einen Wurm
　　getreten,
Die Wunde blutet noch, die mir sein Zahn
　　gewühlt.
Ich floh von ihr verfolgt, durch Regen, Nacht
　　und Winde,

Und meine Seele war so öde wie die Flur,
Wo Boreas voll Wuth, durch blätterlose Gründe,
Mit lautem Ungestümm auf kalten Schwingen fuhr,
Und durch den bangen Wald mit vollen Backen brüllte.
Ich floh — doch überall, wies man mich fühllos ab:
Kein betender Levit, kein frommer Priester stillte
Den schwarzen Gram, der mich wie eine Nacht umgab.
Ein Samariter nur goß Balsam in die Wunde,
Die mir das Schicksal schlug; von meinem Schmerz gerührt
Half er mir liebreich — O gesegnet sey die Stunde,
In welcher mich zu ihm, mein guter Geist geführt!
Mein L--! sagt Dir nicht Dein Herz, daß ich Dich meyne?
O Du, dem selten nur ein Herz an Wohlthun glich!

Sieh, wie ich Dir gerührt, den wärmsten
    Dank zuweine,
Und — jede Thräne ist ein still Gebet für
    Dich!
Ach! könnt ich, Theurer, Dir, was ich em-
    pfinde, sagen.
Doch jeder Ausdruck ist für meinen Dank zu
    matt.
Stets wird mein Herz für Dich, mein Sa-
    mariter, schlagen,
Für Dich, der auch für mich ein schlagend
    Herze hat.
O späte noch, wenn ich der Nachwelt zitternd
    weiche,
Mein dämmernd Auge schon den lezten Ab-
    schied weint,
Und ich vom Schmerz entstellt, dem Grab ent-
    gegen keuche;
So schlägt es noch für Dich, mir ewig theu-
    rer Freund!

Einladung
aufs Land.

Laß den Großen in Palästen,
Orden, Schmuck und Baldachin;
Mögen Sie bei frohen Gästen
Langeweile müssig fliehn.

Laß Sie hetzen, beizen, jagen,
Laß Trabanten um sie stehn,
Laß mit abgenuztem Magen
Sie zur vollen Tafel gehn.

Laß sich Heuchler ihnen nahen,
Die ihr Liebling auserwählt,
Wo nur ängstliches Bejahen
In des Fürsten Gunst erhält.

Laß Sie Patrioten hassen,
Durch Verläumder schwarz gemacht,
Und ein Rittergut verprassen,
Um das Buhlen einer Nacht.

Laß oft Bürger Hunger klagen,
Währen Prinzen steif in Gold,
Ein Pariser Gallawagen
Emsig in die Oper rollt.

Arglist, Trug, und Schmerz statt Wonne,
Folgen stets der Höfe Tand,
Aber munter wekt die Sonne
Früh den Weisen auf dem Land.

Wenn hier unter jungen Lauben
Um uns her ein Lüftgen spielt,
Und der Mond nach reifen Trauben
An der Gartenmauer schielt;

Oder wenn der Welten Fülle
Berg' und Thäler überstralt,
Oder wenn des Himmels Stille
Sich im blauen Teiche malt;

Wallen, Arm in Arm geschlungen,
Wir das Leben ruhig hin,
Und verehren ungedungen,
Auch der Fürsten Biedersinn;

Preissen ihre grossen Männer,
Groß im Frieden, groß im Krieg,
Als zum Beispiel für die Kenner,
Vater Joseph, Friederich.

C. L.

Der Herbstabend.
den 7ten Oktober 1783.

Wälzen möcht' ich mich auf deiner Erde,
Lieber Gott! 's ist alles gar zu schön!
O, wer könnte sonder Lustgeberde
All das Pracht'ge deiner Schöpfung sehn?

Lacht vom rundgewölbten Himmel heute
Wiederum dein Mond mir nicht so rein?
Giesset er nicht Paradiesesfreude,
Engelslust mir in das Herz hinein? —

Wie so majestätisch seine Stralen
Deine ganze heilige Natur,
Mit den Farben ihres Silbers malen,
Daß sich freuen Berg und Thal und Flur!

Sternlein blitzen neben ihm und flimmern,
An dem weiten Himmel nah und fern,
Schön ist Sternlein! eures Lichtes Schim-
    mern,
Schön dein Glanz, du trauter Abendstern.

Kaum kann euch ein menschlich' Aug ent-
    decken,
Und ihr glänzt schon izt so niedlich schön,
Welch Erstaunen würdet ihr erwecken
Dürft' euch näher unser Auge sehn.

Nicht ein Wölkchen trübt des Himmels
    Höhe,
Ach, er ist so heiter und so klar!
Ueberall, wohin ich immer sehe,
Nehm ich nicht das kleinste Fleckchen wahr.

Aus des grünen Flusses krausen Wellen
Drängen glühend Funken sich empor;
Sich mit seinem Urbild zu vermählen
Wallt des Mondes Ebenbild hervor.

Melancholisch schwarzer Riesenschatten
Steigt herab vom bald entlaubten Wald,
Ueber grünlich gelbe Wiesenmatten,
Wandelt seine nächtliche Gestalt.

Wild und Luftvolk hat sich schon verkrochen,
Hie und da zirpt nur ein Grillchen noch,
Und auf eines alten Thurmes Bogen,
Heult die Eule schon aus ihrem Loch.

Wohlgerüche trägt auf meinen Wegen
Noch des Herbstes lezter schwacher Hauch
Mir auf seinen Fittigen entgegen,
Wohlgerüche, süß wie Opferrauch.

Wälzen möcht' ich mich auf deiner Erde,
Lieber guter Gott! vor lauter Lust;
Immer fülle, bis ich Asche werde,
Deine schöne Schöpfung meine Brust.

G. C. Lauter.

Der Fuchs und die Drescher.
Eine Fabel.

Ein Fuchs, verfolgt von Jägern und Hunden,
    ben,
  Entfloh in eine Scheier und bat:
Ihr Herrn! Ich werde lebendig geschunden! —
  Erzeigt mir eine menschenfreundliche That.

Ich schwör' euch: frei, wie in der Luft die
    Vögel
  Soll künftig euer Geflügel seyn;
O saget doch mit aufgehobnem Flegel
    Den Jägern, ich sey nicht herein.
Die Jäger kommen: "wo ist Reineke"?
  "Auf Ehre fern von hier; er kam und
    floh";
Sie deuteten zu gleicher Zeit auf die Decke:
    Er stack in einem Bündchen Stroh.
Nun ward er im Triumph hervorgezogen;
  Die Drescher schrien: "du hörtest es, wir
    retteten dich gern."
"Ja ja, wie ehrliche Leute habt ihr gespro=
    chen,
  Gedeutet, wie Schelmen, ihr Herrn!"

    *   *   *

So ist es oft auf den gezielt,
Den man mit goldnen Worten empfiehlt.

Apoll
und
die sogenannten Genien.

Es stiegen allgemeine Klagen
    Zum Musengott Apoll;
Nein, länger will mans nicht ertragen:
    Herr Delier! es geht zu toll.

Dem Pegasus sind Zaum und Zügel abgerissen,
    Verspottet flieht der Musen Chor,
Wer Grazien nennt, der wird gebissen,
    Wer Horaz! ruft, dem gilts um Naß und Ohr.

Die Männchen schreyn: wir sind Genien!
    Uns gilt Natur allein!
Wer nicht vor der Natur will knien,
    Der küss' uns mit Apollen rein.

Ihr sollt Gedichte fern vom Zwange
    Der Verse sehn,
Die Kraft besteht im Wörterdrange:
    Natur allein ist schön.

Die Wörter sollen drum mit Prosaistenleime
   Nicht steif gepappt in Ordnung stehn:
Versezungen sind schöner noch als Vers' u. Reime:
   Natur allein ist schön!

Gedichte voll von Feuer wie Volkane;
   Die Hälfte sollt ihr nicht verstehn,
Und Knittelverse mächtig wie Orkane,
   Ganz wie in der Natur so schön.

Ihr sollet Almanache an den Bäumen
   Des Parnaß wachsen sehn,
Romanzen, wie sonst Disteln keimen,
   Kurz, alles wie in der Natur so schön.

Statt Ungeziefer, die die Blüthen
   Sonst häufig aufgezehrt,
Seyn Recensenten jezt, die Frucht zu hüten;
   Naturgedichte bleiben unversehrt.

Ihr werdet Briefe lesen
   Vom deutschen Vaterland:
Wie oft der Reisende (nichts zu vergessen!)
   Den Wagen angespannt.

Und Bücher, voll geheimen Dingen
   Von Religion und Staat,
In die um mit Philosophie zu dringen,
   Man an den Wirthstisch sich gesetzet hat.

Und alle die zu unterdrücken,
   Die nicht von gleichem Eifer glühn,
Sind Richterstuhlfabriken
   In Leipzig und Berlin.

Ihr sollet Nationalschauspiele
   Von dreizehn Akten sehn,
Wahnwitzige in jedem, Ritterspiele,
   Kanonen, Drommeln wie in der Natur so
   schön.

Nie hört ihr hier, wie Römerhelden pralten,
   (Wie dies weit schöner in gemeinen See=
   len liegt!
Und dann die Bücherhändler zahlten
   Viel höher uns den Bogen nicht.)

Seht Mädchen, die aus Tugend sich ermorden,
   Und Bettler, die zweitausend Pfund ver=
   schmähn,
Und Knaben, seit ihr da sitzt, grau geworden,
   Kurz, alles wie in der Natur so schön.

Und Städte von dem ganzen Erdenrunde
    Sollt ihr in drei Minuten sehn,
Und Männchen, die in einer Stunde
    Wohl tausend Meilen gehn.

Die Tugend im gemeinen Lebenskreise
    Verfolgt, doch endlich auf dem Gipfel stehn,
Die Lasterhaften hingewürgt wie Mäuse,
    Kurz, alles wie in der Natur schön.

An Diebstahl sollet ihr uns nie ertappen,
    Nichts auffer Shakspear lesen wir,
Die anderen sind Esel, Affen, Lappen;
    Sie können uns -- natürlich, -- nach Gebühr.

Gott Shakspear ist, mit einem Worte,
    Hoch über Apoll sonder Streit;
Drum öfnet uns die Pforte
    Der stralenreichen Ewigkeit.

Nun springen schnell die Thore
    Des Heiligthumes auf;
Gleich einem goldnen Flore
    Ziehn Glanzgewölke sich herauf.

Der Künste Gott mit seinen Musen,
    Auf ihrer Brust der Schönheit Bild,
Die Huldinnen, Minerva mit Medusen
    Auf ihrem heilgen Schild,

Homer mit weissen Schaaren,
  Des Griechenlandes schönster Flor,
Und Römer, die kein servum pecus waren,
  Der Gallier leichtes Chor;

Die Britten unter Shakspears Fahnen,
  Und die, so Deutschland voll des Gottes
    sah,
Kurz alle, die der reizendern Natur geheime
    Bahnen
  Erspürt, erschienen da.

Nun ward das Völkchen übern Rücken
  Von den Gekrönten angeschaut;
Mehr höhnend Mitleid war als Zorn in ihren
    Blicken,
  Nur Shakspear lachte laut.

Minerva hob den Schild: von nun an, Lippen
  Und Nas' und Stirn' und Rumpf versteint,
Stehn sie am Fuß des Parnaß, neue Klippen
  Dem jungen Musenfreund.

Gereiniget ist mein Gebiete,
  Sprach jezt Apoll,
Doch eines noch! wenn Sicherheit und Friede
  Hier herrschen soll.

Wird eine Erdenbrut zu meinem Dienste
  Auf diesen Altar künftig hingelegt,
So rechnets nicht gleich zum Gewinste,
  Nicht alles wird zur guten Pflanze, was
    man pflegt.

Ihr müsset drei Genien für die Ställe
  Des Pegasus euch ausersehn;
Dann füllt die Becher, Töchter! an der Quelle
  Des Hypokren;

Und stellet euch mit euren Gaben
  Hin zum Altar;
Und reicht, das Opfer mit dem Dichtertrank
    zu laben;
  Den Becher dar;

Dann kommen schwärmend von den Ställen
  Die Jungen voll Natur und Kraft und Glut;
Indem sie sich mit Pferdekost zur Seite stellen,
  Bemerkt das erste Regen unsrer Brut.

Blikt sie zum Becher: ausser Streite
  Gibts einen Dichter, pfleget sie;
Lekt sie hinüber nach der andern Seite,
  So werft sie weg, es gibt euch ein Genie.

Ant-

Antwort auf einige Briefe mit Einsendungen lateinischer Gedichte.

Mit Vergnügen will ich jedes lateinische Gedicht, das seinem Innhalte nach nicht ganz unbeträchtlich, und mit Geschmack und römischer Eleganz geschrieben ist, hier einrücken. Die Eingeschikten sind nicht ganz von dieser Art, und ich wage es wirklich nicht, sie dem Publikum vorzulegen. Erstlich geht es da, wo man den Hauptgedanken erwartet, auf ein Wortspiel hinaus, oder es sinkt tiefer als der Anfang war. Zweitens ist der Ausdruck selten so ganz des goldnen Zeitalters würdig. Drittens finden sich sogar Fehler wider das Tonmaaß darin. Z. B. Messana hat die zweite, pipio die erste Sylbe lang, nie kurz. Die lezte Sylbe von dem Nebenwort facile wird von den bessern lateinischen Schriftstellern nicht als lang gebraucht ꝛc. Uebrigens sind die Wünsche und Vorschläge des einen Briefes nicht zu verwerfen. Nur keine Sammlung aller deutschen Sinngedichte von Opitz bis auf

Voß und Göckingk! Lieber ein mäßiges Bändchen der guten; und diese dann ins Lateinische überſezt. Eins der eingeſandten lateiniſchen Gedichte geb ich dem Publikum zur Probe.

Audacis & improvidi Hylæ Caſus.

Excelſa paſſer nidum ſortitus in æde
  Pullis quinque dapes ore loquace dabat,
Dúmque ſuam matrem pipanti voce ſalutant
  Audit Hylas pullos, audit & audet opus.
Audax per patulam non absque labore feneſtram
  Aſſere præmiſſo penſile tentat iter.
Jam nidum pullosque manu rapiebat eâdem,
  Aſſer dum fallit mole premente fidem
Atque pedem; duodennis Hylas de Vertice præceps
  Volvitur in caput & ſanguine tingit humum.
Signat Hylæ Chloris violisque roſisque ſepulchrum;
  Carminéque hunc caſum ſignat Apollo brevi:

Hic jaceo, mecúmque jacent hîc quinque volu-
cres;
Caufa meæ mortis paffer & affer erant.

W.

Räthsel.

Ich ward bewafnet eh mich die Welt erblickt,
Hab manches Liedchen und manche Schöne ge-
schmückt;
Ich bin die schönste unter den Schönen,
Und pflege die Kinder der Freude zu krönen;
Ich sterbe bewafnet und nach dem Tode noch
Trag ich die Waffen doch;
Verwundet fliehet oft der kühne Räuber mich;
Oft ungesehn, oft hingestorben erquicke ich.

Urtheil der Gesellschaft der Wissenschaften zu Mannheim über die eingelaufenen Preisschriften, von Erfindung eines vergleichbaren Feuchtigkeitsmessers, in ihrer öffentlichen, den 20 Weinmonat 1783 gehaltenen Versamlung, abgelesen vom Herrn geistlichen Rathe Hemmer, Mitgliede besagter Gesellschaft, und der meteorologischen Klasse beständigem Sekretäre.

Ante hoc biennium Academia proposito 50 ducatorum præmio quæstionem publicavit sequentem: *Invenire hygrometrum comparabile, cujus puncta fixa & certa sint, & dum instrumentum conficitur, sine magna difficultate determinari possint; cujus sensibilitas processu temporis notabiliter non mutetur; in quo effectus caloris & certa & facili regula subtrahi possit; cujus denique pretium non sit immodicum.*

Ad hanc quæstionem undecim allata sunt Responsa, germanica quatuor, latina totidem, duo gallica, italicum unum adjuncta epitome latina. Singula eo ordine difcutiemus, quo nobis in manus venere.

Refponfum primum, germanice fcriptum, Symbolum habet, *Inveniſſe juvabit*, quod rei ipfi accommodatum eft; autor enim novum hygrometrum invenit, ad Academiam miſſum, inftrumentum fimplex & tenerrimi fenfus, quod præcipuæ laudi cedit autori, multis tamen capitibus imperfectum & vitiofum, five conftructionem, five ufum fpectes. Conftat inteftino fuillo fuper capfa lignea tenfo, & tubo vitreo capfæ inferto, in quo mercurius, ex cavitate capfæ propulfus, libere movetur. Vitia, quibus hoc hygrometrum laborat, fere funt fequentia. Hydrargyrum, cujus in inftrumento non exigua vis eft, mole fua non tantum contractioni inteftini infigniter refiftit, fed etiam teneras ejus fibras ita diducit, ut tandem omnem fere fenfum ei necefſario eripiat. In determinando humiditatis extremæ puncto nullam autor de aquæ per inteftinum tranfitione mentionem fecit, quæ res ut vitatu difficilis, fic labem hygrometro numquam non infert. Siccitatis extremæ punctum infeliciter autor figere conatus eft, pennam fuper prunis ficcando, nullo aut intervallo, aut caloris gradu, aut tempore definito. Non melior inftrumenti fcala. Cum enim punctum inferius, in aqua bulliente quaefitum, tantum depreffiffet, quantum hujus aquae calor illud fuftulerat, fuperius etiam punctum pari intervallo depreffit, quafi vero in aqua bulliente & prope ardentes carbones idem fuiffet calor. Denique id incommodi; fi vitium appellare nolis, hoc inftrumentum habet, quod geftatorium, feu patiens itineris, non fit. Mercurius enim crebris fuccuffibus jactatus tenue inteftinum facile rumpit, veluti in eo hygrometro factum eft, quod autor Academiae mifit. De reliquo ftilus a claritate & brevitate maxime laudandus.

Refponfo fecundo, itidem germanico, Symbolum eft fequens: *Nihil eft, quod non expugnet pertinax opera, intenta & diligens cura.*

Praemiffa brevi hiftoria hygrometrorum, quae hucusque in ufu fuere, eorum duo praecipua, alterum ex inteftino torto, alterum ex caule pennae, corrigenda fibi & ad ftatum comparabilem reducenda autor fumit.

In priore quidem illo punctum ficcitatis fixum quærit in aëre, ad certum gradum eminentiorem!, v. gr. 30 vel 40, calente, quia in aëre ejusmodi eandem femper effe ficcitatem exiftimat, quæ opinio ut fanæ phyficæ principiis, fic experientiæ adverfatur. Si quis tutiore via hic incedere velit, illi fuadet, ut eum, quem diximus, calorem in aerem mediæ ficcitatis inducat. At vero ficcitas hæc media obfervationibus per integrum annum productis quærenda foret: quantum temporis ad unicum hygrometri punctum figendum! Ad hæc quis nefcit, eam ficcitatem nec fingulis annis, nec fingulis locis effe eandem?

Ad punctum humiditatis extremæ conftituendum chordam non aquæ fed copiofis humoribus immittit, quæ ratio haud contemnenda. At cum chordam fuam ita collocarit, ut ejus motus obfervari non potuerit, vel ex hoc folo capite incertum manet, an humoribus fuerit faturata.

Ceterum duo funt, quæ in hoc hygrometro etfi reliqua omnia recta forent, corrigi vix poterunt, primo quod vel novum hebetioris fit fenfus, deinde quod hic fenfus tempore magis adhuc obtundatur, cum ufu & experientia conftet, chordæ fila, humoribus fæpius multumque detorta, non amplius plane coire.

In emendando hygrometro ex caule non feliciores autoris conatus. Aërem inprimis non bene educit. Quod eum, qui remanet, tempore fponte exiturum effe putet, experientia tefte fallitur. Punctum ficcitatis fixum etiam hic certo caloris gradu perperam quærit. Nec firmum fatis humiditatis punctum eft, quando mercurius in aqua glaciali, etiam poft longum unius immerfionis tempus, immotus fteterit, qua de re primus Ephemeridum noftrarum tomus confuli poterit. Quamquam inftitutis pluribus experimentis ea, quæ in utroque hygrometro conftituerat puncta, incerta effe autor ipfe demum didicit, &, qui præclarus in viro animi candor eft, ultro fatetur, malum vero nullis, quæ fufficiant, remediis tollit.

Labor autoris in eruenda veritate indefeffus; fcribendi genus clarum quidem, at prolixum nimis.

Tertium Refponfum, fermone gallico fcriptum, hoc Symbolo infignitum eft: *Hæc ftudia adolefcentiam alunt, fenectutem oblectant.*

Eleganti & fuccincta differtatione novum autor defcribit hygrometrum, a fe inventum, cujus partem potiorem affabre elaboratam Academiæ mifit. Telefcopium pedi inæqualibus partibus horizontaliter infiftit. Ad pedem hinc, illinc ad extremum telefcopii oculare, cylindrulus firmatur eburneus tenuis, cujus contractiones & productiones in oppofito quodam muro fatis diftante, cui fcala in certas partes divifa infcripta eft, telefcopio, motui eboris obtemperante, obfervantur.

Multa funt, quæ hoc inftrumentum vitiofum vel inutile reddunt. Inprimis punctum humiditatis extremæ, quod in aqua glaciali capit, valde dubium eft, cum autor ebur equidem in hac aqua relinquere jubeat, dum dilatari ceffet, rationem vero id dignofcendi, alias difficilem, ut fupra vidimus, nullam indicet. Deinde cum præter hoc punctum aliud nullum conftituat, hujus generis hygrometra comparabilia inter fe effe non poterunt, nifi cylindri eburnei, qui adhibentur, omnes & craffitie, & duritie, & partium fitu, & ceteris rebus univerfis, quæ cum dilatatione eorum & contractione conjunctæ funt, omnino æquales inter fe & fimiles extiterint, quæ res quam difficilis & ardua fit, nemo eft, qui non videat. Denique hoc inftrumento uti nec tempore nocturno, nec alio loco licet, quam ubi e regione aptus murus reperitur, in quo fcala defcripta fit, vel defcribi faltem poffit.

Reperita placebunt, Symbolum eft, Refponfo quarto latino infcriptum.

In corrigendo hygrometro ex caule, quod Rezianum vocant, autor verfatur. Duobus punctis, quæ in aqua glaciali & calida 25 graduum notari folent, tertium addit ficcitatis, in aëre ad 25 gradus calente intra aliquot horarum fpatium definitum. Ambo puncta humida unica immerfione figit, quæ res, uti fupra modo monuimus, ea omnino fallacia reddit. Puncti ficcitatis ita quæfiti errorem fuperius quoque oftendimus. In ceteris autor via recta & ordine pulchro incedit. A puncto ficcitatis invento aufert effectum caloris, feu fpatium inter duo puncta humida interjectum. Ex hoc ipfo fpatio in gradus 25 divifo fcalam condit thermometricam, quam producit. Spatium, duobus punctis fixis, humiditatis fcilicet glacialis & ficcitatis contentum, fcalæ fervit hygrometricæ, in partes quotcunque dividendæ. Qui duabus his fcalis, juxta tubum vitreum hygrometri a communi puncto afcendentibus, ad verum humiditatis gradum, detracto caloris effectu, determinandum uti oporteat, diftincte docet autor, & res per fe plana eft.

Scribendi ratio clara, abrupta & firma. Dolendum, virum eruditum in punctis fixis fuiffe hallucinatum; alioquin non tantum ex aliis *repetita*, ut Symbolum habet, fed ferme omnia placuiffent.

Refponfum quintum germanicum Symbolum præfixum habet: *Tentando.*

Brevis hujus, at liquidæ differtationis Autor cauli hygrometri Reziani folliculum ex vefica fuilla fubftituit, eo, ut videtur, fine, ut fenfum inftrumenti teneriorem reddat, quo loco ea monenda redeunt, quæ fupra in examine primi refponfi de inteftino diximus. Terminos humiditatis & ficcitatis quærit non extremos, veluti mos hactenus fuit, fed conventionis, feu certa ratione definitos, cujusmodi in thermometris adhiberi folent. Terminum priorem in aqua calida 40 graduum, pofteriorem in aëre paris caloris, definitum intra tempus, duas v. gr. horas, obtineri poffe confidit. Sed illud utique autor nobis dabit, hos terminos fixos non fore, nifi in folliculis, antequam experimento fubjiciantur, par humiditatis vel ficcitatis conditio affumatur, nam ficcior v. gr. eodem calore ac tempore, eodem in aëre certe magis exficcabitur eo, qui plus humiditatis habet. Num vero hujus conditionis æqualitatem vel autor ipfe ponere audebit? Huc accedit, quod neque in aëre, quem calor 40 graduum pervadit, femper par ficcitas exiftat, uti ad Refponfum fecundum modo innuimus. Aër enim humidior, etiam calore rarefactus, plus humiditatis præ fe feret, quam aër alius, qui ante conceptum parem calorem ficcior fuit.

De effectu caloris corrigendo, quæ tertia est
quæstionis academicæ conditio, autor nihil sta-
tuit eo, quod experimentis compluribus ad eam
rem opus sit, quæ instituendi tempus sibi de-
fuisse ait.

———— ————

Latinum est Responsum sextum, Symbolo,
Novus non orior, distinctum.

Magni animi autor, qui relicta via trita propriam tentat, inprimis contra Delukium & Re-
zium, quorum hygrometra corrigenda sibi su-
mit, demonstrare nititur, mercurium in his instrumentis calore non ascendere, nec descende-
re frigore, sed contrarium omnino obtinere,
quem in finem plura experimenta instituit. Ast
hæc nihil evincunt aliud, quam calamum, ac
insidentes ei humores, calore dilatari, contrahi
frigore, quod hactenus negavit nemo. Multum
vero abest, ut mercurius calore ad ascensum
reapse numquam adigatur; id enim fieri neces-
sum est, ubi hic liquor, quam calamus, magis
expanditur, quod certe in quibusdam rerum ad-
junctis locum habere experientia testatur. Idem

de mercurii defcenfu, qui frigore efficitur, intelligendum.

His præmiſſis puncta humiditatis & ficcitatis certa conſtituere allaborat. Hygrometri fcilicet caulem quatuor circiter horas aquæ glaciali immittit. Inde extractum & deterfum jam in mercurium ad 60 vel 70 gradus ferventem, jam in frigidum alternis demergit, qua ratione iſthæc puncta firmiſſima obtineri affirmat; at eorum infirmitas ex iis, quæ fupra diximus, abunde patet. Illud addimus, non apparere, cur autor calentem mercurium aëris loco adhibuerit, cum penna in hoc quam in illo citius exficcata fuiſſet.

Ad fubtrahendum caloris effectum regulam proponit non conditam, fed condendam, qua re expectationi Academiæ non fatisfieri utique noverat.

Responso septimo, lingua latina exarato Symbolum est: *Conatus ad hygrometrum perficiendum.*

Praeclarus certe conatus, qui virum prodit scientiis physicis solide instructum, atque in eo, quod tractat, argumento, tanto ordine, tantaque gressus firmitate incedentem, ut lector in ejus partes pronus trahatur, ac, nisi caute circumspexerit, omnia facile concedat.

Hygrometrum Rezianum perfecturus autor in eo totus est, ut effectum caloris ab effectu hygrometrico sejungat, quod si assecutus fuerit, capita potiora cetera una se absolvisse arbitratur. Itaque ex eodem instrumento thermometrum simul & hygrometrum conficere allaborat. Thermometrum purum ex hygrometro effecturus rem ita aggreditur. In tubum vitreum ampliorem thermometrum, hygrometrum & ferulam scala insignitam immittit. Toto hoc apparatu calore eminente, 60 verbi gr. graduum, probe exsiccato, gradum mercurii in hygrometro notat, & tubi orificium obturat, aëri accessum interclusurus. Tum apparatum in glaciem liquescentem demergit, & ubi thermometrum ad Zerum descenderit, mercuriusque in hygrometro immotus steterit, hujus gradum iterum notat. Hunc gradum hygrometri *punctum glaciei in sicco*, priorem illum *punctum siccitatis a calore* appellat.

Ecce, inquit, thermometrum ex hygrometro constructum. Cum enim aer in tubo, ac proinde etiam penna, siccitatem suam non mutatam servarint, motus mercurii in hygrometro, a puncto isto superiore ad inferius, purus est caloris effectus.

Non ferunt temporis angustiae, modum praestantem hic exponere, quo hygrometrum purum condat, seu ita comparet, ut effectus tantum hygrometricos edat; quo comparationem inter gradus hygrometricos & thermometricos justam instituat; quo scalam construat, ex qua gradus illi priores per posteriores certa & facili lege corrigantur. Haec omnia autor tam praeclare informat, instruit, perficit, ut certe nihil supra.

Unum est nihilominus, in quo consentire viro erudito non possumus, in tubo scilicet illo vitreo ampliore obturato gradum attenuatae humiditatis eundem continuo mansisse; quod
qui-

quidem de humiditate abfoluta, feu quantitate aquæ aëre folutæ verum eft, minime autem de humiditate fenfibili feu apparente. Hæc certe cum aëris condenfatione frigore producta crefcit, atque ex legibus attractionis cauli communicatur, quam proinde dilatat, adeo, ut defcenfus mercurii, a puncto ficcitatis a calore ad punctum glaciei in ficco, non merus fit effectus caloris, nec idcirco inftrumentum purum thermometrum, quæ res egregii hujus ædificii partem præcipuam labefactat.

Optaffet etiam academia, ut autor conftructionem hujus hygrometri, quam tacitus præterit, cura aliqua fuiffet complexus, modumque oftendiffet planum & expeditum, recenfita fuperius gravia illa vitia declinandi, in quæ tam difficile eft non impingere.

Faciunt hæc quidem, ut opus autoris propofito præmio coronare Academia non poffit, non impediunt tamen, quo minus præftantem ejus operam & diligentiam munere ac ftimulo digniffimam judicet, quam ob rem dimidiam hujus præmii partem, aureum fcilicet 25 ducatorum numum, ei decernit.

Responsum octavum, latinum, Symbolum sequens insignit: *Nihil tam difficile est, quin quærendo investigari possit.*

Perlustratis autor hygrometris præcipuis, quæ usu hactenus recepta fuerunt, negat eorum ullum aut durabile esse, aut comparabile reddi posse. Quare ipse aliud hujus generis proponit instrumentum, in quo notas omnes, ab Academia requisitas, cumulatissime contineri affirmat. Libra illud est æqualium brachiorum, quorum alteri fasciculus ex filis sericis, alteri æquipondium sulphureum appensum est. Axi insertus est levis index, qui circulum in suos gradus divisum oberrat. Ut index dirigi ad certum locum pro initio observationum posset, inducendus in sericum fixus siccitatis gradus erat. Hunc calore graduum 14 aut 20 quærit.

Ecce momenta præcipua, quæ contra hoc instrumentum pugnant. 1.) Usus ejus incommodus & difficilis est. Quo enim loco collocaretur? In aperto? Ventus, pluvia, cetera hujusmodi id prohibent. In clauso? Hic liber aëris meatus interclusus est. Libram suspendes in conclavi, sub dio sericum? At dum hoc in conclave infers, libræ appendis, humiditatem investigas, interea temporis certe, si teneri est sensus, ut autor affirmat, multum de pondere suo amittet, humorum suorum parte aëri conclavis sicciori communicata. 2) Indicatum siccitatis punctum multum abest ut certum fixumque sit, veluti supra in re simili pluribus ostendimus. 3) Ut haec instrumenta sint comparabilia, opus est, ut non tantum omnes librae, quae adhibentur, sed & omnes fasciculi serici, ejusdem plane sint sensus. Illud sane magnae difficultatis res est, hoc multo maximae. Ut enim nihil de diversa serici ipsius indole dicamus, quo pacto efficietur, ut fasciculi facie exteriore aequalem aëri superficiem exhibeant? Atqui hoc omnino requiri apertum est, cum fila recondita, quam nuda, multo segnius seriusque hauriant humores. 4) Denique pulvis aliaeque sordes, serico, aequipondio, librae ipsi adhaerescentes, inventum humorum pondus semper fallax reddent. Usus follis, quem ad abigenda aliena haec corpora commendat autor, non major hic, arbitramur, quam in veste pulverulenta erit.

Argumentum suum autor clare & ordine tractavit; inutilia tamen quaedam resecare potuisset

Gallicum est nonum Responsum cum Symbolo: *Congregentur aquæ in locum unum.*

Ad metiendam aëris humiditatem hujus dissertationis autor libram quoque adhibet, multis, ut ait, prærogativis donatam. Inter humiditatem absolutam & apparentem recte distinguit: Cum priore ad cognoscendam, posteriorem opus esse contendat, illius inveniendæ rationem primum tradit, quam ecce. Capsæ vitreæ e libra suspensæ acidum vitrioli ad æquilibrium sacomatis infundit, libram tegit vitreo Recipiente, aëris sub hoc contenti humores ab acido haustos index libræ posthæc indicabit.

Difficilem & incertam esse hanc metiendi rationem, pronum est perspicere. Nam ad definiendam quantitatem humorum in aëre incluso contentorum, constare certo debet, & copiam infusi acidi sufficere ad eos humores omnes absorbendos, &, dum pondus eorum examinatur, omnes reapse esse absorptos. Quo vero indicio id in autoris apparatu cognoscetur? Ut autem hæ observationes humiditatis sint inter se comparabiles, nosse oporteret & vim acidi, & ejus quantitatem cum aëris inclusi volumine collatam, ac proinde etiam Recipientis capacitatem, quibus de rebus autor nullam mentionem facit. Ad hanc compatibilitatem infuper opus effe ipfe fatetur, ut temperatura aëris, ut altitudo barometri, ut loci, in quo obfervatur, fupra folum elevatio fimul obferventur. At quomodo harum rerum adminiculo obfervati humores ad juftam menfuram reducantur, lectorem non docet.

Humiditatem aëris apparentem determinaturus in auxilium non vocat humiditatem abfolutam, quam tamen ad eum finem omnino necessariam effe fub initium affirmaverat, fed libræ lanci fal tartari exficcatum imponit, ex cujus pondere aucto vel diminuto gradus hujus humiditatis æftimat.

Huic rationi inprimis contraria funt ea omnia, quæ in fuperiori Refponfi examine libræ ufui oppofuimus. Deinde maxime dubium eft ficcitatis extremæ punctum, quam fali fuo impertiri adnifus eft, cum nec de gradu caloris, nec de temporis adhibiti limitibus, certi quidquam ftatuerit. Denique nihil in rerum natura ad hygrometra minus aptum eft falibus, utpote qui humores magna quidem aviditate abforbent, fed reddunt ægerrime. — Scribendi genus maxime concifum fine claritatis detrimento.

Et voluisse sat est, Symbolum est Responsi decimi germanice scripti.

Propria diligentissimi autoris laus est, quod hygrometra pleraque, praesertim a Lamberto, Delukio, Rezio elaborata, praeclaris notis illustret, quarum argumentum ei numerosa, quae instituit, experimenta subministrarunt. Ad antiquissimum hygrometrum ipse rediit, quod resticulis lineis constat, non quidem crassioribus illis, qui olim adhibiti fuerunt, sed perquam tenuibus, quos sensus esse valde teneri affirmat tam in bibendis quam reddendis humoribus, cum hi contra a resticulis crassitiei paulo majoris tenaciter retineantur.

Resticulorum, quos ceteris meliores judicat, varia exempla Academiae una cum duobus instrumentis misit, quorum alterum trochleis, alterum vectibus resticulos sustentat, adjuncto indice, qui motu suo productiones funiculorum ac contractiones notat.

Quae de hoc hygrometro sentimus, paucis dicemus. Puncta humiditatis & siccitatis minime fixa esse cum ex ipsis autoris experimentis, quibus ea determinavit, tum ex iis elucet, quae supra ad diversa Responsa ea de re disseruimus

Frictio in utroque inftrumento, tam trochleis quam vectibus inftructo, ingens fit oportet, quæ proinde effectus hygrometricos magnopere impedit. Atque hoc de trochleis autor ipfe fatetur, quas idcirco omnino vult eliminatas. Sed idem certe in numerofos vectes non minus cadit, quippe qui non modo in axe, cui inferti funt, fed etiam in ipfis laterum fuperficiebus, quibus fe mutuo & arcte contingunt, infigniter fricantur. His adde, quod hi funiculi, veluti chordæ ex inteftinis, humiditate fæpius detorti de vi fe contrahendi proceffu temporis verifimiliter amittant.

Supereft Refponfum undecimum, italico fermone fcriptum, quod nifi epitomen latinam adjunctam habuiffet, ex lege academica ad certamen admitti non potuiffet. Symbolum habet: *Sic a principiis afceudit motus.*

Vaftum opus, fed vafta eruditione, ampliffima rerum phyficarum & mathematicarum fcientia cumulatum, cujus autor majorem, quam ceteri omnes, in re præfente operam præftitit.

Contrahi tamen multis id locis potuisse non diffitemur.

Illud autor in duas partes dividit. In prima docte recensitis materiis omnibus, ad metiendos aeris humores hactenus adhibitis, notiora percurrit hygrometra, ex spongiis, paleis, funiculis, intestinis, caulibus, ceteris constructa, quorum indolem, defectus, vitia, multa luce perfundit. In parte altera Reziani hygrometri suscipit correctionem. Posteaquam frustra omnia tentaverat ad caloris effectus subtrahendos, seu scalam pure thermometricam condendam, clarissimi Deluc rationem demum est amplexus, sed quam notis non exiguis difficultatibus liberavit.

Humiditatis & siccitatis terminos variis modis periclitatus extremos nullos dari affirmat, quam ob rem certa lege adstrictos seu conventionis, cujus generis modo quinti Responsi autor adoptavit, ponere constituit. Terminum siccitatis in aëre ope certi caloris certum intra tempus, terminum humiditatis in aqua certa quoque & caloris & temporis lege quærit. Sed hi termini iisdem argumentis convelluntur, quæ ad Responsum quintum attulimus. Certe ad priorem terminum constituendum hygrometrum adhibendum esse, quando in medio quodam siccitatis statu fuerit, fagax autor ipfe fatetur; fed qui finę jufto hygrometro, quod adhuc quæritur, ficcitas ifthæc definietur? Dubium etiam effe, quem ante pofuerat, humiditatis terminum poftea deprehendit. Quare in aëris humiditate, ad certum gradum adducta, figere illum adnititur, factis eam in rem multis periculis. Sed in his cautiones quasdam necessarias ab autore prætermiffas effe contrarius, quem reperimus, eventus probavit.

Luftrandis regulis, quas vir præftans tum ad fupputandum caloris effectum, tum ad inveniendos veros feu abfolutos humiditatis gradus erudite tradit, brevitatis gratia abftinemus. Quæ hucusque in medium attulimus, palam faciunt, præmium quidem autori jure non deberi, eum tamen ob graviffimos & egregios labores, quibus rem hygrometricam non parum illuftravit & adjuvit, munus promereri. Quare & huic numum aureum, 25 ducatos valentem, Academia decernit. *

---

* Von diefem Urtheile ließ die Akademie einen Auszug zum verfchicken mit folgender neu aufgeftellten Frage drucken:

Quæſtio,

quam Academia in annum 1785 eodem in confeffu publicavit, fequens eft: *Ex forma montis*

externa; ex lapidum præcipue & saxorum, quibus is
constat, genere, num venas vel strata metallifera
eиusdem continere dignosci potest? Quænam saxorum
species unam præ altera metalli mineram sperare si-
nit, quae nullam? Ex eo, quo saxa haec in visce-
ribus montis disposita sunt, modo, daturne indicium
quoque minerarum?

Germanice. Kann man aus der äusserlichen Gestalt eines Berges, und vorzüglich aus den
Steinarten, woraus er besteht, erkennen, ob
derselbe erzführende Gänge, oder Erzlager ent-
halte? Welche unter diesen Stein- und Bergarten machen eher zu einem als zum andern
Erze Hofnung, und welche sind hingegen taub?
Kann man aus der Weise, wie diese Bergarten
in dem Innern des Berges aufgesezt sind, auch
eine Anzeige des Daseins eines Erzes ziehen?

Præmium propositum numus aureus est 50 ducatorum. Dissertationes non nisi lingua latina, germanica aut gallica scriptæ, nec serius quam usque ad Calendas mensis Julii dicti anni admitten-
tur. Eas accipiet Academiæ secretarius perpetuus,
ANDREAS LAMEY. Autores ne se nominent,
vetitum est. Dissertationi signatam adjungent sche-
dam, nomen eorum tegentem, & Symbolo externa facie insignitam, quod in ipsa dissertatione
repetetur.

Tentamen IV publicum ex Metaphysia &c. *

Unter dieser Aufschrift ist am 26ten Juli im Karlischen Konfikte dahier ein kurzer Abriß der Metaphysik in forma positionum erschienen. Dieser tabellarische Entwurf hat den im vorigen Jahre durch die primas notiones theologicas &c. bekannt gewordenen Herrn Abbe Brunner zum Verfasser. — Bestimmtheit, Nettigkeit, Baumgartenische Präzision der Begriffe und Grundsätze, lichtvolle natürliche Ordnung der Materien, geschikte Ausmusterung des Unnützen, Zeit und Köpfe verderbenden scholastischen Schulzeuges; edle, Federische Bescheidenheit im Dogmatisiren, feine mit männlicher Klugheit hie und da eingestreute Bemerkungen, die den freidenkenden

* Diese Anzeige wurde von einem Ungenannten eingeschikt. Es wird unnöthig seyn, zu erinnern, daß ich für derselben Richtigkeit, und überhaupt für das Lob und den Tadel jeder andern Recension dieses Museums nicht stehe. Ich rücke diese vorzüglich ein, um zu zeigen, mit welchem Eifer ich jede Gelegenheit ergreiffe, durch Nachrichten von der Heidelberger hohen Schule dem Publikum das Pfälzische Museum zu empfehlen.

phylosophischen Kopf des jungen Mannes verrathen, die manchen finstern hochgelahrten disputirsüchtigen Pedanten nicht gar wohl behagen mögten, die ein tröstlicher Beweiß sind, daß auch in unseren Gegenden — wenn nicht der leidige Verfolgungsdämon wider einen Streich spielet — endlich eine gesunde Philosophie zu blühen anfange, machen die Hauptvorzüge dieser kleinen Schrift aus. Mögte es doch dem jungen Gelehrten noch länger gefallen, seinen Auffenthalt bei uns zu nehmen, und durch allmählige Verbreitung seiner philosophischen Kenntniße den Grund zur Bildung aufgeklärterer Geistlichen zu legen. Dem Erleuchten Bischofe Seelmann, und den vortreflichen Domherrn v. Hohenfeld, und v. Beroldingen, die den Herrn Repetitor Brunner mit der menschenfreundlichsten Wohlthätigkeit unterstützen, sey hiermit öffentlich unser wärmster Dank gesagt; zum Lohne sei Ihnen das entzückende Vergnügen durch ihr interessenloses Bestreben wenigstens mittelbar in der Aufklärungsgeschichte unser h. Sch. Epoche gemacht zu haben.

Heidelberg, den 1ten Sept. 1783.

J. K. R.

Universitätswesen zu Mainz.

Die Mainzische Universitätsreformation war langer Stof des Gespräches bei Besuchen katholischer Gelehrten. Ein Theil hielt sie für Haarpuderprojekt, und beim Scheine anfangs empor hebender Hindernisse lachte der hämische und Menschenaufklärung hassende Schurke; da indeß der bescheidnere Theil sein gewöhnliches wir wollen's sehen sagte. Die guten Anstalten, und zur Bewerkstelligung derselben tüchtige herbeygerufene Männer, unterstützt durch anhaltende Thätigkeit der Großen, ließen nichts als das Beste erwarten.

Dürfen wir izt nach den in diesem Wintersemester über alle Theile der Philosophie herausgekommenen Säze unparteyisch urtheilen; so herrscht zu Mainz schon eine Thätigkeit, von der man auf andern katholischen Universitäten nichts weiß. — Aber auch entscheidende Probe der guten Anstalten ist der Zustand der Phi=

losophie: ihr Flor und Verfall zog immer gleich-
artige Schicksale der übrigen Wissenschaften
nach sich; haben nun junge Köpfe ächte Philosophie gelernt, so bilden Sie sich selber beim
Mangel guten Unterrichtes in allen andern
Wissenschaften. Es ist daher zu Mainz weislich eingerichtet, daß die Philosophie drei Kurse hat: im ersten ist Vorbereitungswissenschaft,
nemlich Studium der Klassiker und Geschichte.
So überkommen die Lehrer der eigentlichen
Philosophie durch homogene Kultur vorberei-
tete Köpfe. Im 2ten Kurse wird erst Logik,
Metaphysik und Aesthetik, und im 3ten Physik und Mathematik gelehrt.

Von der Tüchtigkeit der Lehrer zeugen die
im Juni bey öffentlicher Prüfung geschriebenen Programmaten über die Nothwendigkeit
des gründlichen Religionsunterrichtes, über
das Studium der alten und französischen Litteratur, über mathematische Methode und Behandlung der Geschichte. — Zwar bekannte
und schon oft genug abgehandelte Materien,
aber bei einer reformirten Universität alles
passend, und hier mit bündiger Kürze vorge=
tragen. Aus dem gleichartigen Stile leuchtet

eine durchaus harmonierende Denkart der Lehrer: diese muß die Erziehungsmaschine, besonders bei Reformationen in gutem Gange erhalten. — Den Verfasser der Abhandlung über die Geschichte zeichnet viel überschauender Geist und scharfes Räsonnement aus. — Die griechische Sprache scheints hat noch gegen Vorurtheile zu kämpfen; Jünglingen aber ist es Glück, mit einem Lehrer, der Philosophie und Geschmack in den alten Klassikern verräth, besonders die noch fast überall zu sehr verkannten Griechen lesen zu können.

Von der anhaltenden Unterstützung gab erst neuerdings der weise und erhabene Friederich Karl eine Probe, indem der Herr Prof. Hofmann, weil er sich vor andern auszeichnet, nicht nur 300 fl. Zulage zu seinen schon bestimmten 500 fl., sondern auch seine nöthigen Bücher frey, und eine wirkliche Bibliothekarsstelle mit andern ansehnlichen Versprechungen erhielt. Dies allein wäre hinlänglich, dieser Universität wenigstens den zukünftigen Vorzug vor ihren katholischen Mitschwestern zu prophezeihen, wenn auch des ächten Gelehrten größter Lohn, Freiheit zu denken — zu schreiben –

und handeln noch nicht im vollem Maaße da wäre. Manchen könnte eine Muthmassung anwandlen wegen der witzelnden Anmerkung in der Abhandlung über den Werth der französischen Sprache, wo es Seite 8. heißet: "Ich nenne hier Voltairen wegen seinem Geschmacke; denn seine philosophischen Werke zeigen so deutlich, daß er nicht Philosophe war, als es seine Geschichtsbücher beweisen, daß er nicht Geschichtschreiber war."

h—l.

Der langsame Postknecht.

Da hilft kein Trinkgeld, kein Versprechen,
Kein Drohen, kein Bestechen,
Der Bursch fährt Schrittweis ohne Sorgen,
Kömst heute nicht, so kömst du morgen.
Mein Freund, liegt was grösseres in dir,
Gibs auf und werd ein Arzt dafür:
Dann thu, was keinem Postknecht steht,
Da liefere die Leute spät.

Ueber
das Sonderbare der deutschen Höflichkeitssprache, im Gebrauche der Fürwörter.

Eine Vorlesung;

gehalten bey der öffentlichen Sitzung der
Kurfürstl. deutschen Gesellschaft,

von

Georg Günther,

Lehrer der schönen Wissenschaften am Mannheimer Gymnasium.

Die Geschichte der Sprache eines Volkes
ist auch die Geschichte des Charakters desselben. Da Sprache nichts anders ist, als
Ausdruck unserer Begriffe und Gesinnungen;
Begriffe aber und Gesinnungen in ihrer man-
nichfaltigen Mischung die Verschiedenheit der

Charaktere ausmachen; so ist Sprache der treueste Spiegel, welcher uns den Charakter einer Nation unverfälscht darstellen kann.

Man darf nur einer Sprache von ihrer rohen Kindheit an durch ihr fortschreitendes Stufenalter bis zur höchsten Vollkommenheit mit forschendem Blicke nachspüren: man wird augenscheinlich bemerken, wie eng die Geschichte der Sprache mit der Geschichte des Geistes und der Denkungsart eines Volkes verwebet ist. Deswegen hat man, um die stufenweise Fortschreitung der Aufklärung eines Volkes genau zu bestimmen, beynahe keine andre Epochen zu bemerken, als jene der Bildung und Verfeinerung seiner Sprache, in welchen sie sich durch verschiedene Veränderungen bis zu ihrer völligen Ausbildung hinauf geschwungen hat. Das deutsche Volk, so bald es in der Geschichte auftritt, und wie es uns Cäsar und Tacitus abschildert, war wild, ungestümm, aufbrausend und einem wilden Waldstrome ähnlich, das weder Schranken noch Fessel leiden konnte. Dieses rohe Wesen der Nation und ihre feurige Kindheit fällt mit jener ihrer Sprache in gleiche Zeiten: auch diese

war dazumal noch so unbändig, daß sie sich
— wie nicht die Römer allein bezeugen, sondern auch selbst die Franken in der Folge
noch beklagten — nicht einmal durch Schrift
auf Papier haltbar machen ließ.

Sieben lange Jahrhunderte durch sah man
unter unserm Volke keine merkliche Spuren
der Vervollkommung unserer Sprache, aber
auch keine merkliche Schritte zur Aufklärung
des Geistes und Veränderung des Charakters; bis endlich Karl der Grose eben die
Hand, womit er in Deutschland Lorbeer
sammelte, und des ganzen Europens Völkerheil
wog, eben die Hand, an das Werk legte,
auch unserer Sprache Gesetze vorzuschreiben,
und sich dadurch nicht geringere Verdienste
um die Bildung der Sprache als des Geistes der deutschen Nation gemacht hatte. In
diesem kühnen Fortschreiten sehen wir den
Uebergang von der Kindheit zum Jünglings-
alter unserer Sprache und unseres Volkes,
das mit jugendlicher Kühnheit in allen Theilen Europens umherschweifte, dort Königreiche
umstürzte, hie neue auf deren Trümmern errichtete, ohne dennoch ein gewisses, festgeseztes und zusammenhängendes Wesen, —

so wie es auch ihre Sprache noch nicht hatte — — in ihrer Staatsverfassung zu behaupten.

Gros war der Vorschritt zur Verfeinerung der Sprache und gänzlicher Umstimmung des Charakters, welchen unsere Nation unter den sächsischen und schwäbischen Kaisern that. Die Minne= und Meistersänger, welche an den Höfen dieser Kaiser auftraten, sind ein Beweiß, daß die Muttersprache dazumal schon sehr geschmeidig und biegsam geworden war. Dennoch Ritterspiele, Kreuzzüge, Fehden, Faustrecht und überhaupt der noch zu kriegerische Geist, welcher dem Jugendalter so eigen ist, verhinderte die völlige Ausbildung der Sprache, woran unser Volk in diesen Zeiten der Dämmerung so nahe war.

Den allmähligen Uebergang von dem Jugendalter zu dem männlichen unseres Volkes können wir auf die Zeiten Maximilians des Ersten festsetzen, wo die deutsche Sprache sowohl als Staatsverfassung anfieng, ein gewisses festgeseztes Wesen zu bekommen, daß sie nun nicht mehr so schwankend und unbestimmt willkürlichen Veränderungen ausgesezt war. Mit Riesenschritten näherte sie sich ihrer Vervollkommung: Urkunden, Kirchengesang, Verordnungen und gerichtliche Aufsätze wurden nun häufiger in der Muttersprache abgefasset, und verdrängen aus dieser Stelle und ihrem verjährten Besitzungsrechte die in den vorigen Jahrhunderten so herrschende Sprache der Römer.

Wie man nun aus diesen verschiednen Stufenaltern unserer Sprache ganz untrügliche Schlüsse auf den Charakter des Volkes und dessen mannichfaltige Umstaltung machen kann; so muß die in den jüngern Zeiten veränderte Gestalt unserer Sprache; ihr feines, geschmeidiges und biegsames Wesen, welches sie angenommen, und der Wohlklang, Reichthum und Nachdruck, wohin sie sich erschwungen hat, zwar ein sehr vortheilhaftes Licht auf die Schilderung des verfeinerten Charakters der neuen Deutschen verbreiten.

Wenn man aber bei allen diesen so schmeichelhaften Vorzügen auch einen Blick hinwirft auf die unnatürliche, gezwungene und kriechende Höflichkeitssprache, welche sich wider alle Philosophie der Sprachen empöret, und sich seit dieser Verfeinerung in die unsrige besonders im Gebrauche der Fürwörter eingeschlichen hat, ja sich täglich noch mehr verbreite: wenn man von diesem Gesichtspunkte aus den Charakter unseres neueren deutschen Volkes bestimmen wolte: so würde gewiß, wenigstens nach meinem Ideale, die Schilderung nicht gar günstig für uns ausfallen. An der Seite der Alten, in ihren Ausdrücken zwar rauhen und ungekünstelten aber in sich desto aufrichtigern Deutschen, wie ihr Bild Tacitus aufstellet; oder deren in dem mittelern Alter, wo bidrer, aufrichtiger und offenherziger Rittergeist die ganze Nation adelte: so ein Bild aufgestellt an die Seite eines in seiner Sprache so gezwungenen, kriechenden und sich schmiegenden Völkchens würde einen eben so erniedrigenden Kontrast machen, als das Bildnis eines alten von Eisen starren Ritters im Gefolge seiner gepanzerten Riesensöhne absticht, gegen das Bild eines süssen kriegerischen Stutzers an der Spitze seiner gepuderten Männer.

Es ist in der That der Mühe werth, diesem abweichenden Gange unserer Sprache Schritt vor Schritt nachzugehen, und die Quellen aufzusuchen, woher diese verderbchen Höflichkeitsausdrücke ihren Ursprung genommen; die abwechselnden Epochen zu bestimmen, wie sie sich von Jahrhunderten zu Jahrhunderten vergrössert; und ihre Ausbreitung, von welchen Gegenden her sie sich nach und nach über ganz Deutschland ergossen haben, in einem geschichtlichen Plane mit Urkunden bestättiget darzulegen. — Welch ein helles Licht würde dadurch nicht nur über die Geschichte unserer Sprache, auch über die Veränderung der Sinn= und Denkungsart des deutschen Volkes verbreitet werden? Für izt muß ich mich in engere Gränzen einschließen, und mich nur damit beschäftigen, einen flüchtigen Umriß dieser Geschichte der deutschen Höflichkeitssprache, besonders in dem Gebrauche, oder vielmehr Mißbrauche ihrer Fürwörter, zu entwerfen; dann einige Gedanken so wie über den Ursprung derselben, als auch über den verderblichen Einfluß, welchen sie nicht nur auf den innern Bau der Sprache, sondern auch selbst auf den Charakter der Nation hat, beizufügen. Muße, und Gelegenheit mich mit alten Urkunden bekannter zu machen, besonders mit alten deutschen Briefen, worinn die Sprache des Umgangs vergangener Zeiten noch lebet, setzen mich vielleicht einstens in den Stand, die ganze Geschichte der deutschen Höflichkeitsprache ausführlicher vorzulegen.

Um den Anfang dieser merkwürdigen Veränderung unserer Sprache zu finden, kehre ich in das 15te Jahrhundert zurück, wo, wie ich oben schon bemerkt hatte, unsere Sprache den Uebergang zu seiner völligen Ausbildung zu thun anfing. Blieb gleichwohl noch mehr als zwey Jahrhunderte durch viel schwankendes in ihren Grundsätzen, viel rauhes in ihrem innern Baue, viel unbiegsames in ihrer Setzung und Wendung, und auch Armuth in ihren Ausdrücken; so behauptete sie dennoch diesen ihren alten Vorzug, daß sie das Gepräg alter deutscher Offenherzigkeit und Redlichkeit fast das ganze fünfzehende Jahrhundert noch beibehielt. Das traute offenherzige du herrschte dazumal auch noch in dem Umgange der Grossen und in der Hoffsprache. Kaiser Albrecht der zweite schreibt noch in dem 1439ten Jahre an Ditrichen den Kurfürsten von Mainz in der zweiten Person der einfachen Zahl:.* Ehrwür-

----
* Gudenius diplomat. pag. 522.

diger lieber Neve und Kurfürst, als dein Lib uns den ersamen Meister Helwigen lehrer geistlicher rechten, in etlichen Deinen anliegenden sachen zu uns gesandt hast, u. s. w., Dieß sind aber die lezten Spuren, wo ich das von der Natur der Sprache zur Anrede einer einzigen Person bestimmte du, in der Höflichkeitssprache noch finde. Schon von Anfange des 15ten Jahrhundertes war auch das vielfache Fürwort ihr in der Sprache der Grossen schon sehr gemein, wenn die Rede mit ihres Gleichen war; redeten sie aber mit ihren Untergebenen: so bedienten sie sich noch der zweiten Person der einfachen Zahl; auch noch im Anfange des 16ten Jahrhundertes i. d. 1525 schrieb Kurfürst von der Pfalz Ludwig V. an den sanften und friedliebenden Melanchthon, um ihn zum Friedensstifter aufzufodern: * Unsern grus zuvorn Ersamer lieber Getrewer, Wir zweifeln nicht du habest vernommen, und gut wissen, daß die Aufrur und Empörung des gemeinen Mannes gegen alle Obrigkeit u. s. w.

Bei der oben angeführten Stelle aus dem Briefe des Kaisers Albrechts aus dem 15ten

* Struvens pfälzische Kirchenhistorie S. 19.

Jahrhunderte kann ich nicht unberühret lassen, daß auch schon dazumal Verkünstlung den Ausdruck zu verunstalten anfing. Obschon die zweite Person in dem Fürworte deinen Geschäften, und dem Zeitworte hast gesandt noch Plaz findet: so stehet doch anstatt des ausdrücklichen Du ein abgezogener Nebenbegriff, dein Lib, an seiner Stelle, welches man in der Folge mit Euer Libdten, Eure Gnaden, Eure Herrlichkeit und andern dergleichen Nebenbegriffen vertauschte, als im 15ten und zum Theil auch 16ten Jahrhunderte die zweite Person in der vielfachen Zahl ihr in den Höflichkeitsausdrücken der größern und feinern Welt allgemein geworden war, von welcher es sich ohne Zweifel auch auf den gemeinen Haufen wird verbreitet haben.

In dem sechszehenten Jahrhunderte gab der übertriebene Höflichkeitsgeist unserer Sprache eine neue Wendung. Die zweite Person der vielfachen Zahl wurde nun von der dritten Person der einfachen Zahl verdränget. Man behielt zwar die oben gemeldeten abgezogenen Nebenbegriffe bei, veränderte aber Eure in seine und sprach nun; Seine Gnaden wird belieben, der Herr wird sehen, u. d. g. Diese Sprachwendung scheinet auch dem natürlichen Gange der Sprache angemessener gewesen zu sein, als da man die zweite Person mit einem dritten Nebenbegriffe verband. Der Gebrauch der dritten Person in der Anrede anderer, blieb das 16te Jahrhundert hindurch und bis gegen Ende des 17ten im ruhigen Besitze; ja behauptet auch in unserem Jahrhunderte noch seine Vorzüge, dennoch mit einiger Herabsetzung, und gleichsam nur in der niederen Höflichkeitssprache oder im vertraulichen Umgange.

Gegen das End des vorigen und mit dem Anfange des unsrigen Jahrhundertes, nahm der ausschweifende Höflichkeitsgeist der Deutschen seinen höchsten Schwung, und schweifte weiter aus, als es je eine der europäischen Nationen gewagt hatte. Eine Verwirrung und Abweichung, welche uns gebornen Deutschen nun um so weniger auffallend ist, weil sie uns durch Erziehung und Angewohnheit ganz natürlich geworden zu sein scheinet; Ausländern aber desto sonderbarer vorkommen muß, je mehr sie sich von aller Natur der Sprache und Aehnlichkeit mit andern Sprachen entfernet. Der Schritt war schon sehr kühn, anstatt der zweiten Person die dritte in der Anrede anderer zu setzen; allein darinn hatte der Deutsche noch Vorgänger. Aber nun dafür die dritte Person in der vielfachen einzuführen, und anstatt er, sie zu setzen, war eine Verwegenheit ohne alles Beispiel. Diese Anrede mit Sie fing schon an gegen Ende des vorigen Jahrhundertes bei Personen vom ersten Range gebräuchlich zu werden. Ein Beweiß davon sind mir die gelehrten Briefe Martin Zeilers, welcher in dem 1683ten Jahre an einen Freiherrn auf folgende Weise schrieb: * was Eure Gnaden der Bücher halben an mich begehren, das habe aus Dero Schreiben mit mehrerem in Unterthänigkeit vernommen. Sie werden, wann Sie so fortfahren, eine schöne Bibliothek bekommen u. s. f. Hie muß ich nur vorübergehend bemerken, daß die undeutschen Ausdrücke Dero, Ihro auch um diese Zeit sich in unsere Sprache eingeschlichen haben, nicht unwahrscheinlich als Nachahmungen der italienischen Fürwörter *vostro* und *loro*.

* Martin Zeilers epistolische Schatzkammer S. 1.

Nicht ohne Lachen kann man die steifen Wendungen und Krümmungen bemerken, welche der kriechende Höflichkeitsgeist machte, als er sich gleichsam auf dem Scheideweg befand, wo man das Fürwort er mit jenem der vielfachen Zahl zu vertauschen anfing. Es fällt diese Verwechslung in die zweite Hälfte des verflossenen und besonders in den Anfang des gegenwärtigen Jahrhundertes. Ganze Briefe kann man lesen, in welchen kein einziges Fürwort weder er noch Sie vorkömmt. Z. B. des Herrn günstiges Schreiben habe ich erhalten, und daraus ersehen, daß der Herr das Büchlein zurück begehre, welches ich von dem Herrn geleihet habe, u. s. f. Um nur nicht er zu setzen, welches schon zu gemein schien; aber auch, um nicht zu viel zu vergeben, und Sie zu gebrauchen, welches nur noch für die vornehmsten Personen bestimmet war, bequemte man sich lieber seinsweilen zum steifesten Unsinne in der Sprache, biß endlich mit unserem anwachsenden Jahrhunderte die dritte Person in der vielfachen Zahl in der Höflichkeitssprache ganz allgemein geworden ist. Bei all der Vervollkommung, welche unsere Sprache seit diesen 80 Jahren bekommen hat, wird dieses immer ein Fleckchen bleiben, welches ihre natürliche Schönheit nicht wenig verunstalten wird.

Wichtiger scheint mir nun die Untersuchung zu sein, wie diese so schiefen Redensarten in unserer Sprache Aufnahme finden, und darinn herrschend werden konnten. Die Entwicklung dieser Frage sollte man aus der veränderten Sinnesart der Nation hernehmen, wenn anders Sprache das Bild unserer Denkungsart ist. In dem Charakter der Deutschen liegt aber so wenig Anlage dazu, daß man vielmehr das Gegentheil schließen muß. Der Deutsche ist, wie man sagt, grade zu, offen, treuherzig, und also mehr zur aufrichtigen und ungeheichelten Sprache als zu tückischen und verkünstelten Wendungen von Natur aufgelegt. Ein festgesezter Ton, natürliche Stärke, edle obschon verwilderte Einfalt waren schon von Jahrhunderten her die Charakterzüge unserer Sprache. Dadurch hatte sie auch noch bei ihrer ungebildeten Rauheit einen entscheidenden Vorzug vor den übrigen Sprachen Europens behauptet. Wenn ja der Deutsche gegen die Hauptneigung seines Charakters sündigte: so war es da, wo er anfing zuverzieren im äusserlichen Prachte zu werden. Allein dazu wurde er von Ausländern verführet: denn Nachahmungssucht war von jeher der Lieblingsfehler des Deutschen. Dieses führte mich auf die gegründete Muthmassung, ob ich nicht auch die Quelle der verdorbenen Höflichkeitssprache in dem Hange Ausländer nachzuahmen suchen sollte. Vergleichungen mit andern Sprachen, welche sich die Deutschen können zum Muster genommen haben, müssen uns die Sache in helleres Licht setzen.

Durchgehet man die Geschichte der Sprachen, welche am meisten ausgebildet waren; so wird man finden, daß Völker dann erst von der edeln Einfalt der Natur in ihren Ausdrücken abgewichen sind, als Stolz oder kriechende Schmeichelei ihrem sittlichen Gefühle und ihrer graden Denkungsart eine schiefe Wendung gegeben haben. Die Griechen behaupten deßwegen nur den unstrittigen Vorzug, die Lehrmeister des Schönen aller Nationen zu seyn, weil sie der Natur treu blieben. Edle Einfalt der Natur war das auszeichnende Gepräg ihrer Kunstwerke: und auch der Adel ihrer Sprache, welcher dieselbe so lang schmückte, als noch Freiheit oder zum wenigsten Schein der Freiheit ihre Ausdrücke und Sprachwendungen noch nicht zur niederträchtigen Schmeichelei herabgestimmet hatte. In den schönen Tagen des freien Grichenlandes, wo man sprach, wie man dachte, aber auch dachte, wie nur Söhne und Lieblinge der Natur denken können, findet man keine Spur, daß sie durch gezwungene Höflichkeitsausdrücke den natürlichen Gang ihrer Sprache verunstaltet hätten. Es blib allzeit noch so viel Gefühl des natürlichen Schönen auch unter den ausgearteten Grichen, daß sie sich niemal so weit von der ungezwungenen Einfalt ihrer Sprache entfernet haben. Sie fingen zwar, aber doch sehr spät, und durch das Beispiel der Römer verführet, an, von dem natürlichen Ausdrucke etwas abzuweichen, da sie anstatt der zweiten Person du einen abgezogenen Nebenbegriff, als deine Hoheit, deine Herrlichkeit, sezten: aber dieses dann erst, als sie unter dem Drucke römischer Bottmäsigkeit der Sklaverei gewöhnt nun nicht mehr als Meister der schönen Künste mit ihren Schülern, sondern als feile und gedungene Brodarbeiter mit ihren

durch

durch die Schätze der Welt bereichertern Herren sprachen.

Schon zuvor hatten die Römer den Grund zu dieser Sprachverderbniß, welche nochmals alle Nationen Europens, wiewohl mit grösserer oder kleinerer Verwüstung, anstekte, auch in den schönsten Zeiten ihrer Sprache gelegt. Dazumal wo Rom sich als Besiegerin der Welt brüstete, berückte ein eitler Stolz die edlern Glieder des Staates, der ihre Köpfe so schwindelnd machte, daß der ungeheure kolossalische Staatskörper das Uebergewicht verlor, und beinahe in Bürgerblut versenkt, und unter seinen eigenen Trümmern begraben vernichtet worden wäre. Dieser Stolz blehte die obrigkeitlichen Personen mehr als andre auf. War auch die Dauer ihrer Herrschaft nur von einem Jahre: so schmeichelte es doch ihrer weit umfassenden Grösse ungemein, ganze Völkerschaften zu ihren Füssen und Könige unter ihren Klienten zu sehen.

Gewiß ist es nun, daß in den Begriffen der Mehrheit auch die dunkeln Begriffe von grösserer Macht, grösserm Ansehen und mehrern Kräften liegt. Das Gefühl der Grösse, der Obermacht und der in einer Person vereinigten Kräften des ganzen Staates machte, daß sich eine obrigkeitliche Person nun nicht mehr als eine Person betrachtet, und von sich nun auch nicht mehr in der einfachen, sondern vielfachen Zahl sprach. Daher kams, daß selbst Cicero, der so republikanisch denkende Cicero, ganz durchdrungen von dem Gefühle der Menge seiner Kräfte, nicht nur in der Amtssprache als Konsul oder Konsular, sondern auch selbst in dem vertrauten Umgange sich des wir anstatt ich bediente. Seine freundschaftlichen Briefe liefern uns häufige Beispiele davon.

Schon darin müssen wir den Ursprung suchen, daß auch izt alle Fürsten Europens in ihren Befehlen und Verordnungen mit der vielfachen Zahl sprechen. In dem Begriffe der Mehrheit liegt auch der Begriff ihrer weit ausgedehnten Macht; sie sehen in sich das Bild des ganzen Volkes, in dessen Namen sie in der Zahl der Mehrheit sprechen, und auch die Unterthanen sie wieder in der vielfachen Zahl anreden. Muste sich aber dieses auch bis auf Herren erstrecken, die nicht einmal Diener haben?

Wir müssen doch den Römern in diesem Stücke Recht widerfahren lassen. So weit als wir sind sie nie in ihren übertriebenen Ausdrücken, weder durch Stolz gestiegen, noch durch Schmeichelei herabgesunken. Wir finden zwar in Suetonius, Tacitus und Plinius, daß sie durch den Gebrauch der abgezogenen Nebenbegriffe (eine Erfindung der Schmeichelei) ihrer Sprache eine steife Wendung gegeben haben: es blieb aber dennoch auch da, wo die alte Städtlichkeit *urbanitas* mit der Freiheit Roms ausgewandert, und dafür die in ihrer Sprache unnennbare Höflichkeit eingeschlichen war, noch der ungezwungene Ausdruck in Gebrauche der Person du. Die schönsten Beispiele davon sind uns die Briefe des Plinius an seinen grossen Kaiser Trajan. Der feinste Ton der artigen Welt vereiniget sich da mit so vieler ungekünstelten Offenherzigkeit und Natur im Ausdrucke, als wir izt kaum mit unserem innigsten Busenfreunde zu sprechen pflegen.

Ich will mich nicht in die düstern Zeiten der Barbarei hinein wagen, um einiges Licht zur Erläuterung meiner Untersuchung herzuholen. Wir wollen in hellere Zeiten vorschreiten. Da wonach beinahe tausend Jahren sich die aufklärenden Stralen wieder über Italien zu verbreiten anfingen, erschien auch bald die Sprache in neuem Glanze; doch nicht mehr in jenem einfachen Gewande der alten Römer, sondern durch einen gothischen Zuschnitt verstümmelt und allzuverzirt. Nebst dem ganz umgestalteten innern festen Baue der Sprache und zerstörten männlichen und mehr gesezten Harmonie verhunzte der Italiener auch seine Sprache noch dadurch, daß er in der Anrede anderer die dritte Person der einfachen Zahl wählte. Der Deutsche ließ sich verführen, und ahmte den Italiener gar bald nach. Der vertraute Umgang und Handel mit demselben, der Schimmer der aufgehenden Wissenschaften, die Staatsverfassung, welche das deutsche Reich dazumal noch mehr mit Italien verband, die öftern Kriege und Züge der Deutschen in Italien machte die wälsche Sprache bald zu der Sprache der deutschen Höfe und des edlern Theils der Nation. War es Wunder, wenn sich die fremden Sprachwendungen aus Begierde, auch in der Muttersprache artig und höflich zu sprechen, in der unserigen verbreitet haben. Daher mag es gekommen seyn, daß in dem 16ten bis zum Ausgange des 17ten Jahrhundertes die dritte Person der einfachen Zahl in der deutschen Höflichkeitssprache allgemein geworden war.

In diesem Stücke äffte also der Deutsche dem Italiener nach. Aber da er dafür die dritte Person der vielfachen Zahl wählte, scheint es nun nicht mehr Nachahmung, sondern ganz original zu seyn: denn keine der todten noch lebenden Sprachen ist ihm Muster. — Doch auch da behaupte ich, daß der Deutsche durch Nachahmungssucht seine Sprache verunstaltet habe; und das war durch eine nicht einfache, sondern zusammengesetzte Nachahmung. Von dem Italiener hatte der Deutsche schon die dritte Person der einfachen Zahl in der Anrede anderer aufgenommen, von den Franzosen entlehnte er nun die vielfache Zahl. In dem vorigen Jahrhundert, in dem schönen Ludewigischen Zeitalter, wo die französische Nation den Ton in der schönen Welt gab, und sie und ihre Sprache den nur zu leichten Zugang an den Höfen Deutschlandes fanden, was war da natürlicher, als daß der Deutsche, der so gern nachahmet, auch in den Höflichkeitsausdrücken seinen überrheinischen Nachbarn nichts nachgeben wollte. Doch gleich die zweite Person der vielfachen Zahl nach Art der Franzosen wieder in die deutsche Sprache einführen, würde zu auffallend gewesen seyn. Die dritte Person war schon durch hundertjährigen Gebrauch in zu langem Besitze, als daß sich der deutsche Mund so geschwind zum ganz Entgegengesezten gewöhnen könnte. Was that man in dieser Verlegenheit? Man ließ die dritte Person im Besitze, nahm aber dennoch, um nicht unhöflicher als ein Franzos zu seyn, zum wenigsten die vielfache Zahl von ihm an. Hat Nachbarschaft, Umgang, Vermischung mit andern Nationen ganze Sprachen biß zum Unkennbaren umbilden können: wie leicht war es nicht, daß die unsrige einen falschen Anstrich eingebildeter Höflichkeit durch eine benachbarte Sprache bekam, die zugleich noch wegen dem Ruhme ihrer Feinheit und Artigkeit in die Mitte des schönern und grössern Theils der deutschen Nation verpflanzet war.

So viel nun unsere Sprache in den 80 Jahren des laufenden Jahrhundertes an Richtigkeit, Wohlklang und Reichthum gewonnen

hat: so viel hat sie gewiß auch an ihrem unge=
zwungenen Gange, an natürlicher Stärke,
und an dem Einfachen ihres innern Baues
durch ihre Höflichkeitsausdrücke verloren. Ein
Kunstwerk der Baukunst, oder jeder andern
Art, das durch einen gezwungenen steifen
Stil, durch Verkünstlung und überhäufte Ver=
zierungen des äussern Prachts in das Aug
fällt, darf nur auf die Bewunderung des ge=
schmacklosen Halbkenners Anspruch machen;
das geübtere Aug und feinere Gefühl wird
Natur, edle Einfalt, und das flüchtige unge=
zwungene Wesen vermissen, welches die Grund=
linien alles Schönen sind. Was aber von
Kunstwerken im Reiche der schönen Wissen=
schaften gilt: dieses läßt sich auf jeden Ge=
danken und Ausdruck, Geberde und Hand=
lung, Charakter und Sprache eines ganzen
Volkes anwenden. Wir nennen dann ein
Kunstwerk natürlich, wenn alles in seinen
Theilen zweckmässig, alles so einfach und un=
gezwungen ist, daß weder Mangel noch Ueber=
fluß darin Platz hat; und aus gleicher Ursache
wird eine Sprache auch dann nur natürlich
schön seyn, wenn alles darin so übereinstim=
mend, vollkommen und auf das beste zusam=

Dd 4

menhängend ist, wie es die Natur selbst gemacht hätte; alle jene Wendungen aber und Krümmungen, welche von dem natürlichen Sprachgange abweichen, verbannet sind. Wenn aber im Aeusserlichen des Ausdruckes die Einfalt dem Gezwungenen, die Offenherzigkeit der Vorstellung, die Zärtlichkeit der kaltsinnigen Höflichkeit hat weichen müssen: so ist auch gewiß die Sprache von ihrer ersten Bestimmung und Anlage der Natur, also auch von der ersten Haupteigenschaft des Schönen abgewichen, sie hat Kraft und nervvolle Stärke im Ausdrucke verloren, sie ist vom männlichen festgesezten Tone zur fäselnden Tändelei herabgestimmet.

Auch dadurch würde der Deutsche noch wenig verloren haben, wenn nur der natürliche und vernunftmässige Bau seiner Sprache dabei gelitten hätte, und nicht auch die alte deutsche Sitte durch einen falschen Anstrich der Höflichkeit verunstaltet worden wäre. Das Gezwungene in der Sprache ist der Widerhall des Schiefen und Verdrehten in der Denkungsart; es ist der Ausdruck des gezwungenen steifen Charakters, den die Ausländer so oft am Deutschen tadeln, und darüber das Lob der alten graden Offenherzigkeit vergessen, welches einer der Hauptzügen in dem Charakter unserer Vorältern war.

Nur in den ländlichen Gegenden, welche weit von der ansteckenden Höflichkeitssucht der Städte entfernt sind, nur da finden wir noch die Ueberbleibsel des natürlichen Ausdruckes der alten deutschen Offenherzigkeit, wo der Vater mit dem Kinde, und das Kind mit dem Vater so ungekünstelt die Sprache der Natur spricht, als einfach und unverfälscht ihre Sitten sind. Auch mitten in der verfeinerten Welt siegt oft noch die Natur über den steifen Zwang. Da, wo geheiligte Liebe zwei Herzen in unauflösliche Bande verknüpft hat; oder, wo durch edlere Freundschaft zwei gleichgestimmte Seelen in eine zusammenfliessen, und entfernt von allem Zwange sprechen: wie theilnehmend, offen und ungezwungen fließt da nicht das traute Du von gegenseitigen Lippen? Der Busenfreund kennt nur die Sprache der Natur, die Sprache des unverdorbenen Herzens, der aufrichtigsten und redlichsten Sinnesart. So verewiget Liebe und Freundschaft in ihrer vertrauten Sprache den ungezwungenen Ton der Natur, welcher in der Sprache des gemeinen Umganges vielleicht unwiederbringlich für uns Deutsche verloren ist.

Denn es wäre widersinnig, dieser herrschenden Höflichkeitssprache eine Fehde ankündigen, und sie aus ihrem Besitze vertreiben zu wollen; eben so widersinnig, als wenn es einem einfallen wollte, gegen den verkünstelten hohen Hauptschmuck des Frauenzimmers, oder die Haarlocken und Haarbeutel der Herrn zu predigen, um sie zum einfachen und ungezwungenen Putze der Natur zurückzuführen: so gewiß und ausgemacht es auch ist, daß das einfache Band nachläßig um das Haupt der Arsinoe geschlungen und die herabrollenden Haarlocken an dem Haupte des olympischen Jupiters oder vatikanischen Apolls, die vollkommensten Muster natürlicher Schönheit sind. Der herrschende Gebrauch hat sich von jeher im Gebiete des Geschmackes eine entscheidende Stimme errungen. Im Reiche der Sprache ist er, was der Monarch auf dem Throne ist: er gibt Gesetze, schaft sie wieder ab, und führt andere dafür ein. Ja die Herrschaft des Sprachgebrauches artet oft in Despotie aus; seine Gesetze sind meistens willkürlich;

streiten oft wider alle Vernunft. Der kurzsichtige Pöbel biegt seinen Nacken blindlings unter das Joch; da unterdessen der Vernünftige nichts thun kann als Seufzen, und die Fessel gedultig tragen, die er nicht abschütteln kann. Können wir uns nun gleichwohl gegen die Tirannei dieses Sprachgebrauches nicht empören; weil er durch allgemeine Annahm die Uebermacht gewonnen hat; müssen wir denn aber auch ganz gleichgültig zusehen, wenn er das Gebiet seiner gefühllosen Herrschaft täglich weiter ausdehnet? wenn er uns die Fessel seiner Sklaverei immer enger zuziehet, daß wir endlich alle natürliche Freiheit unserer Sprache verlieren. Ich will aus einer Menge solcher sprachverderbenden Ausdrücken, welche der unter unserer Nation fortschleichende Höflichkeitsgeist noch täglich ausbrütet und mehr verbreitet, nur einige anführen: wie oft hören wir nicht in der Höflichkeitssprache: Ich bitte Ihnen; ich versichere Ihnen; wo es doch nach den natürlichen Sprachgesetzen: Ich bitte Sie, versichere Sie heissen sollte. —— Was ist widernatürlicher, als auch ausser der Anrede ein Hauptwort mit der dritten Person der vielfachen Zahl setzen?

und dennoch wird es seit 10=15 Jahren sehr gebräuchlich, ja wir können es täglich von Bedienten hören, wenn sie von ihrer Herrschaft auch in derselben Abwesenheit sprechen: Sind der Herr Rath zu Hause gewesen; haben es der Papa gesagt? — Und wenn wir mit Personen von Stande reden, was für Behutsamkeit fodern da nicht die neusten Gesetze der Höflichkeitssprache? Sie wollen die Fürwörter, Sie, Ihnen, fast nicht mehr im Gebrauche lassen, sondern allzeit den Ehrentitel wiederholet wissen; wie gezwungen, wie steif klingt es nicht: die gnädige Frau haben es zu Befehlen geruhet; als ich gestern die Gnade hatte der gnädigen Frau aufzuwarten, und so in Tausend andern Fällen. Sollten sich da nicht alle, welche sich einiges Verdienst um die Muttersprache machen wollen, mit gesammten Kräften entgegen setzen? sollten nicht Sprachkenner und Schriftsteller zum wenigsten dem fernern Verderbnisse Schranken setzen, und wenn sie gleich dem herrschenden Sprachgebrauche nicht grad entgegen arbeiten können: doch, so viel möglich, was noch natürlich und einfach im Baue unserer Sprache ist, erhalten, und das Schwankende wieder herstellen?

Man wird einstens in der Geschichte unseres Volkes den grossen Bemühungen unseres Jahrhundertes wegen Vervollkommung der Muttersprache Denkmäler errichten; man wird grosmüthige Unterstützung erlauchter Fürsten, vereinigte Arbeiten ganzer Gesellschaften, einzelne Bestrebungen thätiger Männer zu diesem gemeinnützigen Zwecke unter den edelsten Handlungen unserer Zeiten anpreissen; man wird es vielleicht einstens unserem Jahrhunderte zur grössern Ehre, als izt noch Neid oder Vorurtheile gestatten, anrechnen, daß man sich so sehr bestrebet hat eine deutsche Rechtschreibung zu erfinden, welche ganz philosophisch und nach der Vernunft ist. Wird es aber auch nicht ein ewiger Schandflecken für die Sprache unseres Jahrhundertes bleiben, daß sie, ohngeachtet ihrer feinsten Ausbildung, doch eine solche Sprachfügung angenommen hat, die wider alle Philosophie der Sprachen ist; wo man nicht spricht, wie es dem Gegenstande, dem Bilde unseres Gedanken angemessen ist.

Fragment.

Natur! Wir sind von ihr umgeben und umschlungen — — unvermögend aus ihr heraus zu treten, und unvermögend tiefer in sie hinein zu kommen. Ungebeten und ungewarnt nimmt sie uns in den Kreißlauf ihres Tanzes auf und treibt sich mit uns fort, bis wir unermüdet sind und ihrem Arm entfallen.

Sie schaft ewig neue Gestalten; was da ist, war noch nie, was war, kommt nicht wieder. — Alles ist neu und doch immer das Alte.

Wir leben mitten in ihr und sind ihr fremde. Sie spricht unaufhörlich mit uns und verräth uns ihr Geheimniß nicht. Wir würken beständig auf sie und haben doch keine Gewalt über sie.

Sie scheint alles auf Individualität angelegt zu haben und macht sich nichts aus den Individuen. Sie baut immer und zerstört immer, und ihre Werkstätte ist unzugänglich.

Sie lebt in lauter Kindern, und die Mutter, wo ist sie? — Sie ist die einzige Künstlerin aus dem simpelsten Stoffe zu den grösten Contrasten, ohne Schein der Anstrengung zu der grösten Vollendung zur genausten Bestimmtheit immer mit etwas weichem überzogen. Jedes ihrer Werke hat ein eigenes Wesen, jede ihrer Erscheinungen den isolirtesten Begrif und doch macht alles eins aus.

Sie spielt ein Schauspiel: ob sie es selbst sieht, wissen wir nicht, und doch spielt sie's für uns, die wir in der Ecke stehen.

Es ist ein ewiges Leben, Werden und Bewegen in ihr und doch rükt sie nicht weiter. Sie verwandelt sich ewig und ist kein Moment Stillstehn in ihr. Fürs Bleiben hat sie keinen Begriff und ihren Fluch hat sie an's Stillstehn gehängt. Sie ist fest. Ihr Tritt ist gemessen, ihre Ausnahmen selten, ihre Gesetze unwandelbar.

Gedacht hat sie und sinnt beständig; aber nicht als ein Mensch, sondern als Natur.

Sie hat sich einen eigenen allumfassenden Sinn vorbehalten, den ihr niemand abmerken kan.

Die Menschen sind all in ihr und sie in allen. Mit allen treibt sie ein freundliches Spiel, und freut sich, jemehr man ihr abgewinnt. Sie treibts mit vielen so im Verborgenen, daß sie's zu Ende spielt, ehe sie's merken.

Auch das unnatürlichste ist Natur. Wer sie nicht allenthalben sieht, sieht sie nirgends wo recht.

Sie liebet sich selber und haftet ewig mit Augen und Herzen ohne Zahl an sich selbst. Sie hat sich auseinander gesetzet, um sich selbst zu geniessen. Immer läßt sie neue Genießer erwachsen unersättlich sich mitzutheilen.

Sie freut sich an der Illusion. Wer diese in sich und anderen zerstöret, den straft sie als der strengste Tyrann. Wer ihr zutraulich folgt, den drükt sie wie ein Kind an ihr Herz.

Ihre Kinder sind ohne Zahl. Keinem ist sie überall karg, aber sie hat Lieblinge, an die sie viel verschwendet, und denen sie viel aufopfert. Aus Größe hat sie ihren Schuz geknüpft.

Sie sprizt ihre Geschöpfe aus dem Nichts hervor und sagt ihnen nicht, woher sie kommen und

und sie gehen. Sie sollen nur laufen. Die Bahn kennt sie.

Sie hat wenige Triebfedern, aber nie abgenuzte, immer wirksam, immer mannigfaltig.

Ihr Schauspiel ist immer neu, weil sie immer neue Zuschauer schaft. Leben ist ihre schönste Erfindung, und der Tod ist ihr Kunstgriff viel Leben zu haben.

Sie hüllt den Menschen in Dumpfheit ein und spornt ihn ewig zum Lichte. Sie macht ihn abhängig zur Erde, trag und schwer und schüttelt ihn immer wieder auf.

Sie gibt Bedürfnisse, weil sie Bewegung liebt. Wunder, daß sie alle diese Bewegung mit so wenigem erreichte.

Jedes Bedürfniß ist Wohlthat. Schnell befriedigt, schnell wieder erwachsend. Gibt sie eins mehr, so ists ein neuer Quell der Lust. Aber sie kommt bald ins Gleichgewicht.

Sie sezt alle Augenblicke zum längsten Lauf an, und ist alle Augenblicke am Ziele.

Sie ist die Eitelkeit selbst; aber nicht für

uns, denen sie sich zur gröſten Wichtigkeit gemacht hat.

Sie läßt jedes Kind an sich künsteln, jeden Thoren über sie richten, tausend stumpf über sie hingehen, und nichts sehen und hat an allen ihre Freude und findet bey allen ihre Rechnung.

Man gehorcht ihren Gesetzen, auch wenn man ihnen widerstrebt, man wirkt mit ihr auch wenn man gegen sie wirken will.

Sie macht alles, was sie gibt, zur Wohlthat, denn sie macht es erst unentbehrlich.

Sie säumet daß man sie verlange, sie eilet, daß man sie nicht satt werde. Sie hat keine Sprache noch Rede, aber sie schaft Zungen und Herzen, durch die sie fühlt und spricht.

Ihre Krone ist die Liebe. Nur durch sie kommt man ihr nahe. Sie macht Klüfte zwischen allen Wesen und alles will sie verschlingen. Sie hat alles isoliret, um alles zusammenzuziehen. Durch ein paar Züge aus dem Becher der Liebe hält sie für ein Leben voll Mühe schadlos.

Sie ist alles. Sie belohnt sich selbst und bestraft sich selbst, erfreut und quält sich selbst. Sie ist rauh und gelinde, lieblich und schröcklich, kraftlos und allgewaltig. Alles ist immer da in ihr. Vergangenheit und Zukunft kennt sie nicht. Gegenwart ist ihr Ewigkeit. Sie ist gütig. Ich preisse sie mit allen ihren Werken. Sie ist weise und still. Man reißt ihr keine Erklärung vom Leibe, trozt ihr kein Geschenk ab, das sie nicht freiwillig gibt. Sie ist listig, aber zu gutem Ziele, und am besten ist ihre List nicht zu merken.

Sie ist ganz und doch immer unvollendet. So wie sie's treibt kann sie's immer treiben.

Jedem erscheint sie in einer eigenen Gestalt. Sie verbirgt sich in tausend Namen und Termen, und ist immer dieselbe.

Sie hat mich hereingestellt, sie wird mich auch herausführen. Ich vertraue mich ihr. Sie mag mit mir schalten.

Sie wird ihr Werk nicht hassen. Ich sprach nicht von ihr. Nein, was wahr ist und was falsch ist, alles hat sie gesprochen.

Alles ist ihre Schuld, alles ist ihr Verdienst.

Der Hagestolze,
Ein Estheisches Lied.

Liebchen! Brüderchen! du sagtest:
Daß man ohne Weib ja leben
Daß man ungefreiet sterben
Daß man könn' alleine tanzen.

Brüderchen! du lebtest also,
Wo du fandest dich, gar einsam,
Und du unternahmst aus Holze
Dir ein Weibchen selbst zu bilden.
Gar ein reines, gar ein weises,
Gar ein grades, gar ein schlankes,
Gar ein dauerhaftes Weibchen.

Liebchen! Brüderchen, drei Dinge
Sind zu einem Weibe nöthig:
In ihr eine zarte Seele,
Goldne Zung in ihrem Munde,
Angenehmer Witz im Haupte.

Und du unternahmst dem Bilde
Sein Gesichtchen zu vergülden,
Seine Schultern zu versilbern,
Nahmst es nun in deine Arme,
Eine, zwei und drei der Nächte,
Fandest kalt des Goldes Seiten,
Fandest hart ihr unterm Arme
Grauerlich die Spur des Silbers.

Liebchen, Brüderchen, drei Dinge
Sind zu einem Weibe nöthig,
Warme Lippen, schlanke Arme
Und ein liebevoller Busen.

Wähl' ein Weib dir aus den Mädchen,
Wähl' ein Weib aus unserm Lande;
Oder richte deine Füsse
Hin zum Rudern, hin zum Laufen,
Richt' dein Schifchen hin nach Deutschland,
Deine Segel hin nach Rußland,
Hol' ein Weib dir aus der Ferne.

Wer das vierte Gebot hält, führt die Braut nach Hause.

Nein, auſſer Göttinnen erſchien auf Erden
Noch keine Schönheit, die Klorinden glich:
An Reiz, in Blicken, Reden und Geberden
Dian'! erreicht, an Tugend übertrift ſie dich.

Ihr Vater war des Fürſten reicher Rath,
Der, ſeit er lebt, nichts unbeſtochen that.
Die Mutter glich Dianen auch, ſchuf Ak=
    teonen
In Hütten und auf Thronen.

Ein Freyer kömt. "Ich bin auf grünem
    Zweig,
Herr Vater! jung, und hübſch, und klug und
    reich."
"Sonſt nichts?" Der Freyer geht nun ſei=
    ner Straſe,
Mit langer Naſe.

"Behaltet, Mutter! spricht der Zweite',
  Morgengabe;
Wenn ich den Engel, der mich liebt, nur
' habe!".
" Sonst nichts?" Ein finstrer Blick
Schreckt diesen auch zurück.

Dem dritten glückts. Am Leib gezeichnet,
  an der Seele
Ein bischen schwarz, vom Mädchen ungekannt
Erdrückt er küssend fast dem Mütterchen die
  Kehle,
Fünf Rollen Gold steckt er dem Vater in die
  Hand:
" Ich weis der heilgen Bücher Lehren:
Du sollst den Vater und die Mutter ehren."

Der gnädige Herr und der Kutscher in der Hölle.

Da kommen Ihro Excellenz zur Hölle,
  Ruft Kutscher Jakob halbverbrannt;
Er hat ihn fern schon auf der Schwelle
  Beym Flammenlicht erkannt.

"Ach gnädger Herr! wie konnte dies ge-
  schehen,
  Daß Ihr hier braten sollt?
Die Erde hat ja keinen Herrn gesehen,
  Der jedermann so gut gewollt!"

"Ich bin mit Recht in dieser Strafe,
  Ich war, du weist es, meinem Sohn
    zu gut,
Er ward dadurch der Laster Sklave,
  Ach! was thut nicht ein Vater für sein
    Blut!

Wie kömst denn du hieher? Im Leide
  Und Schweis, hast du dein Leben zu-
    gebracht,
Du schmektest ja nicht eine Freude?"
  "Ach gnädger Herr! ich hab den Bu-
    sensohn gemacht!"

Der grosse Phidias tief in Gedanken sitzend, vor ihm ein grosser Marmorblock, bestimmt zu einer Statüe Jupiters.

Groß über alle Begriffe. Hoch über den Olymp erhebet er sein Haupt. Weit sieht sein Blick über die Schöpfung weg. Wer kann sich mit ihm vergleichen, wer sich gegen ihn empören? Ruhig blikt er von seiner Höhe herab auf seine Feinde; könte sie leicht zerschmettern: denn brüllende feurige Donner im hohen Wolkenthrone warten zu Tausenden auf seinen mächtigen Wink. Ob seiner Augenbraunen Regung beben Götter und des Olympus Feste. Aber an kleinen sich zu rächen ist Er zu groß. Vor ihm ist alles Grosse klein, schwach das Starke. Könige sinken, schwinden vor ihm, wie Dünste vor der Sonne, und Finsterniß dem Lichtstral.

Und ich soll im Bilde darstellen dich; in Materie kleiden deinen allmächtighohen Geist. — Ich schwacher! wie kan ich ausdrücken, wie erreichen auch nur einen Zug von dir! Umsonst, verwegen ist ohne deine Hülfe solch Erkühnen. O! Allgewaltiger, erhöre meine ehrfurchtsvolle Bitte. Um deinen gnädigen Beystand flehe ich zu dir hinauf! Allgütiger berühre mit deiner Kraft mich, mit deinem hohen Gottesgeist, daß ich sichtbar mache — dich im grossen Bilde! —

Nun sehe ich dich, ja ich sehe dich im Marmorblocke. Neue Kraft füllt meine Glieder, schwellt meine Hände. Ich seh' ihn! Meissel, Hammer sprengt den Felsen! wez was noch Fels ist! Schon ragt des Gottes Haupt hinauf! Welch ein grosser Blick, Gnade voll und Huld! Hoher Ernst schwebt um diese Lippen; um die erhabene Stirne Majestät und Ruhe. Hinweg was des Gottes Brust bedecket. Nun ist sie frey. Ha! in ihr liegt Göttergefühl und Macht; ist davon breit ausgespannt, hochgewölbet.

Der Gott kömmt hervor; mächtig an starker Hüfte und hohem Schenkel. Ganz ist die

Decke hinweg, der Fels geschmolzen, zerflossen. Er reget sich! ja er lebet! O Gott! Es schaudert mich in meiner Kleinheit. Meine Seele zittert zurück. Aber ich bin dein Geschöpf, und in deinen grossen Augen ist Gnade! Du bist gerecht und gut, Vater und Gott!

Deine Donner ruhen. Du verderbst nie, wie der schwache Mensch im vernunftlosen grausamen Grimme, was deine Weisheit und Güte schuf. Du bist der über alle Schwäche und Kleinheit, über alles Starke und Grosse hocherhabene Zevs!

Kommt Sterbliche, sehet ihn im grossen Bilde, und fühlet seine hohe Gegenwart!

Melchior.

Kurzer Lebensbegrif des Herrn Ignaz Holzbauer, Kurpfälzischen Kapellmeisters.

Unter den Schriften dieses berühmten Künstlers fand sich folgende von ihm selbst aufgesetzte Lebensbeschreibung.

Ich ward in Wien geboren 1711. Mein Vater war ein Lederhändler im Grosen. Seine Häuser, die er erkaufte, gehörten ehemals einem Schumacher, und dieser Namen blieb ihnen auch. Daher kam es, daß man sagte, ich sey eines Schumachers Sohn. Meine Mutter war eine sehr vernünftige Frau; sie starb, als ich kaum das siebente Jahr erreicht hatte. Ich war von drei Kindern der Jüngste, und folglich der Liebling meiner Mutter. Da sie nun schon in der Todenlade lag, wollte ich sie nicht verlassen, ich legte mich auf die Erde unter ihre Lade, und schlief endlich unter vielem Weinen ein; man suchte mich im ganzen Hause, ohne mich zu finden, bis Nachts die Wächter etwas sich bewegen hörten, und mich von meinem Lager hervorzogen.

Meine Schwester, das älteste der Geschwistrigen, war 17 Jahre alt, und mein Bruder 14. So lange meine Mutter lebte, war alles in unserm Hause sehr wohl eingerichtet, aber nach ihrem Tode war alles verkehrt.

Mein Vater war zu gut, oder er hatte zu wenig Einsicht, und so ward er von schlechten Leuten betrogen; sein Handel nahm ab. Endlich wurde er gar kränklich, und meine Schwester und mein Bruder musten sich des Handels annehmen, allein sie verstunden es nicht. Mein Vater gab endlich alles auf, und lebte von den Zinsen, die ihm seine Häuser eintrugen. Wir beiden Söhne wurden zum studiren angehalten. Mein Bruder sollte ein Arzt, ich aber ein Rechtsgelehrter werden. Jener entsprach den Wünschen meines Vaters, und war nach der Zeit sehr berühmt. Ich ging alle Schulen durch, und hörte die Rechte; allein ich fühlte immer einen unwiderstehlichen Hang zur Musik, und wo ich eine freie Stunde fand, war ich damit beschäftigt.

Als ich noch Theologie studirte, wollte mein Professor, der nachmals berühmte Controversist Pater Beyghart, mich immer bereden, ein Jesuit zu werden; ich hatte auch ziemliche Lust zu diesem Stande, allein die Musik hielt mich davon ab. Diese war mein einziger Gedanke; allein nun war die Frage, wie ich sie erlernen sollte; denn mein Vater gab mir kein Geld dazu. Ich machte also Bekanntschaft mit den jungen Leuten des Chors von S. Stephan. Diesen verfertigte ich allerlei Komödien, sie aber lehrten mich dafür die Musik. Einer lehrte mich singen, ein zweiter das Klavier, wieder ein anderer die Geige, das Violoncell; und so erlangte ich eine Kenntniß von allen Instrumenten. Meine Bücher hatten nun gute Ruhe. Ich bettelte endlich so lange an meiner Schwester, bis sie mir Geld gab, das Fuchsische Compositionsbuch kaufen zu können. Ich verstand die lateinische Sprache, und fing also darinn zu studiren an. Der Speicher war der Ort dazu; denn auf meiner Stube hätte es nicht seyn können. Ich componirte bald Simfonien, Concerte und allerhand dergleichen, und diese meine Arbeiten wurden immer von meinen Meistern mit dem größten Beifalle aufgenommen. So verstrich ein ganzes Jahr, und ich folgte blos allein dem Triebe zur Musik. Einsmal fiel mir ein, zum Kapellmeister Fuchs selbst hinzugehen, und ihn zu bitten, mich in der Setzung zu unterrichten. Ich ließ mich melden; dieser gute Alte, welcher beständig am Podagra und Chiragra krank lag, fragte mich: was ich wollte; ich bat ihn, mich zum Schüler anzunehmen. Ja, sagte er, aber können sie dann schon etwas Musik? O ja! antwortete ich, auch schon etwas schreiben. — Gut, nehmen Sie ein Blättchen von dem Papier, das auf dem Klavier liegt, und schreiben Sie mir einige Zeilen Note gegen Note. — Ich that es, und überreichte es ihm aufs Bett; er sah es an, und sagte ganz erstaunt: "Das können Sie schon? Nun so kann ich "Sie nichts mehr lehren. Wo und von "wem haben Sie dieses erlernt? — Aus hrem Buche. — "Gehen Sie nach Italien, damit Ihnen der Kopf von überflüssigen Ideen gereinigt werde, dann werden

„ Sie ein grofer Mann werden, Sie sind
„ ein gebornes Genie. "

Nie ging ich freudiger nach Hause als
damals, aber nun wußte ich nicht, wie ich
nach Italien kommen sollte. Wo Musik war,
da war ich fast immer auch bei. Einsmal
ward ich in ein Concert zu einem sichern
Grafen von Lamberg mitgenommen; da traf
ich einen Grafen von Turn aus Laibach an,
welcher Lands = Vicedom dort war. Ich
ward ihm als ein junger Virtuos vorgestellt.
Er fragte mich: ob ich auch sänge. O ja,
gab ich zur Antwort. Ich sang, und der
Graf Turn ward ganz von mir eingenommen, und wünschte, mich bei sich zu haben;
allein man sagte ihm, mein Väter würde
mich nie von sich lassen, denn ich sey zu et=
was ganz anderm als zu einem Musikus bestimmt. Ich aber war gleich entschlossen mit
zu gehen, doch unter einem andern Titel,
als von der Musik. Der Graf machte mich
also zu seinem Secretär, und so verlies ich
das väterliche Haus voll Freuden.

Doch ich war nicht willens lange Secretär zu seyn. Dieses geschah auch wirklich.

Ein

Ein halbes Jahr darauf reiste ein junger Arzt von Wien nach Padua, um da sich graduiren zu lassen; dieser besuchte mich als Landsmann. Ich ergriff begierig diese Gelegenheit, mit ihm nach Venedig zu ziehen. Ich verlies das Haus des Grafen ohne Abschied, und kam bald in Venedig an. Ich verfügte mich gleich zu dem Herrn von Rathgeb, Kaiserlichen Gesandschaftssecretär, und sagte ihm die Ursachen meines Daseyns. Dieser verschafte mir die Bekanntschaft aller grossen Meister. Ich besuchte die Spitäler, die allenthalben wegen den allerbesten Virtuosinnen berühmt sind. Allein ich ward bald dieses Vergnügens beraubt; ich bekam das viertägige Fieber, und muste wider meinen Willen die Wasserluft verlassen. Ich schrieb meinem Bruder, und ging wieder zurück nach Wien. Mein Vater war nun überzeugt, daß ich nur zur Musik geboren sey, und lies mir also völlige Freiheit. Einige Zeit nach meiner Zurükkunft suchte ein sicherer Graf Rottal in Mähren einen Kapellmeister und eine Sängerin. Dieser Herr hatte ein vollständiges Orchester und sehr geschikte Leute, besonders in blasenden Instrumenten, und man führte Opern und italienische Komödien da auf. Mit dieser Sängerin ging ich also dahin. Jedermann glaubte, aus uns würde ein Paar werden; allein sie dachte so wenig an mich, als ich an sie. Es war an diesem Hofe ein junges Frauenzimmer, das nach Ihres Vaters Tode von ihrem zwölften Jahre mit des Grafen drei Töchtern erzogen wurde. Sie war kaum 16 Jahre alt, und ich liebte sie fast von dem Tage an, da ich sie das erstemal sah. Das Glük schien mir aber nicht günstig zu seyn; sie hatte sehr vornehme Freunde, welche nicht wollten, daß sie jemals eine Schaubühne betreten sollte, und mir verbot man weiter an sie zu denken. Bis dahin war ich ihr ziemlich gleichgültig gewesen; ich weis also nicht, ob es Mitleiden gegen mich oder Eigensinn gegen dieses Verbot war, daß sie anfing mir Gehör zu geben; man drohte ihr zwar, sie in ein Kloster zu sperren, oder wieder zu ihrer Frau Mutter zu schicken, die ebenfalls mit dieser Heirath nicht zufrieden war; allein sie sagte nun grade heraus, sie würde nie einen andern Mann nehmen, als mich. Man willigte endlich ein, jedoch muste ich verspre=

chen, sie auf kein öffentliches Theater zu führen. Unsere Hochzeit ward mit vielem Prachte gefeiert. Ein Jahr darauf wurden wir zu Wien bey dem königlichen Theater angenommen; zwei Jahre darauf gingen wir in Italien. Meine Frau hatte da drei der vornehmsten Theater; wir hielten uns also wechselweise drei Jahre in Mayland, Venedig und andern grosen Städten auf. Da wir aber immer einen Hof vorzogen, gingen wir wieder zurück nach Wien. Nach dem Tode der Kaiserin Elisabeth wurden alle Schauspiele eingestellt; dies brachte uns nun keinen Nutzen, und da wir grade nach Stuttgard berufen wurden, nahmen wir das Anerbieten an, und gingen den 16ten August 1750 dahin. Ich kann in Warheit sagen, daß die beiden Herrschaften die allerliebenswürdigsten Fürsten waren, und mich aller Gnade würdigten; auch wurden wir sehr wohl bezahlt. Allein eine böse Frau, welche die Gnade der Herzogin genoß, und diese immer mißbrauchte, verfolgte mich wegen meiner Frau, weil diese jünger war, und besser aussah als sie. Wir suchten deswegen an den hiesigen * Hof zu kommen, welches auch geschah, nachdem wir sieben viertel Jahre dem Herzog von Würtemberg gedient hatten. Eigennuz war es nicht, sondern Liebe und Ergebenheit gegen einen der besten und liebenswürdigsten Fürsten, was mich hieher brachte, denn mein Gehalt war geringer als in Stuttgardt, und da es hier um ein merkliches theurer zu Leben ist, sezte ich jährlich durch 20 Jahre von dem Gelde zu, das ich auswärts gewonnen hatte. Unter dieser Zeit ging ich dreimal in Italien. Das erstemal schenkte mir mein Durchleuchtigster Kurfürst 200 Ducaten zu der Reise nach Rom. Das Jahr darauf ward ich nach Turin berufen, die Oper zu schreiben, und das folgende Jahr schrieb ich eine in Mayland.

Ich hatte zwar die gröste Bezahlung, die ein Meister zu bekommen pfleget, aber ich konnte mit diesem Gelde, welches jedesmal 100 Dopien waren, nicht auskommen; sondern sezte bei beiden Reisen wegen dem weiten Wege 100 Ducaten von meinem Gelde

---

* Den Mannheimer.

zu; allein ich wollte mich meines Herzen würdig machen, und Ehre zu erhalten suchen. Man trug mir in der Folge verschiedenemale an, wieder zu kommen, besonders nach Rom, allein die Reise war mir zu beschwerlich, und ich konnte nichts dabei gewinnen. Der Müssiggang war mein Fehler nicht. Ich habe sehr vieles geschrieben, nicht allein für meinen Hof, sondern auch in andern Sachen, welches alles man nach meinem Tode finden wird. Ich fange an alt und gebrechlich zu werden, so daß mir nun die Ruhe nöthig wäre, doch ist Musik noch immer meine Leidenschaft. Wenn ich noch einige Jahre lebe, will ich etwas für die Lehrlinge der Musik schreiben, damit die Jugend von Pedanten auf keine Irrwege geführt werde. Eben fange ich vielleicht mein leztes Werk an, die Oper Tankred.

Dir Karl Theodor! sollen meine lezten Kräfte aus vollem Herzen noch gewidmet seyn. O könnte ich meine Empfindungen von Dank und Liebe ausdrücken! allein du wirst dies alles niemal wissen. Nun bitte ich Gott, er wolle mir die Gnade geben, dieses Werk zu vollenden. Ich bin taub, kann also das

Vergnügen, es selbst zu hören nicht genie=
sen. Du Durchleuchtigster! Unterstütze es
mit deiner Gnade. Zu deiner Ehre und zu
deinem Vergnügen verwende ich die lezten
Stunden meines Lebens."

So weit geht die Handschrift. Der Ton
der Aufrichtigkeit, der in dieser ganzen Be=
schreibung herrschet, gibt uns einen Haupt=
zug seines vortreflichen Charakters. Wahr=
heit und grades Wesen bezeichneten alle sei=
ne Handlungen. Und dies ist vorzüglich,
was ihn so sehr zur Freundschaft fähig mach=
te. Seine Neider ehrten ihn und seine
Freunde waren die würdigsten Menschen.
Unter den Künstlern war der berühmte Herr
Raf, den man als ein Muster eines edeln
Mannes nennen darf, sein vertrautester Freund.
Die feinsten Ränke konnten ihn nicht von
seinen Freunden trennen, nicht wider das
Verdienst aufbringen. Die Mißgunst bestreb=
te sich, eine seiner schönsten Opern fallen zu
machen. Man glaubte, das beste Mittel
hiezu sey, Zwietracht zwischen ihm und dem
Dichter zu stiften. Bei diesem verachtete
man die Musik, bey jenem das Gedicht. Der

Dichter war zu sehr von dem Werthe überzeugt, den sein erster Versuch durch die herrliche Musik dieses grossen Meisters erhielt, als daß er ungereimten Ausfällen über diese Musik Gehör geben konnte. Holzbauer, bei seinem grosen Verdienste, erhob sich nie über den jungen Dichter. Denjenigen, die mit Verspottung des Gedichtes seine Musik äusserst rühmten, pflegte er zu antworten: "Ich suchte blos die Gefühle des Dichters auszudrücken; sie machen mir also kein grosses Kompliment. Wenn das Gedicht nichts taugt, so taugt meine Musik auch nichts. Für mein Theil versichre ich sie, daß ich mein Ziel erreicht, wenn ich die Ausdrücke des Dichters erreicht, und meine Musik so ist wie das Gedicht."

Er war weit von den so gewöhnlichen Fehlern mancher Künstler entfernt. Niemand ehrte in andern Künstlern seines Gefaches das Verdienst mehr als er. Durch Grossprechen machte er sich Niemanden gehäßig; nie suchte er sich durch Vorschwätzen oder Kabalen einzudringen. Er hatte die lächerliche Eitelkeit nicht, sich kostbar zu machen und durch Besonderheiten sich auszuzeichnen.

Lob empfing er mit Bescheidenheit, Belehrung auch vom geringsten mit Danke. Gegen den Tadel war er empfindlich, mehr aber wegen der Ungerechtigkeit der Sache selbst als seinetwegen. Es that ihm wehe, daß das Geschrei der Unwissenheit und Pedanterei den guten Geschmack verderben sollte. Unter seinen Schriften fand man viele kräftige Antworten auf äusserst unbescheidne Urtheile, und unausstehlich pralerische Ankündigungen. In einem Schreiben an Herrn — sagt er: " Glauben sie nicht, mein Herr, daß ich dies aus Mißgunst, oder einer andern Absicht schreibe, als die edle Tonkunst zu retten, und unser werthes deutsches Publikum zu erleuchten, damit sich Liebhaber der Musik oder Halbkenner in die Zukunft nicht mehr durch dreiste musikalische Marktschreier täuschen lassen. Dies Briefchen werden sie nicht drucken lassen; auch ich nicht. Für Ihren Helden spricht mein Mitleid, für meinen Verächter mein Gewissen."

Dies kam wirklich aus seinem Herzen. Denn Holzbauer war ein wahrer Christ, im eigentlichsten Verstande. Er schrieb sogar ein

Werk, wovon die Handschrift vorhanden ist; mit dem Titel: So denkt der Christ. Ohne Heuchelei erfüllte er die Pflichten seiner Religion mit äusserster Strenge. Es geschah aus Religionsgrundsätzen, daß er sanft und gegen seine Feinde gelassen war. Denn von Natur war er feurig und reizbaren Gefühls.

Dies ist das Lezte, was er von sich aufschrieb:

" Quid dedicatum poscit Apollinem vates?
Frui paratis, & valido mihi,
Latoe, dones, &, precor, integra
   Cum mente, nec turpem senectam
   Degere, nec cythara carentem.

Leider! hat es Gott über mich anders verhängt. Nach zurückgelegtem siebenzigsten Jahre wurde zu Anfang des Novembers 1781 mein Gehör so schwach und falsch, daß mir die Sänger in gewissen Tönen, und auch die Instrumentisten falsch zu singen und zu spielen schienen. Die tiefen und starken Töne als Baß und Horn beleidigen meine Ohren, und die feinere Instrumente vernehme ich kaum. Die Sopranstimmen, wenn sie allein neben meinem rechten Ohre singen, vernehme ich noch am besten, wiewohl auch von diesen einige Töne mir falsch klingen. Nachdem ich nun seit 3 Monaten alle ersinnliche Mittel gebraucht, befinde ich mich den 13ten Hornung 1782, da ich dieses niederschreibe, noch wie zu Anfange. Dafür sey Gott gelobt und gesegnet, daß er mich, sein unnützes Geschöpf, in diesem Leben zu züchtigen beginnet."

Auf dieses folgen einige rührende Züge aus der h. Schrift, die seine Ergebenheit gegen die Fürsicht beweisen, und die Stelle von dem Tode Jesu aus Klopstocks Messias.

In der Lage, wie er sie selbst beschreibt, verfertigte er sein leztes Werk. Eine Oper von der Schönheit wie Tancred, von einem Manne, der sein Gehör nicht mehr zu Rathe ziehen konnte, ist wirklich ein ausserordentliches Werk.

Beraubt des Vergnügens seine Musik selbst zu hören, hatte er doch jenes, die Stimme des Ruhmes, den sie ihm erwarb und des Beifalls, den sie bei der Aufführung in München erhielt, noch vor seinem Tode zu vernehmen.

Er lebte 71 Jahre, sechs Monate weniger vier Tage, und starb an einer Brustentzündung den siebenten Tag seiner Krankheit. Er empfing den Tod ohne Furcht, ohne Klage. Er blieb bis zur lezten Viertelstunde bei Verstande. Nur einige male fiel er in Phantasien: alsdann sang er, und sezte noch ein Requiem, welches unvollendet blieb und bei seinen übrigen Werken aufbewahret wird.

Holzbauer hatte eine wahre Liebe zu seinem Fürsten. Man hat Ueberzeugung, daß er in seinen Arbeiten mehr auf dessen Vergnügen, als auf Belohnungen dachte. Es war ihm wirklicher Kummer, daß ihn seine Gebrechlichkeit hinterte, nach München zu gehen, seinen Herrn zu sehen. Er weinte oft in seinen lezten Zeiten wie ein Kind, wenn man ihm nur dessen Namen nennte. Ihre Durchlaucht, die Frau Kurfürstin, ließ sich in seiner Krankheit um ihn erkundigen. Er fing an zu weinen. Dies waren seine lezten Thränen und die einzigen auf seinem Sterbbette.

Sein vorzüglichstes Vergnügen war Mittheilung seiner Kenntnisse. Obschon seine mufikalischen Werke von erstaunenswürdiger Anzahl sind: so brachte er doch vielleicht die Hälfte seiner Zeit mit Unterricht der Jugend und Bildung junger Künstler zu. Noch in seinen lezten Jahren beschleunigte er hiedurch die Abnahme seiner Kräfte.

Unter seinen Schriften sind verschiedne Entwürfe zu Musikinstituten, die von seiner Wärme für die Kunst, und von seiner Einsicht zeugen. Er begrenzte seine Wißbegierde nicht mit seinem Gefache, wie dies so viele Künstler thun, dadurch zu Pedanten in ihrer eignen Kunst und der Gesellschaft unerträglich werden. Holzbauer hatte Kenntnisse in der Geschichte und den schönen Wissenschaften.

Er las die Dichter Roms, Italiens und Deutschlands. Stellen, die ihm in unangenehmen Lagen Trost, und für sein ganzes Leben philosophische Regeln gaben, schrieb er sich auf. Den Horaz wußte er größtentheils auswendig, blos durch öfteres Lesen. Sein ausserordentliches Gedächtniß verlor er bei der Abnahme seines Gehörs. Er hat eine solche Menge Musikstücke hinterlassen, daß es kaum zu begreifen ist, daß ein Mann dies alles bearbeiten konnte.

Hier ist das Verzeichnis derselben:
Grosse heroische Singspiele.
1. L'Ifipile. 2. Adriano in Siria. 3. La Clemenza di Tito. 4. La Nitteti. (zu Turin gesezt) 5. Aleſſandro nelle Indie. (zu Mayland.) 6. Kaiſer Günther von Schwarzburg. 7. Tancred.

Komische Opern.
1. Il figlio delle Selve. 2. Il Don Chiſchiotte. 3. Ipolito ed Adiricia. 4. Le Nozze d'Arianna e di Bacco.

1 Opera Buffa.

Oratorien.
1. Iſacco. 2. La Betulia liberata. 3. Il Giudizio di Salomone. 4. La Paſſione di Geſu Chriſto. 2 Singspiele in einem Aufzuge. Iſola diſabitata. La Morte di Didone, italieniſch und deutſch. Sinfonien und Konzerten verſchiedner Art 205. Meſſen 21. Motetten 37. Miſerere, Stücke für Trompeten, Waldhorne, und Klarinetten, Menuette, und Klavierſtücke in ungeheurer Zahl.*

---

* Dieſen ganzen Schatz von Muſik hat ſeine hinterlaſſene Gattin in Handen. Zu wünſchen iſt, daß ein groſſer Fürſt ihn kaufte und gemeinnüzig machte.

Die strenge Mutter.

Ein Mädchen, dessen Reiz, ich wette,
Cytherens Gürtel nicht erhöhet hätte,
Schenkt einem Dichter sein Herz.
Ein Blick, ein Vers, ein Seufzer voll Lie-
     besschmerz
Sind all die Heere, mit denen er ins Feld
     ausrückte,
Sind all die Opfer, mit denen er den Lie-
     besaltar schmückte.
Er war just so wie Dichter sind:
Pracht, Reichthum, Ehren sind ihm nur
     Wind.
Lisette kannte auch für zarte Liebe
Noch keinen andern Lohn als feurige Ge-
     gentriebe,
Sah ferne vom Neide den reichen Gewinn
Vom Liebesspiele der Nachbarinn,
Die Flotten von Federn und Malbrugsbän-
     dern,
Die Schätze von Ringen, Uhren und Schlen-
     dern,

Des Morgens am Fenster der tänzelnden
 Pferde Schmuck,
Des Abends der Ritter Händedruck.
Statt alles dessen galt Ließchen
Von ihrem Schäfer ein Küßchen.
Den Unfug konnte die Mutter länger nicht
 sehn,
"Es soll, rief sie voll Unmuth, dem Gräuel
 ein Ende geschehn!
Zum Henker mit Poeten und Liebesgrillen!
Sieh Dorchen an! du du bist eine H. . um
 Gotteswillen.

Die neue Physiognomik.

Sein Eigenes hat jedes Land und Ort:
Was hier Verbrechen wär' ist Tugend dort.
Den Römern galt die Mädchenliebe,
Des Muselmannes feurige Triebe
Befriediget vielfältiger Hymen,
Doch trinkt er Wein, wird er das Paradies
 nicht sehn,

In Gallien, dem Land der Artigkeit,
Herrscht ein Gebrauch, der schönste weit und
 breit:
Man küßt in Häussern und auf Gassen,
In Gärten, Feldern und auf Landesstrassen,
Gelehrte, Junker und Dichter,
Matronen, Priester und Richter,
Kurz alles, was grad gestreckt zum Himmel
 sieht,
Grüßt küssend ohne Unterschied.
Dies ist für Menschenforscher das Land.
Wenn man nach Lavatern so manchen an der
 Nase gekannt;
Was können küssende Lippen uns lehren?
Sieht man nicht gleich, ob Freunde hassen,
 lieben, oder nur ehren?
Ob Liebe den Dichter bis zur Begeistrung er=
 höht?
Ob sich der junge Arzt auf Symtomen ver=
 steht?
Und ob die augenbedeckte Gerechtigkeit
Dem blinden Amor die Wage nicht leiht?
Und welch Geschlecht im Küssen mehr Gast
 oder Wirth?
Und ob der Herr Pastor nicht oft mehr Schä=
 fer ist als Hirt?

Der

Der Edelmann und die reiche Bürgerin.

Ein Edelmann verschwelgte Hab' und Gut,
Und nahm am End' mit siechem Leibe,
Erniedrigend sein hohes Blut,
Die reiche Bürgerin zum Weibe.

Nun lebet er gleich einem Lord,
Doch übern Rücken angesehen,
Der Adel gönnt ihm kaum das Wort,
Ließ oft ihn vor der Thüre stehen.

"Frau! du verschlossest mir, ach Schmerz!
Die Thüren, die und die, kurz alle!"
"An eine denkst du nicht, mein Herz."
"Und diese ist?" "Die zum Spitale."

An meinen Freund Holzbauer, als verschiedene ungereimte Kritiken über seinen Günther von Schwarzburg gemacht wurden.

Kaum stellte Schöpfer Phidias
Das Meisterstück von allen Zeiten
Vor aller Völker Augen hin,
Und sah das Staunen aller Völker,
Und sammelte des Ruhmes Lorbeer ein;
Da rümpften Kritiker die Nase schon,
Und sahn mit stolzem Midasblick
Und schimpften auf das Meisterstück;
Da rief des Neides und der Dummheit ganze
      Schaar:
Seht doch, welch scheußlich Bild ist dies!
Ist dies ein Mund, ist dies ein Auge?
Ist dies ein Fus, ein Rücken, eine Hand
Für einen Donnergott?
Und kurz: am ganzen Bilde
Fand Niemand eine Schönheit mehr.

Der Künstler sah mitleidig auf das Volk,
Schweigt, zückt die Achseln, geht davon
Und trauert — doch, zween Kenner folgen
        nach,
Umarmen ihn — o Freunde!
Rief Phidias mit heitrer Stirne:
Ich bin belohnt!

K.

Intoleranzgeschichte aus der Pfalz.

Die Katholiken feyern jährlich das Fest der Kreuzerfindung *; die Reformirten ** scheinen ein Fest der Kreuzzerstörung begehen zu wollen.

---

* Es sollte nach dem Begriffe, den ich mir von dem Feste mache, Christi Kreuzentdeckung, nicht Erfindung heisen. Der Herausg.

** In Frankenthal; denn dies und das hierunten stehende berichtigen den Gegensaz noch nicht. Der Herausgeber.

Beide sind ihrem Ursprunge nach zwar nicht unbekannt; da aber wegen dem Feste der Zerstörung noch keine eigentliche Nachricht über die Handlung und das Feyerliche dieser Andacht vorhanden ist, so glaubt man dem Publikum einen Dienst zu leisten, wenn man das Wesentliche davon umständlich mittheilet, wie es durch mehrere, die der Handlung vor kurzem persönlich beigewohnt haben, nicht nur genau beobachtet, sondern auch gerichtlich aufgezeichnet worden ist. *

Diese Gattung Feierlichkeit wird entweder in den Sterbehäusern, oder bei Leichengängen oder auf den Gräbern selbst begangen. * * Und jene, wovon hier Nachricht gegeben wird, ward von den Deutschreformirten auf dem

---

* Vor ungefähr acht Jahren trug sich im Nassau=Weilburgischen eine ähnliche Kirchhofsgeschichte zu.

** Dinge, die so allgemein bekannt und zugleich so auffallend sind, können doch dem wißbegierigen Beantworter der Mannheimer Schreiben in Herrn Schlözers Staatsanzeigen nicht entgangen seyn: warum sendet er nicht auch diese ein?

Kirchhofe zu Frankenthal mit aller Vorbereitung gefeiert. Die Einleitung und Handlung war folgende:

Die evangelisch lutherische Gemeinde zu Frankenthal hat mit den Deutschreformirten eine gemeinschaftliche Begräbnißstätte. * Zu dieser Gemeinschaft glauben sich die Evangelischen nicht nur durch eine schon seit dem vorigen Jahrhundert währende Ausübung berechtigt: sondern sie setzen ihr Recht auch noch dadurch ausser allem Zweifel, daß es die Religionserklärung vom Jahre 1705 §. 32. wörtlich sagt: — "Wo nur ein Kirchhof vorhanden, auf denselben gesammte Religionen ihre Todte zu begraben gemeinschaftlich erlaubet, und einer jeden Religion ihre Gesänge und Ceremonien dabei zu üben unge-

* Auch die Walloner oder französische Reformirten haben diesen Kirchhof mit den beiden andern gemein. Sie haben aber noch nie an den Streitigkeiten der Deutschreformirten mit den Evangelischen Theil genommen; obschon die Walloner nach der Geschichte das nächste Recht auf den Kirchhof haben.

„ hindert gestattet, dabei gleichwohlen jeder
„ verwilliget und frei stehen soll, einen ab-
„ sonderlichen Kirchhof anzuschaffen, oder
„ mit Abtheilung des vorhandenen Kirchhofs
„ sich unter einander nach dem Zustande des
„ Orts und Gelegenheit gütlich zu verglei-
„ chen. "

Bis zum Jahre 1746 scheint die Sache keinen Anstand gehabt zu haben: damals aber ward durch eine reformirte Pfarrerswittwe, Namens Brescou, welche zur Einfassung des Kirchhofs mit einer Mauer, statt der hölzernen Einfassung, 200 fl. hergab, der Grund zu künftigen Strittigkeiten gelegt; denn nach verfertigter Mauer gingen die Deutschreformirten etwas höher, und ließen über den Thorbogen die Inschrift setzen: Reformirter Kirchhof.

Der evangelisch lutherische Kirchenvorstand ward unruhig bei dieser Neuerung, und klagte deswegen bei seinem Konsistorium in Mannheim. Aber von diesem nicht genugsam unterstützet, oder minder geachtet, blieb es bei dieser geseswidrigen Herausnehmung. Man gewöhnte sich nach und nach daran, und glaubte, es werde übrigens ohne weitere Folge seyn, als daß die Ruhmsucht des eingreifenden Theils etwa damit genährt werde. Man betrog sich aber sehr; denn nach diesem Vorfalle kam wieder etwas anders zum Vorscheine; und man drehte die Sache mit Feinheit so lange, bis (den Zeitpunkt dieses Vorgangs kann man so genau nicht bestimmen) die Reformirten den Grasgenuß des Kirchhofs ihrem Todtengräber allein zugewendet hatten; da doch vom Jahre 1750 her deutliche Spuren vorhanden sind, daß der lutherische Todtengräber, Namens Scheuer, diesen Vortheil mit dem Reformirten damals theilte; aber auch dieses kam anfänglich aus Unvorsichtigkeit, nachher aber aus Liebe zum Frieden, und um allem Prozeß bei dem ohnehin schwachen Auskommen auszuweichen, bei den Evangelischen abermal nicht in Anschlag, und es wurde darüber weiter keine Kontestation angestellt.

So viel Nachgiebigkeit, scheint es, müsse das dermalige reformirte Presbyterium daselbst von der Geschichte her aufmerksam gemacht haben. * Und nun nahm sich daſſelbe vor, etwas mehreres zu verſuchen. Seit 1779 ging man damit um, den Evangeliſchen den Schlüſſel zum Kirchhofe (den doch ihr alter Todtengräber Schleif, nebſt ſeinem Nachfolger Dups, und der jetzige, Lauf, immer bei ſich führten) abzuſchwätzen, oder gar abzunehmen; damit es blos von der Gnade der Deutſchreformirten abhange, wann künftig ein lutheriſches Gemeindsglied ſollte beerdigt werden. ** Aber dieſe Spekulation ſchlug

---

* Die Geſchichte weißt es auf, daß die Evangeliſchen in der Pfalz, zu Folge des Paſſauer Vertrages von 1552, und nach dem Religionsfrieden zu Augsburg von 1555 im erſten Beſitze waren, und daß ſie nachher von den Reformirten bei der Kirchengütertheilung in 5 und 2 Siebentheil unter dem Vorwande des Miteinverſtändniſſes von Seite der Evangeliſchen, wieder um alles gebracht wurden. Die Reformirten ſollten doch an die Zuſage vom Jahre 1730 denken, wegen eines den Evangeliſchen auszuwerfenden beſondern Fonds.

** Dieſe Behandlung verdienten die Evangeliſchen nicht; ſie haben ſich im Jahre 1777 bei

fehl, und muſte fehl ſchlagen, denn es war ein Angriff der Rechte der lutheriſchen Gemeinde. Die Deutſchreformirten wollten aber Schwachheit und Unrecht nicht gegen ſich aufkommen laſſen, und ſchritten zu Gewaltthätigkeiten. Zwei der Deutſchreformirten ſchlugen das alte Thorſchloß ab, und hefteten ein neues dafür an, worein der alte Schlüſſel nicht paſſete. Dieſer Mißhandlung begegneten die Evangeliſchen, wie ſie es verdiente: ſie nahmen in aller Stille das neue Thorſchloß ebenfalls wieder ab, und ließen den Kirchhof unverſchloſſen. Das geſchah gegen den 20ten April 1781.

Nun gabs Lermen. Das reformirte Presbyterium, welches die ganze Sache angeſponnen hatte, eilte nun mit ſeiner Anzeigsbeſchwerde an den Kirchenrath zu Heidelberg,

---

dem Sterbfalle eines rußiſchen Doktors, griechiſcher Religion, Namens Minas Iſaceff, den zu M... in der Pfalz die übrigen Religionsverwandten auf ihre Kirchhöfe aufzunehmen, ſich weigerten, durch freiwillige Beerdigung deſſelben viel zu deutlich für die Ruhe der Verſtorbenen ſchon erkläret.

und dieser an Kurfürstliche Landesregierung, mit der besondern Bitte, den Evangelischen nicht nur ernstlich anzubefehlen, daß sie das angenommene neue Schloß samt dem Riegel an den ersten Pfarrer Böhm allda einlieferten, sondern daß sie auch, bis zur Erweisung eines bessern Rechtes, sich des Schlüssels zum Kirchhofe nicht bedienen sollten.

Die Kurfürstliche Landesregierung beschloß aber ganz anders; der Frankenthaler Stadtrath sollte die ganze Sache untersuchen, die beiden Theile suchen zu vergleichen, und bis auf weitere Verfügung beiden Theilen alle Störung untersagen.

Die Kommission ward eröfnet, und beide Theile zum Vergleiche vorgeladen. Die Evangelischen schikten zwei Abgeordnete aus ihrem Vorstande mit dem wirklich gefaßten Vorsatze, sich in der Sache zu vergleichen; allein die Deutschreformirten, gewöhnt die Evangelisch-lutherischen zu kränken,* übergaben eine weit-

---

* Diese Verfolgung der Reformirten kömmt übrigens von einer ganz gangbaren Politik her.

läufige Deduktion vom 3ten Mai, mit dem besondern neuen Begehren, daß der lutherische Todtengräber entlassen werden möge, und die evangelisch lutherischen Leichen, gleich den ihrigen, von dem reformirten Todtengräber begraben werden sollten.

Die Abgeordneten der Evangelischen traten wieder ab; und sie vertheidigten nun ihre Gerechtsame auf dem von den Reformirten selbst gewählten Streitfelde so gut, daß sie nach dem unter dem 2ten April 1783 erfolgten hohen Regierungsbescheide in der Hauptsache ihren Zweck erreichten.

Bald nach dem ergangenen hohen Bescheide starb bei den Evangelischen eine Frau, Namens Unfrichinn. Diese ward mit Aufsteckung des Kreuzes beerdigt, und alles buchstäblich gehalten, wie es die hohe Ver=

Sie betrachten seit der Theilungs-Rescissionsklage der Kirchengüter auf dem Reichstage, welche zu Regensburg unterm 16ten August 1782 neuerdings in Berathschlagung gekommen ist, die Evangelischen als ihre Gläubiger. Ist aber Verfolgung aus Politik Toleranz?

ordnung sagt. Aber den nämlichen Tag Abends um 9 Uhr war das aufgestekte Kreuz von den Reformirten schon ausgerissen, und auf die Seite geschaft. Die Evangelischen stekten daher den 22ten April vor einem Notarius und Zeugen das Kreuz wieder auf: und da denselben Tag eine zweite Leiche (des Färber Merkels Ehefrau) begraben werden sollte, so war man aufmerksam, was vorgehen würde. Es ahndete den Evangelischen von einem besondern Auftritte; indem jene Deutschreformirten und der Herr Pfarrer, die zu dieser Leiche dem Herkommen nach geladen waren, weil der Wittiber Merkel sich zum reformirten Glauben bekennet, sich für diesesmal nicht sehen ließen.

Die Ahndung war nicht ungegründet; denn schon vor der Ankunft auf dem Kirchhofe versammelte sich ein großer Haufen der Deutschreformirten theils auf demselben, theils um denselben her. Einige waren mit Schüppen versehen; ein anderer Haufen aber folgte dem Leichenzuge nach in der ganz deutlichen Absicht, wenn die Evangelischen diesesmal wieder das Kreuz vortragen und aufstecken woll=

ten, daß man es dann zu verhindern suchen, und auch wohl Gewalt brauchen würde.

Die Evangelischen aber hatten bei dieser Leiche kein Kreuz, indem es schon vorläufig nicht nach des reformirten Ehemanns Geschmack war; sonst wär unfehlbar ein Aufruhr entstanden, woraus böse Folgen hätten kommen können; und so ging es dann mit dieser Leiche so vorüber. Nicht die Beerdigung der Merkelin war alsdann der Gegenstand der versammelten Deutschreformirten, sondern das vor Notar und Zeugen wieder auf der Unfrichinn Grab aufgestekte Kreuz.*

---

* Nach der beigefügten Note unter der Anzeige Blasphemienproceß in der Obern Pfalz, in Herrn Schlözers 1tem Hefte vom Juni 1783 scheint der Einsender so viel sagen zu wollen, als ob die Reformirten dem Zeichen des Kreuzes nicht allen Werth oder Verehrung absprechen. Wie sich nun dieses mit dergleichen ärgerlichen Zerstörungen reimet, darein kann sich Recens. um so weniger finden, weil den eigentlichen Grad des Wortes der Einsender nicht bestimmt hat. Es ist also die Frage: wie hoch oder wie nieder derselbe bestimmt werde?

Muthwillige Buben sammelten Leichenkronen, sezten sie an das Kreuz auf dem Grab der Unsrichinn, und warfen unter so lauter Geschrei: es seye Doctor Luthers Kopf, mit Erdschollen darnach, daß der evangelisch Schulmeister in seiner gewöhnlichen Anred und Danksagung bei der Merkelin Grabe gestöret, und die Versammlung überhaupt aus der Fassung gebracht wurde.

―――

Ob er blos bei den Obern und Vernünftigern etwa Plaz habe, oder auch bei der Gemeinds? wenn dieses wahr ist: wie es komme, daß verschiedene Gemeinden den Werth davon so auffallend miskennen? ** Oder ob es nur Provincial= nicht allgemein angenommene Achtung sey? ** Die Sache ist immer des Aufschlusses werth.

R.

* Ein Anhang zu der öffentlichen, und figürlichen Ausstellung und Verbrennung des Pabstes in England. Sieh die Beschreibung davon, samt jener grossen Verheerung des Lord Gordons in London in dem allgemeinen Weltlexikon, unter der Rubrike: Protestantische Toleranz.

Unter dieser Ausschweifung ward indessen die Beerdigung vollbracht, und der Leichenzug ging wieder nach dem Sterbhause zurück. Kaum war aber der Männerzug aus dem Kirchhofthore, als ein ausgelassener Haufen sich um der Unfrichinn Grab zusammenrottete, und einer den andern so lange gegen das Kreuz hin und her stieß, bis dieser und jener darüber fiel, und das Kreuz zerbrochen ward. Mit den Stücken ward allerhand Muthwillen getrieben; und da der Unfrichinn Grab durch dieses Getümmel eben getreten war, so fand man nachher die zerbrochenen Stücke in grader Linie mit einem Prügel oder Blocke in der Mitte aufgesteckt.

Nach diesem Unfuge wurden in der darauf folgenden Nacht alle Pfarrhäuser, ausgenommen des französischen und zweiten Deutschreformirten Pfarrers Haus, mit schwarzen Kreuzen bemalet.

Daraus kann man sehen, was von der langen Duldungspredigt zu halten sey, welche die Reformirten den andern Religionen fast auf jedem gedrukten Blatte halten und aufdringen. * Was übrigens die Kurfürstliche Landesregierung für Maasregeln genommen hat, oder noch nehmen wird, ist dem Einsender unbekannt, und die Folge wirds lehren.

---

* Darum ist doch jede Predigt der Reformirten von Duldung nicht weniger empfehlungswürdig, und, wenn sie nicht im Geiste der Nichtduldenden geschrieben ist, vernünftig und christlich. Thatsachen können Personen entehren, aber nicht Grundsätze schwächen. Die Pflicht, duldend oder vielmehr liebreich, bruderfreundschaftlich und christlich zu seyn, kann sich bei Lutherischen und Katholicken nie mindern. Bei Vorfällen, wie der vom Herrn Einsender hier erzählte einer ist, denkt jeder edle Mensch: Thu nach ihren Worten ꝛc. wie gewiß auch mancher rechtschaffene Reformirte in entgegengesezten Fällen benket. Der Herausgeber.

Skizirter Entwurf

zu einem grossen und nicht kostspieligen botanischen Garten.

Von der Kurfürstl. Leibgarde zu Pferd General Freyherrn von Servi.

Pflanzen aller Art und Gattung in demselben Erdboden anzubauen, hat seinen eigenen Nutzen. In der That ist es aber nicht der vollkommenste Versuch, den Zweck der Botanik zu erreichen. Alle Pflanzen gerathen nicht in demselben Erdreiche, in derselben Gegend; die wenigsten in dem Grade der Güte, die sie erhalten können. Die Schwalbe wohnet mit dem Landmanne unter einem Dache; der Adler nistet auf den Felsen der höchsten Berge, der Maulwurf lebt unter der Erde; die Eidexe erklettert die Mauern; tausend Arten Thierchen leben von Blumen, tausend von Baumblättern, tausend von Früchten u. s. w. Jedermann weiß, daß es mit den Pflanzen eine ähnliche Bewandniß habe. Die einen haben ihr Heimat auf Bergen, die andern in Thälern; diese an Flüssen, jene bei den Wohnungen der Thiere und Menschen; einige in sumpfigten Gegenden, andre in trocknen; manche gerathen im Schatten, sterben in der Sonne, und umgekehrt; tausend vertragen keine harte Luft, tausend keinen regnerischen Himmel, tausend keine fette, tausend keine Erzerde u. s. w.

Ist dies nicht offenbarer Beweis, daß die Naturforschung der Pflanzen nicht ihren glücklichsten Weg gehe, wenn man dieselben auf einen Plaz gleichsam haufenweis hinbauet? Ist es nicht augenscheinlich, daß die botanischen Gärten dieser Art äusserst unvollkommen in allem Betracht seyn müssen? Dieser Entwurf zielt blos dahin, den Gedanken zu geben, wie man in der Pfalz ohne grosse Kosten eine so vollständige Kräutersammlung anpflanzen könne als es nur möglich ist.

Die Weitläuftigkeit und hauptsächlich die zerstreuten Länder der Pfalz scheinen hiezu alle Bequemlichkeit, und einen ausgezeichneten Vortheil zu verschaffen. Keine Gattung Erdboden, keine Art Gegend, und fast keine Verschiedenheit des Klima mangelt. Nur die einzigen Pflanzen, die ausserordentliche und beständige Wärme fodern, müsten einer künstlichen Erziehung überlassen werden. Für alle übrigen wäre durch gute Wahl des Pflanzortes gesorget. Ein geschikter Kräuterkündiger hätte für jede Gattung Pflanzen die Gegend, und die Pflanzart zu bestimmen; das übrige wird der Natur selbst überlassen. Die Aufsicht würde dem Gemeindehirt, oder denjenigen, die ohnehin zur Aufsicht über die Felder bestimmet sind, mit einigem Vortheile überlassen. Da diese Sache zum Nutzen des Volkes gereichte: so würde jede Gemeinde eine Handvoll von dem gemeinschaftlichen Felde, oder um einen geringen Preis, sonst ein Stückchen Erde zu dieser Pflanzung entbehren können.

Der Kräuterkünstler, der die ganze Einrichtung machte, behielte die Aufsicht über das Ganze. Jährlich besuchte er jeden Theil dieses grossen Gartens, sammelte die Erzeugungen zu ihrem Gebrauche, und verbesserte sein Werk stets zur höheren Vollkommenheit.

Aus diesen Pflanzungen entstünde ein unübersehbarer Nutzen für die Kräuterkunde, und die Arzneiwissenschaft. Wir würden in vielen Dingen das Ausland entbehren. Grosse Summen Gelds, die jezt hinausfliesen, blieben im Lande; die Apothecken wären besser versehen und das Volk wohlfeiler bedient; und es erwüchse hiedurch ein neuer Handlungszweig mit fremden Ländern.*

De Globis Aerostaticis,
Gallice: *Ballons Aerostatiques.*

Carmen.

Aspera tempestas redeunti frigore mordet
Pallentes hominum turmas, ira que sequaci;
Pervolitat campos boreas hyemalibus alis.

* Man bemerke, daß man dies nicht für einen vollkommenen Entwurf gibt; es ist der erste Gedanke, die Skizze zu einem Plane, dessen Vollendung einem geübten Kunstverständigen überlassen wird.

Invadit que urbes, ferus hoſtis & hoſpes,
   apertas
Undique frigoribus; cives accendere cogit
Bruma focos omnes, large que reponere ligna.
Dum bacchatur hyems, placidi que ſedemus ad
   ignem,
Nos juvat, alloquiis triſtes ſolantibus horas,
Et ſermone diem gelidam refovendo benigne,
Curribus æthereis memorare ſub aſtra volantes
Sponte viros, frœnis habiles flammantibus or-
   bes,
Ducere ſidereos. Sic exſpatiantur ad auras,
Attonitas pompa audaci, rapido que volatu,
Cùm ſpectatores oculis mirantibus adſtant,
Præcipiti que globo feſtiva Lutetia gaudet;
Tam nova ſe produnt noſtri miracula ſæcli!

   Dicite, Pierides, quisnam modus, ars qua
      triumphos
Conficiat felix, quos Gallia parturit ingens,
Tantorum inventrix operum, fœcunda que ma-
   ter,
Cui mox invideat vicina Britannia laudem
Egregiam, plauſu ſi forte admurmurat orbis,
Et numeroſa parant aliæ ſuffragia gentes,
Perculſæ novitate rei, fama que laborum.

Usque adeo gens ista odiis rivalibus ardet!
Sed vos, o! Musæ, decus adspirate canenti:
Nam, sine Parnasso, nec honos, nec gratia no-
   stris
Carminibus venit, & per vos sumus immor-
   tales,

    Hic ubi Franciadûm regi campestria sur-
   gunt
Tecta domo, * propior que Lutetia magna su-
   perbit,
Pulvere cum pyrio dat signum ferrea pyxis.
Vix inde attonuit, lœto clamore salutant,
   Circumstant que omnes; tùm machina vasta pa-
      ratur,
Aera flammantem, palea accendente, recondens
In gremio. Subeunt ignes; mox tota movetur,
Et cum majestate globus se attolit in auras,
Magnificam ostentans pompam, currum que ni-
   tentem,
Quo fortes sedêre viri, ** in certamine tanto.
Spemque metumque inter; vocat exspectatio lau,
   dis,

---

* La Muette.
** Mrs. d'Arlandes & du Rosier.

More falutantes abeunt, plaudente corona
Spectatorum alacri; via fit, terræ que recedunt.
Pandit iter, cœloque volat fublimis & audax
Machina, fed vento rapitur dominante per auras,
Frœnorum impatiens. Circumvaga nubila tranat,
Sub pedibus que videt Parifinos ire tumultus,
Stare que demiffas turres; nova furgit imago.

Evolat interea præceps globus, urbe minanti,
Percurrens fpatium immenfum, quà fequana magnus
Invalidorum arces * miratur ovantibus undis,
Et procul apparet vix rivus ad aftra volanti;
Adfcendente globo, decrefcunt omnia terris.
O! quantas fpecies videt evanefcere curfu!
Sæpè probant animos quædam infortunia fortes,
Et teftantur opus validam conftare per artem.
Protinùs hic, flamma jam deficiente, Volatus
Deficiebat inops; olli fed uterque viator
Nutrimenta dedit; vis flammea tollit ad auras,
Et fubitò victrix ita præterlabitur urbem

---
* Les Invalides.

Machina diffugiens, campos que ingreſſa pátentes,
Ad metam properans, ventorum adremigat alis.

Sat patriæ laudi que datum; nunc cura ſalutis;
Nunc operum finis. Sapiens laſſusque viarum
Seſſor uterque jubet compeſcere mollibus ignes
Imperiis; flammæ ſua mox alimenta negantur.
Hac ope ſponte globus deſcendit ab æthere ſummo,
Majeſtatem illam referens, qua cœpit abire;
Tùm requieſcit humi victor, fruitur que triumpho,
Quem ſuper incumbens teſtabitur alta columna,
Stabit que in campo decus immortale per annos,
Atque rei attollet ſignum memorabile terris.
Spectantes circum ruere, & complaudere tota
Laude viris; ingens facti volat inde per orbem
Fama, nec illa volans miſcet mendacia veris;
Singula magna canit; ſequitur victoria major.
Obſtupuêre omnes populi, quos gloria tangit;
Rumpitur invidia tandem, dubitat que Britannus,
An ludos ridere novos, quàm credere, malit.
Sed quia credit, eos ridebit, amara que ſparget

Dicta satis, donec jam definat, artis amator,
Contemplanti eadem renovans spectacula mundo;
Tunc quoque miratrix probat ipsa Britannia
    ludos;
Efflorescis adhuc, o! Gallia, pulcrior arte,
Cui sic deproperas summae fastigia laudis.

Quis tibi sensus inest ceratis, Daedale, pernis
Ausus idem, vacuumque per aethera nare po-
    tenti
Remigio alarum solers? Labor adjuvat artem.
At tua mirantes non ritè perambulat auras
Ars invecta gravi curru, quem flammeus orbis
Antevolat, simulans currum Jovis astra peten-
    tem,
Cùm terras fugit ille, viamque reposcit O-
    lympo.
Nostris cede viris, o! Daedale; penniger ales,
Dum volitare datur magnum per inane, la-
    boras
Aegrè adeo in cursu, metuisque pericula ponti.
Non auriga piger, celerando per aethera cursum,
Montgolfierus * abit subito, rapiturque trium-
    phis,
Sic properans. Deus, ecce Deus descendit ab alto:

* M. de Montgolfier.

Ipse triumphalem currum regit arte magistra,
Dux humiles ubicunque velit contingere terras.
Hinc ille historia est; tu, Dœdale, fabula tantùm,
Fabula semper eris, vatum data præda furori.
Nos etenim historici canimus, non fingimus, artem;
Et Parnassus habet memorantes vera poetas,
Quorum non pascant vanas deliria mentes.

Nostra, tibi plaudam tamen, admirabilis ætas,
Quæ sic portento superas tot sæcla recenti,
Magna quidem; tu major habes virtutis honorem,
Et dominatrici ingenio simul omnia vincis;
Multa adeo fis parturiens miracula rerum,
Postera quæ stupeat, non æmula transvolet, ætas!
Possit adæquando similes arcessere ludos,
Cum prodesse volet, cum delectare licebit,
Per varias artes, veroque decore triumphos,
Ornamenta virûm, & reliquo spectacula mundo.
O! quisquis virtute novas mortalibus affert
Delicias, statuarum illi debentur honores.
At decus inde memor posuisset Græcia templis;

Aequa Numisma dabit, percusso & 1
Gallia auro prodigium.
Artifices; aperit jam templum gloria t...
immortale viris,   & adornant nomina 1
Hæc monumenta   manent, hæc præmia
        borum.

Sed nihil ut desit, cumulata laude, tri...
Franciadûm, ima ponat Germanica dextr...
    nam.

Carmine, quod   parili queat inclarescer...
Nostro que æthereas capiti connectere l...
Quem rapido curru involitant, sic itur (
Cum subeunt,   & nos comitemur ad
    nentes.

Efficiamus adhuc ut postera sæcula dic...
Talia quæ peperit, canit & miracula,

NB. Invenit & fcripfit Mannhemienfis, necdum annos natus XV, adolefcens, cum in hoc Decembri 1783, tota Germania globis aeroftaticis jam effervefceret., & undique coepiffent. de talibus prodigiis rumores varii percrebefcere, qui rem omnem tenebant in ancipiti. Sed ultimus tandem Montgolfieri, qui decantatur hoc ipfo Carmine, triumphus litem illam mirifice diremit, abfolvit que novum inventum, ad gloriam Galliae pariter & artis immortalem, ut patet ex Diurnis Commentariis, rerum hujuscemodi praeconibus, & in ifto poefeos tentamine tam aperte demonftratur, quod erat praecipuum conficiendi Carminis argumentum. Duce & aufpice artis Magiftro praecellenti, quod fatendum eft, Carmen illud fic elaboratum, fatis opportune prodit in lucem, nec adeo Criticorum fcriptorum judicia tam probe munitum pertimefcit. Adjuvat certe rerum circumftantium etiam ipfa felicitas: *pulcrior & veniens juvenili in corpore virtus.* Rhetorices tamen Candidato plufculum indulgendum eft, per humanitatem illam, quae deceat viros omnes Litteratos, maxime vero cum res eft de quodam adolefcente, ftudiorum omnium ac doctrinarum cupidiffimo, cujus egregiae dotes animi, vires que ingenii nobiles excitandæ funt eruditorum hominum fuffragiis, ac juftis laudibus promovendæ. Sed aliunde fic poftulat & meretur pater optimus, qui magnum illi fe præftat exemplum ad virtutem eximiam, fiquidem in arte Medica poteft appellari tanquam alter Aefculapius, non Epidauri, fed Mannhemii Genius defenfor ad falutem, & habetur Sereniffimæ noftræ Electricis Palatinæ, quæ populi fui mater eft amantiffima, fortitur que vitam nobis adeò pretiofam, verus ac dignus Archiater.

Ifte fcilicet Montgolfierus, quem poeta fingit in ipfo curru devolantem, totius artis & machinæ pulcherrimæ, cum fratre fuo Lugdunenfi, Gallicos apud omnes rerum illarum probos æftimatores, inventor & auctor agnofcitur. Ambo fratres innotefcunt, ut phyfici duo præftantiores, viri que *Aëroftatices*, peritiffimi, quibus Francia nunc tantoperè gloriatur, ac debet æternùm gloriari. Nàm inventum novum, fi forte tranfeat ad utilitatem publicam, ut jàm fingitur ad omnium voluptatem, fæculi noftri verè dicetur prodigium, & hanc ipfam tanti nominis laudem à poftoris fæculis confequetur ad immortalitatem. Quod quidem virtutis encomium omne, fic inftitutum, quafi per annotationem quandam, Hiſtoriæ Litterariæ propriam, adhibitâ pariter latinitate, ne Carminis exemplo deeſſe videamur, in Muſæo noſtro Mannhemienſi, præſertim ad Mannhemienſis adoleſcentis gloriam, libenter admodum conſecramus, qui de re admirabili carmen etiam confecit admirabile. Duplex inde fit eodem tempore quaſi prodigium, in duobus adeo que florentibus terrarum Imperiis. Gratulare tibi jamnunc, & gaudere velis, o! Germania, quòd filios ſic habeas in ſinu tuo, patrum ſuorum virtute ſimillimos, de quibus vel in adoleſcentia poteſt, ut quondam apud Romanos, exclamari: *Magnæ ſpes altera Romæ*!.. Non profecto Virgilius eſt in poeſi noſter Mannhemienſis, ſed apprime Virgilianus; quod maxima laus in ætate juvenili ſemper agnoſcitur; ut fit etiam in oratione, ſi quis non poſſit haberi Cicero, ſaltem vero poſſit Ciceronianus. Et ſic finem facimus Annotationi, qua nunc oportebat carmen ipſum dilucidari, pro rei litterariæ goria fortaſſe que triumpho, quam nos hic præſertim intendimus, ut probe Mannhemienſes: *Vincit amor patriæ, laudum que immenſa cupido;* quod quidem Romanum eſt, ac proinde Germanicum.

Der Spion in Wien.

Dieser Spion ist in der Lage, grossen und kleinen Gesellschaften beizuwohnen, wo er mit durchdringendem Auge und offnem Ohre die feine oder die unanständige Lebensart, die vernünftigen oder belachenswürdigen Gebräuche, die witzigen oder kahlen Einfälle, die grosmüthigen oder niederträchtigen Handlungen, kurz, alle merkwürdige Begebenheiten, die da vorgehen, auffangen, und aufrichtig hersagen wird. Doch wird er Niemand persönlich verrathen, wenn es eine Beleidigung verursachen könnte.

Die Theater, Ballhäuser, Koffestuben, Spazierplätze ꝛc. wird er öfters besuchen, und keine hier vorfallende Merkwürdigkeit unberührt lassen.

Er wird in die geheimen Kabineter der Gelehrten, Professoren und Doktoren eindringen, und von ihren Talenten, Anstrengungen des Geistes, oder von ihren schwachen Köpfen und faulen Lenden Zeugnisse geben.

Er wird nachforschen, ob die Recensenten partheyisch oder unparteyisch in ihren Beurtheilungen sind; ob ihre Recensionen in einem zierlichen oder platten Stiel geschrieben sind.

Im physikalischen Fache wird er die neuen Entdekungen, Erscheinungen und Beobachtungen aufsuchen und anzeigen.

Im Fache der allgemeinen Philosophie wird er die neuen Meinungen, Geister, Gespenster, Leidenschaften, Sitten der Seele, Nationalkaraktere ꝛc. zu entdecken suchen.

Die Merkwürdigkeiten, die in den drei Reichen der Natur vorfallen, wird er erforschen.

Auf Mißbräuche, Dummheiten, Possen u. dgl. wird er aufmerksam seyn.

Endlich wird er alle interessante und wichtige Begebenheiten mit dem Pinsel der Wahrheit schildern.

Wer glaubt, daß dieser Spion noch eine müßige Stunde hat, und ihm noch gern ein kleines Geschäft auflegen möchte; oder wenn jemand einen wichtigen Vorfall oder eine Neuigkeit, die Aufmerksamkeit erwecket, gern gedruckt haben möchte, der beliebe es unter der hier unten stehenden Addresse auf die Post zu senden.

Im Anfange des Hornungs 1784 wird das Ausspionirte vom Jenner auf schönem Druckpapier in 8vo erscheinen, und so von Monate zu Monate.

Weniger als 6 Bogen werden die Berichte eines fleißigen Spions nicht ausmachen können.

Die Berichte von jedem Monate werden den Subscribenten um 24 kr. broschirt überliefert. Diejenigen, die nicht subscribiren, erhalten sie nicht anders als um 30 kr.

Die Subscriptionszeit dauert bis den 20. Jen. 1784.

In alle Städte Deutschlands werden sie franco gegen 6 kr. Porto überschickt.

Wer 10 Stücke nimmt, erhält das 10te frei. Wer 20 nimmt, bekömmt 20 procent, und wer 50 nimmt, 30.

Subscribiren kann man bei den Hn. Collecteurs der Herausgeber der ausländischen schönen Geister in allen Städten Deutschlands.

Wien den 14. Nov. 1783.

Räthsel im vorigen Hefte 387. Die Rose.